U0448559

中国学术流派研究丛书

周群 主编

墨家学派研究

杨武金 著

商务印书馆
The Commercial Press

总　序

《易·系辞》云："天下同归而殊途，一致而百虑。"中国学术史的长河是由不同时期、不同地域、形态各异的万派支流汇注而成的。学术流派是以相似的学术宗旨或治学方法为特征的学术群体，是因应一定社会政治文化要求，体现某种学术趋向，主要以师承关系为纽带，与古代教育制度、学术传承方式密切相关的历史存在。

以学派宗师为代表的共同的学术宗旨或治学方法往往是学派的主要标识和学派传衍的精神动力。学派的开派宗师往往是首开风气的学术先进，他们最早触摸到了时代脉搏，洞察到学术发展新的进路。这必然会受到敏锐的学人们的应和，他们声应气求，激浊扬清，去短集长，共同为学派肇兴奠定了基础。师承是学术流派传衍的重要途径，盟主宗师，振铎筑坛，若椎轮伊始；弟子后劲，缵绪师说，如丸之走盘，衍成圭角各异的学派特色。学派后劲相互切劘、补益，使得该流派的学术廊庑更加开阔、意蕴更加丰厚，是学派形成理论张力的重要机制。高第巨子既有弘传师说的作用，同时，还需有不悖根本宗旨前提下学术开新的能力。没有学派后劲各具特色、各极其变的发展，以水济水，并不能形成真正的学派。家学因其特有的亲和力，是学派传衍的重要稳定因素，克绍箕裘以使家学不坠，这是学术之家的共同祈向。书院讲学便于学派盟主宣陈学术思想，强化了同道的联系，为形成稳定的学派阵营以及学术传衍提供了重要平台。民间讲会、书牍互通促进了学派成员之间的交流与学术的传播。中国古代学术大多以社会政治、道德文化为研究对象，往往随着时代的脉动而兴衰起落，观念史的逻辑演进过程之中必然带有时代的烙印。时代精神与社会政治是推进学术演进的重要动因。

中国古代学术传统的源流色彩极浓，学术源流，先河后海，自有端绪。学术的承袭与变异形成的内在张力是推进学术发展的重要动因，学派间的争鸣竞辩、激荡互动及不同学派的因革损益、意脉赓续，书写了中国古代色彩斑斓的学术发展史。尽管学术史上不乏无待而兴、意主单提之士，取法多元、博采汇通而自成其说的现象也在在可见,学者对学派的认识也每每歧于仁智。但中国学术史上林林总总的学术流派仍然是学者们展示各自学术风采的重要底色。因此,对各个学派进行分别研究,明乎学派源流统绪,梳理流变过程,呈现其戛戛独造的学术风采,分析其对于中国学术思想发展的价值,厘定其地位,对于揭示中国古代学术思想因革发展机制,推进中国学术史研究具有重要意义。这是我们组织编撰《中国学术流派研究丛书》的根本动因。

为了实现这一目标,我们将力求客观厘定学术流派在中国学术史上的地位,以共时比较与历时因革相结合。别同异,辨是非。不为光景所蔽,努力寻绎其真脉络、真精神。从历史情境与学理逻辑等不同的维度评骘分析其价值。同时,由于学术流派风格不同,内涵殊异,《丛书》在体例上不泥一格,以便于呈现学派各自的特色为是。

南京大学中国思想家研究中心是因已故南京大学校长匡亚明先生主编《中国思想家评传丛书》而成立,本人有幸躬逢这一盛举,跟随匡亚明先生参与了《评传丛书》的编撰出版工作。《评传》传主是中国学术思想史上二百多个闪光点,这些传主往往又是学术流派的盟主或巨子。从这个意义上说,《中国学术流派研究丛书》是在《评传丛书》基础上,对中国古代学术思想史上以杰出思想家为核心的不同学术集群的研究,是对色彩斑斓的中国古代学术思想历史画卷中最具特色的"面"的呈现与"线"的寻绎。《中国学术流派研究丛书》不啻是《中国思想家评传丛书》的学术延展。每每念此,备感责任重大。幸蒙一批学殖深厚、对诸学术流派素有研究的学者们共襄其事,他们以严谨的治学态度,做出或将要做出对学术、对历史负责的研究成果。对他们为了一个共同的学术宏愿而付出殚精竭虑的劳动表示由衷的敬意。南京大学社科处处长王月清教授欣然首肯《丛书》规划,使其得以付诸实施,对他的支持与付出表示衷心的感谢。

热诚欢迎学界同仁不吝指谬,以匡不逮。是为序。

周 群
2021 年 3 月于远山近藤斋

目 录

序 ·· 孙中原	1
绪　论 ···	3
第一章　墨子与墨家 ···	5
第一节　墨　子 ···	5
第二节　墨　家 ···	21
第三节　《墨子》 ·······································	30
第二章　墨家学派之源 ·······································	35
第一节　源于清庙之守 ···································	35
第二节　源于儒家之学 ···································	38
第三节　成一家之言 ·····································	41
第三章　墨家学派的基本思想主张 ·····························	46
第一节　兼爱非攻 ·······································	46
第二节　尚贤尚同 ·······································	64
第三节　节用节葬 ·······································	75
第四节　非乐非命 ·······································	82
第五节　天志明鬼 ·······································	93
第四章　墨家的哲学与认识论 ·································	112
第一节　朴素唯物的自然哲学 ·····························	112
第二节　感性与理性并重的认识论 ·························	118
第三节　理论和实践相结合的哲学思想 ·····················	129
第四节　"两而勿偏"的辩证思维方法 ······················	134
第五章　墨家辩学及其当代价值 ·······························	140
第一节　墨家辩学的对象与性质 ···························	140
第二节　故、理、类"三物"逻辑 ··························	154

第三节　"说"和"辩"的基本论式 …………………………… 158
　　第四节　墨家辩学的当代价值 ………………………………… 181
第六章　墨家的科学思想和科学精神 ……………………………… 185
　　第一节　墨家在几何学上的贡献 ……………………………… 185
　　第二节　墨家在力学上的贡献 ………………………………… 192
　　第三节　墨家在光学上的贡献 ………………………………… 199
　　第四节　墨家的社会科学思想 ………………………………… 205
　　第五节　墨家的科学精神 ……………………………………… 218
第七章　墨家与儒家的对立与论争 ………………………………… 223
　　第一节　仁爱与兼爱 …………………………………………… 223
　　第二节　亲亲用贤与平等尚贤 ………………………………… 227
　　第三节　宿命论与非命观 ……………………………………… 229
　　第四节　厚葬与节俭 …………………………………………… 233
　　第五节　天鬼不明与尊天事鬼 ………………………………… 237
第八章　墨家学派的衰落与复兴 …………………………………… 241
　　第一节　墨家学派的分离与衰落 ……………………………… 241
　　第二节　墨家学派衰落的原因 ………………………………… 246
　　第三节　墨学的复兴 …………………………………………… 249
第九章　墨家学派对中国古代学术思想的影响 …………………… 258
　　第一节　墨学对先秦思想家的影响 …………………………… 258
　　第二节　墨学对秦汉之后学术思想的影响 …………………… 271
第十章　墨学的世界意义和当代价值 ……………………………… 278
　　第一节　墨学的世界意义 ……………………………………… 278
　　第二节　墨学的当代价值 ……………………………………… 283
结　论 ………………………………………………………………… 290
参考文献 ……………………………………………………………… 292

序

墨子是中国先秦时代伟大的哲学家、科学家、教育家、军事家与社会活动家。由他所创立的墨家学派,与儒学并称为"显学"。《韩非子·显学》说:"世之显学,儒墨也。"秦汉以后,儒学成为中国封建社会的主流意识形态,打压墨学,墨学被迫沦为冷门绝学。但墨学深蕴科学人文精神,依然在民族文化中浸润默化,在现代世界全球化浪潮澎湃的今日,墨学因具有与西方现代文化联通接轨的精粹意涵,迎来复兴重振的机遇,乃是势之必至,理所固然。

史籍记载,墨子早年学儒,发觉儒学存在弊端,奋然创说,起而建构弘阔博大、系统深刻的墨学义理。墨儒两家,谈"仁"说"爱",但儒墨"仁""爱",有本质不同。儒家代表贵族帝王利益,主张"亲亲尊尊",亲近血缘关系近的人,尊敬地位显赫的贵族。墨学的仁爱观,代表"农与工肆之人"的利益,强调平等关爱人类,论证爱的整体性、普遍性、穷尽性、交互性与平等性,兼爱是墨家的理想愿望与奋斗目标,在今天依然有着积极的现实意义和未来价值,亟须大力研究弘扬。

墨家学者大多从事生产劳动与科学实践,并从中概括总结、升华提炼各门科学知识。墨学发展的巅峰成果《墨经》,是天下第一奇书、"微型百科",包括光学、力学、机械学、算数学、物理学、几何学、逻辑学、哲学、政治学、经济学、伦理学、生理学、心理学、军事学等诸多自然科学与人文社会科学知识。胡适说,墨者是伟大的科学家、逻辑学家与哲学家,是高度发展的科学方法的创始人。墨家的科学精神,与现代国家文化建设战略高度契合,有内在的关联性和本质的同一性,极富借鉴价值。

武金治学严谨,刻苦钻研,多次在我开设的《墨学与中国文化》《中国逻辑史》《墨经导读》等课程上认真听讲,在职攻读我指导的博士研究生,完成博士论文《墨经逻辑研究》,被评价为优秀。该论文后在中国社会科学出版社出版,获中国逻辑学会优秀成果奖、金岳霖学术奖、中国墨子学会优秀成果奖,在海外行销英文版与波斯文版。参加《墨经正读》《墨学与现代文化》写作,从墨家逻辑哲学研究,扩展到全部墨学研究,论著颇丰,在贵阳孔学堂主持了"墨学核心思想及其当代价值"等课题研究,并得到国家社科基金后期资助项目资助。学有所成,硕果累累,在学术界有重要影响。

武金新著《墨家学派研究》,全面探讨墨学的丰富意蕴与科学价值,系统深刻,精彩纷呈,对墨学的深入研究、弘扬普及,多有启迪,故乐于向广大读者推荐,以在阅读中领略中华优秀传统文化的科学智慧与精粹内涵。

孙中原
2022 年 5 月 14 日
于中国人民大学哲学院

绪　论

　　学派，通常认为是因思想、学说或者师承的差异而形成的不同的学术派别。墨家学派由中国先秦时代春秋战国时期的墨子所创立。墨子姓墨，名翟，春秋战国时期的重要思想家、墨家学派的创始人。墨子为了宣扬自己的主张，广收门徒，有弟子数百人，比如禽滑釐、耕柱子等，形成了声势浩大的墨家学派。墨家学派是一个有组织的团体，墨子的弟子通常称为"墨者"，墨者集团的最高首领被称为"钜子"或"巨子"。韩非子曾经将墨子所创立的墨学与孔子所创立的儒学并称为"显学"。

　　墨子曾就学于儒家门下，但由于发现儒学存在许多严重问题，于是提出了有自己独立见解的思想主张。墨家虽然也和儒家一样谈"仁"说"爱"，但他们的"仁"或"爱"却与儒家有很大的不同。儒家主张"亲亲为仁"，即认为亲近与自己关系近的人就是"仁"，墨家的"仁"或"爱"则强调要平等地关心爱护每一个人。墨家以平等之爱的立场出发，提出了尚贤、尚同、兼爱、非攻、节用、节葬、非乐、非命、天志、明鬼等十大思想主张，又称为"十论"。

　　墨家十分注重逻辑和科学的探究活动，发展了丰富的哲学、逻辑和科学思想。墨家学派在其著作《墨经》六篇中，主张"摹略万物之然"，摹拟、概括和探究事物的所然和所以然，主张感性和理性并重，强调有意志的实践和行为的重要性。墨家又主张"论求群言之比"，即探讨各种不同言论和思想主张，从而得出正确的认识。墨家重视理论思维和逻辑思维的研究，发展了"故""理""类"的"三物"逻辑和辩学思想，对中国文化中的逻辑思维方法的发展做出了巨大贡献。墨家还研究了算数学、几何学、物理学、光学、力学、心理学、生理学、伦理学、政治学、法学、经济学等许多科学思想，并特别强调科学一定要为人所用、为人服务才值得研究，才是有价值和意义的。

　　墨子死后，墨家学派分离为三个不同的派别，分别为相里氏之墨、相夫氏之墨、邓陵氏之墨。虽然各个派别之间互相批评，相互指责，但是都"俱诵墨经"，即都坚持和主张墨家的哲学思想、逻辑思想和科学思想。

秦始皇焚书坑儒、汉武帝独尊儒术等社会和政治上的原因，使得墨家学派备受打击。同时，墨家学派主张"兼爱""非攻"等理论，以及实行帮助弱小国家抵御强国侵略等原因，非常不适应当时封建统治者的需要，故墨家学派在秦汉以后逐渐式微，影响越来越小，没有人研究和弘扬，几乎成为绝学。不过，墨家学派在先秦时期属于显学，对诸子百家均产生了全面而深刻的学术影响。秦汉时期，墨学虽然式微，但也还是部分地对某些儒家和道家的思想家产生过一定的影响，并渗透到儒家或道家的思想中，共同对中华文化的进步发挥了作用。

近古以后，随着西学兴起，商品经济发展，资本主义因素开始萌芽，思想启蒙运动不断开展，知识界的思想逐渐得到解放，人们开始关注墨家和墨学。首先是清乾嘉学派对墨家学派的著作进行校勘和注释，开展基础性和铺垫性的文字校勘和注释工作，使得墨家学派的著作变得可以阅读。然后是梁启超、胡适等著名思想家，结合时代的需要对墨学进行精心阐发和大力鼓动、宣传，墨学的影响日益扩大，并随着中西交流与全球化进程的加快，墨学逐渐走上复兴的道路。

墨家在社会政治伦理上倡平等，主张用"兼爱""非攻"的办法来处理人和人之间的关系，主张用"节用""节葬"等办法来处理人与物之间的关系，在哲学上重理性思维和逻辑思维能力的培养，强调实践和有意志的行动，重视科学理论和科学活动的探究。总之，墨学具有重要的人文精神和科学精神，是中华优秀传统文化的重要组成部分，在当今无论对于中国还是在世界上都具有重要的意义和价值，需要大力弘扬。

第一章　墨子与墨家

墨子是中国古代伟大的思想家、教育家、哲学家、科学家、逻辑学家和社会活动家。由他所创立的墨家学派，是当时最为重要的学术派别之一，与孔子所创立的儒家学派并立。韩非说："世之显学，儒墨也。儒之所至，孔丘也。墨之所至，墨翟也。"（《韩非子·显学》）墨学和儒学一样，属于当时最为重要的学说、学问。

第一节　墨　子

墨子姓墨名翟。翟，传说中的一种赤鸟。据说，在墨子出生的时候，他的母亲梦见有赤鸟入室，故取名曰翟。这或许可以间接地说明，墨子的家族是以鸟为图腾的东夷人。《说文解字》将"翟"解释为"山雉尾长者"。《现代汉语词典》对"翟"解释是："古书上指长尾的野鸡。"传说中的赤鸟，大概就是指一种长有长羽毛的野鸡。

有人说，墨子出身贱人，不一定有姓，"墨"乃是奴役之称而已。[①] 有人说，墨子不姓墨，而是姓翟，就像老子不姓老。[②] 后一种说法显然没有根据。老子确实不姓老，而是姓李，叫李耳或者李聃，但孔子确实姓孔，墨子确实姓墨。《吕氏春秋·当染》（高诱注）、《淮南子·修务》（高诱注）和《汉书·艺文志》等著作中，都说或注"墨子名翟"。现存《墨子》一书中，经常说"子墨子"，有人又因此说，墨子姓子。这种说法也不成立，因为"子墨子"中前一个"子"是"老师"的意思，即"我们的老师墨子"，表示对墨子的尊重。因为《墨子》一书的大

[①] 参见钱穆：《墨子》，载任继愈、李广星主编：《墨子大全》（第47册），北京图书馆出版社2004年版，第184—185页。

[②] 参见方授楚：《墨学源流》，载任继愈、李广星主编：《墨子大全》（第43册），北京图书馆出版社2004年版，第75页。

部分内容,都是墨家弟子对墨子言论或思想的直接或间接引语。

关于墨子其人,西汉史学家司马迁在其《史记》中没有给墨子单独立传,只是在《孟子荀卿列传》的末尾对墨子的情况做了点简略记载。司马迁的记载是"盖墨翟,宋之大夫,善守御,为节用。或曰并孔子时,或曰在其后"①。这段话大概意思是,墨子的思想学说是主张节用和防御性的军事战略思想,墨子的生平事迹是做过宋国的大夫,墨子的生卒时间大概和孔子同时或者稍晚。一个"盖"字,表明了墨子和墨学在当时就已经没有人对之足够重视了。如孙诒让(1848—1908)所言,"墨氏之学亡于秦季,故墨子遗事在西汉时已莫得其详"②。

我们先来看看墨子的生卒时间。从司马迁和大部分学者的考证来看,墨子大约生活在孔子(公元前551—前479)死后和孟子(公元前372—前289)生前这段时间。唐司马贞在《史记》"索隐"中引刘向《别录》云:"今按《墨子书》有文子,文子即子夏之弟子,问于墨子。"据此,司马贞说:"如此,则墨子在七十子之后也。"③这里的文子即鲁阳文子,楚平王之孙,名公孙宽,司马子期子,就是鲁阳文君。④ 七十子即孔子的七十二个才能突出的弟子,又称七十二贤。《孟子·公孙丑》说:"以德服人者,中心悦而诚服也,如七十子之服孔子也。"⑤《史记·孔子世家》说:"孔子以诗书礼乐教,弟子盖三千焉,身通六艺者七十有二人。"⑥《汉书·艺文志》说:墨子"在孔子后"⑦。《后汉书·张衡传》说:"班与墨翟并当子思时,出仲尼后。"⑧因此,墨子出生于孔子过世之后,而殁于孟子出生之前的这段时间,应该是没有问题的。

清代学者孙诒让依据现存《墨子》五十三篇所记载的情况进行考证,得出墨子的生卒年约为公元前468年—前375年。孙氏说:墨子"当生于周定王之

---

① [汉]司马迁:《史记》,[宋]裴骃集解,[唐]司马贞索隐,[唐]张守节正义,中华书局1959年版,第2350页。
② [清]孙诒让:《墨子间诂》,孙启治点校,中华书局2001年版,第682页。
③ [汉]司马迁:《史记》,[宋]裴骃集解,[唐]司马贞索隐,[唐]张守节正义,中华书局1959年版,第2350页。
④ 参见《武亿跋墨子》(授堂文钞),[清]孙诒让:《墨子间诂》,孙启治点校,中华书局2001年版,第678页。
⑤ [清]焦循:《孟子正义》,沈文倬点校,中华书局1987年版,第221—222页。
⑥ [汉]司马迁:《史记》,[宋]裴骃集解,[唐]司马贞索隐,[唐]张守节正义,中华书局1959年版,第1938页。
⑦ [汉]班固:《汉书》,[唐]颜师古注,中华书局1962年版,第1738页。
⑧ [宋]范晔:《后汉书》,中华书局1965年版,第1913页。

初年,而卒于安王之季,盖八九十岁,亦寿考也"。"今取定王元年迄安王二十六年,凡九十有三年,表其年数"①,定王元年即公元前468年,安王二十六年即公元前376年。钱穆认为,墨子生卒年为公元前479年—前394年。② 方授楚认为,墨子生卒年为公元前490年—前403年。③ 任继愈认为,墨子生卒年为公元前480年—前420年。④

无论孙诒让还是钱穆,考察墨子生卒年都以《墨子·公输》篇载墨子"止楚攻宋"的时间(公元前444)作为重要分析节点。钱穆说:

> 今考墨子至楚说公输,其年上不得过于四十,下不得弱于三十。过四十则不能。……弱于三十,则墨子赴楚,先使其弟子禽子等三百人守宋,禽子事墨子三年而后问守道,为诸弟子的领袖,不应他们师弟子都这样年轻便学成行尊,预人国事。⑤

关于墨子的生年,钱穆确定为公元前479年,但最迟不晚于公元前469年。⑥ 关于墨子的卒年,《墨子·鲁问》篇记载鲁阳文君对墨子说:"郑人三世杀其父,天加诛焉,使三年不全",据《史记·郑世家》,郑弑哀公、幽公、繻公,乃三世弑君之事。据钱穆考证,其被弑时间为周安王六年,即公元前396年。⑦ 鲁阳文君和墨子的对话发生在这件事之后的第三年,即公元前393年,所以墨子卒年应该晚于这个时间。而且《吕氏春秋·上德》记载,公元前381年楚悼王殁,墨家巨子孟胜率弟子一百八十三人舍命替阳城君守城,说明这时墨子已经

---

① [清]孙诒让:《墨子间诂》,孙启治点校,中华书局2001年版,第695页。
② 参见钱穆:《墨子》,载任继愈、李广星主编:《墨子大全》(第47册),北京图书馆出版社2004年版,第191—199页。
③ 参见方授楚:《墨学源流》,载任继愈、李广星主编:《墨子大全》(第43册),北京图书馆出版社2004年版,第84页。
④ 参见任继愈:《墨子与墨家》,载任继愈、李广星主编:《墨子大全》(第85册),北京图书馆出版社2004年版,第24页。
⑤ 钱穆:《墨子》,载任继愈、李广星主编:《墨子大全》(第47册),北京图书馆出版社2004年版,第193页。
⑥ 参见钱穆:《墨子》,载任继愈、李广星主编:《墨子大全》(第47册),北京图书馆出版社2004年版,第195页。
⑦ 参见钱穆:《墨子》,载任继愈、李广星主编:《墨子大全》(第47册),北京图书馆出版社2004年版,第194页。

过世,墨家巨子已经替换为孟胜,然后替换为田襄子。① 因此,墨子卒年应不晚于公元前 381 年。

关于墨子的出生地,争议比较大,但从目前来看又比较集中。

曾经有人认为墨子为佛教徒,是印度人,也有人认为墨子是阿拉伯人,等等。但这些说法都显然错误。同时,他们的论证也都不充分。比如,胡怀琛通过比较墨子主张的兼爱、非攻、节用与佛学所倡相同②;墨子弟子的名字如随巢子和印度人的汉译名字如索罗参都非常奇怪,墨家的巨子制度又类似禅宗的衣钵相传③;墨子与释迦牟尼生卒年代相近④;墨子书中曾言火葬而印度实行火葬⑤;等等;于是认为墨子是佛教徒、印度人。这种论证在逻辑方法上显然犯了肯定后项的错误,也就是通过肯定一个句子的后面部分进而就必然地肯定其前面部分的错误,因为不同的事物可以具有相同的某种或某些性质,但具有相同的性质不等于就是相同的事物。金祖同、陈良盛等则认为墨子是阿拉伯人,其理由是《墨子》书中有宗教思想,而阿拉伯人信奉伊斯兰教,《墨子》一书的文法与阿拉伯文相近等,所犯的错误和胡怀琛的错误类似,不予叙述。总之,墨子不可能是外国人,一定是中国人。

关于墨子究竟是中国哪里人,存在三种说法。

第一种观点认为,墨子是宋人。这种观点主要基于司马迁在《史记》中所说的"盖墨翟,宋之大夫",于是认为墨翟是宋国人,即今天河南商丘人。但学者们一般认为,墨子虽然曾经做过宋国的大夫,也就是在宋国做过大夫的官,即就职于宋国,但不等于就是宋国人或者出生在宋国。

第二种观点认为,墨子是鲁阳人。在《墨子·鲁问》篇中,墨子和鲁阳文君至少有四段对话。第一段对话比较具体,是关于鲁阳文君是否应该攻打郑国

---

① 许维遹:《吕氏春秋集释》,梁运华整理,中华书局 2009 年版,第 521—522 页。
② 参见方授楚:《墨学源流》,载任继愈、李广星主编:《墨子大全》(第 43 册),北京图书馆出版社 2004 年版,第 322 页。
③ 参见方授楚:《墨学源流》,载任继愈、李广星主编:《墨子大全》(第 43 册),北京图书馆出版社 2004 年版,第 324 页。
④ 参见方授楚:《墨学源流》,载任继愈、李广星主编:《墨子大全》(第 43 册),北京图书馆出版社 2004 年版,第 330—331 页。
⑤ 参见方授楚:《墨学源流》,载任继愈、李广星主编:《墨子大全》(第 43 册),北京图书馆出版社 2004 年版,第 333—334 页。

的对话,鲁阳文君要攻打郑国,墨子认为攻打郑国会得罪于天于是加以阻止,然后鲁阳文君认为攻打郑国是顺应天意,但墨子认为是雪上加霜。

《墨子·鲁问》篇记载:

> 鲁阳文君将攻郑,子墨子闻而止之,谓鲁①阳文君曰:"今使鲁四境之内,大都攻其小都,大家伐其小家,杀其人民,取其牛马狗豕布帛米粟货财,则何若?"鲁阳文君曰:"鲁四境之内,皆寡人之臣也。今大都攻其小都,大家伐其小家,夺之货财,则寡人必将厚罚之。"子墨子曰:"夫天之兼有天下也,亦犹君之有四境之内也。今举兵将以攻郑,天诛其不至乎?"鲁阳文君曰:"先生何止我攻郑也?我攻郑,顺于天之志。郑人三世杀其父②,天加诛焉,使三年不全③,我将助天诛也。"子墨子曰:"郑人三世杀其父而天加诛焉,使三年不全。天诛足矣,今又举兵,将以攻郑,曰'吾攻郑也,顺于天之志。'譬有人于此,其子强梁④不材,故其父笞之,其邻家之父举木而击之,曰:'吾击之也,顺于其父之志',则岂不悖哉!"

第二段对话是,墨子主动向鲁阳文君发问,发动攻伐战争还自我夸耀的人的行为是否正确?鲁阳文君认为这种行为是不正确的。

《墨子·鲁问》篇记载:

> 子墨子为⑤鲁阳文君曰:"攻其邻国,杀其民人,取其牛马、粟米、货财,则书之于竹帛,镂之于金石,以为铭于钟鼎,传遗后世子孙,曰:'莫若我多。'今贱人也,亦攻其邻家,杀其人民,取其狗豕食粮衣裘,亦书之竹帛,以为铭于席豆⑥,以遗后世子孙,曰:'莫若我多。'其可乎?"鲁阳文君曰:"然,吾以子之言观之,则天下之所谓可者,未必然也。"

---

① 鲁:《道藏》本无此字,据毕沅校增。
② 郑人三世杀其父:指郑哀公、郑幽公、郑繻公三君被杀。
③ 不全:歉收。
④ 强梁:强悍不守规矩。
⑤ 为:通"谓"。
⑥ 席:几席。豆:盛祭品的器皿。

第三段对话是墨子向鲁阳文君指出了当时的统治者都"知小物而不知大物",在思维上自相矛盾。在鲁阳文君批评了楚之南"桥"这样的吃人国,国君杀其子而赏其父,真是奇怪风俗之后,墨子指出,中原各国也存在杀其父而赏其子的情况,自己不讲仁义,又有什么资格来批评夷人的风俗呢?因此,中原各国的统治者在思维上确实自相矛盾。

《墨子·鲁问》篇记载:

子墨子为①鲁阳文君曰:"世俗之君子,皆知小物而不知大物。今有人于此,窃一犬一彘,则谓之不仁,窃一国一都,则以为义。譬犹小视白谓之白,大视白则谓之黑。是故世俗之君子,知小物而不知大物者,此若言之谓也。"鲁阳文君语子墨子曰:"楚之南,有啖人之国者桥②,其国之长子生,则鲜③而食之,谓之宜弟,美则以遗④其君,君喜则赏其父。岂不恶俗哉?"子墨子曰:"虽中国之俗,亦犹是也。杀其父而赏其子,何以异食其子而赏其父者哉?苟不用仁义,何以非夷人⑤食其子也?"

第四段对话,鲁阳文君问墨子,完全听从统治者命令的人算不算忠臣?墨子说,完全听从统治者命令的人就像影子和回声一样,这种人是没有什么价值的,忠臣必须是敢于劝谏敢于说话的人,也就是墨子心目中的人才或贤才。

《墨子·鲁问》篇记载:

鲁阳文君谓子墨子曰:"有语我以忠臣者,令之俯则俯,令之仰则仰,处则静,呼则应,可谓忠臣乎?"子墨子曰:"令之俯则俯,令之仰则仰,是似景⑥也;处则静,呼则应,是似响⑦也。君将何得于景与响哉?若以翟之所

---

① 为:通"谓"。
② 啖(dàn):吃。桥:古国名。
③ 鲜:当从周才珠解释为"活生生的"。顾千里校勘为"解",不确。
④ 遗:送。
⑤ 夷人:古代指东方的民族。
⑥ 景:古"影"字,从毕沅说。下同。
⑦ 响:回音。下同。

谓忠臣者,上有过,则微之①以谏;己有善,则访②之上,而无敢以告③。外匿其邪④,而入其善。尚同而无下比,是以美善在上,而怨仇在下;安乐在上,而忧戚在臣。此翟之所谓忠臣者也。"

此外,在《墨子·耕柱》篇也有两段墨子和鲁阳文君的对话。一段对话是墨子对鲁阳文君说,大国攻打小国就如同孩童手脚并用学马跑一样弄得很疲劳,没有什么好处。

《墨子·耕柱》篇记载:

> 子墨子谓鲁阳文君曰:"大国之攻小国,譬犹童子之为马⑤也。童子之为马,足用而劳。今大国之攻小国也,攻者农夫不得耕,妇人不得织,以守为事;攻人者,亦农夫不得耕,妇人不得织,以攻为事。故大国之攻小国也,譬犹童子之为马也。"

另一段墨子与鲁阳文君的对话,则很类似《墨子·公输》篇中墨子与楚王的对话。墨子说,这里有一个人,牛羊牲畜吃不完却要去偷窃别人的烙饼,这是他美味食品不够多呢,还是有盗窃病? 鲁阳文君说,肯定是有盗窃病。对此,墨子展开推理说,楚国田地千里都用不完却要去窃取宋国和郑国的空城,这和上述的那种人有什么不同呢? 鲁阳文君回答说:这跟那种人一样确实是犯有偷窃病了。

《墨子·耕柱》篇记载:

> 子墨子谓鲁阳文君曰:"今有一人于此,羊牛㹀豢,维人⑥但⑦割而和⑧

---

① 微之:伺机。
② 访:谋划。
③ 告:告诉外人。
④ 邪:错误。
⑤ 为马:双手着地作马行之状。
⑥ 维人:当作"雍人",即"饔人",掌宰割烹调的人,厨师。
⑦ 但:同"袒",去皮。
⑧ 和:和味。

之，食之不可胜食也，见人之作饼，则还然①窃之，曰：'舍②余食。'不知日月③安不足乎？其有窃疾乎？"鲁阳文君曰："有窃疾也。"子墨子曰："楚四竟④之田，旷芜而不可胜辟，呼虚⑤数千，不可胜⑥，见宋、郑之闲邑，则还然窃之，此与彼异乎？"鲁阳文君曰："是犹彼也，实有窃疾也。"

由上面对话，可知墨子和鲁阳文君是密切接触者，有深厚的交往。墨子至少到过鲁阳或者到过鲁阳多次，才可能和鲁阳文君有上述对话，尤其从墨子和鲁阳文君的第一段对话来看，根据钱穆的考证，时间应该为公元前393年左右，墨子当时已经八十七岁（至少应该七十七岁）高龄。⑦ 这说明，墨子晚年很可能都是在鲁阳度过的。

持墨子为鲁阳人观点者，主要有清代学者毕沅、武亿等人，不过他们的论证并不成功。

毕沅在其《墨子·叙》中说：

高诱注《吕氏春秋》以为鲁人，则是楚鲁阳，汉南阳县在鲁山之阳，本书多有鲁阳文君问答，又亟称楚四竟，非鲁、卫之鲁，不可不察也。⑧

武亿在《跋墨子》（授堂文钞）中说：

惟《吕氏春秋·慎大览》（高诱注）："墨子名翟，鲁人也。"鲁即鲁阳，春秋时属楚。⑨

---

① 还然：同"环然"，惊视的样子。下同。
② 舍："予"之假借字。
③ 日月：疑"耳目"之误。
④ 竟：通"境"。
⑤ 呼虚：《道藏》本作"訏灵"，指空旷的土地。
⑥ 不可胜：当作"不可胜用"。
⑦ 参见钱穆：《墨子》，载任继愈、李广星主编：《墨子大全》（第47册），北京图书馆出版社2004年版，第199页。
⑧ ［清］毕沅校注：《墨子》，吴旭民标点，上海古籍出版社1995年版，第3页。
⑨ ［清］孙诒让：《墨子间诂》，孙启治点校，中华书局2001年版，第677页。

《吕氏春秋·慎大览》（高诱注）："墨子，名翟，鲁人也。"①这里的鲁人究竟是鲁国（东鲁）人还是鲁阳（西鲁）人，高诱没有具体说明。毕沅和武亿都将鲁人直接解释为鲁阳人。他们的理由都是，墨子和鲁阳文君多有问答，即前述的多段对话。有此多段对话确实不假，但即使有这些对话也并不能必然断定墨子就是鲁阳人，因为同样的，墨子和鲁君（鲁国或东鲁国君）也有多段对话。比如，《墨子·鲁问》篇开头，就有墨子和鲁君的对话。鲁君说，齐国将要攻打我鲁国，还可以得救吗？墨子指出，只要主君能够尊天、事鬼、爱人，就可以得救。

《墨子·鲁问》篇记载：

> 鲁君谓子墨子曰："吾恐齐之攻我也，可救乎？"子墨子曰："可。昔者，三代之圣王禹汤文武，百里之诸侯也，说忠行义，取天下。三代之暴王桀纣幽厉，仇怨行暴，失天下。吾愿主君之上者尊天事鬼，下者爱利百姓，厚为皮币，卑辞令，亟②遍礼四邻诸侯，驱③国而以事④齐，患可救也。非此，顾⑤无可为者。"

又有一次，鲁君问自己的两个儿子——一个好学而另一个好分财于人，究竟哪一个可以做太子？墨子认为，这需要结合他们各自的动机和效果来加以衡量。

《墨子·鲁问》篇记载：

> 鲁君谓子墨子曰："我有二子，一人者好学，一人者好分人财，孰以为太子而可？"子墨子曰："未可知也。或所为赏与⑥为是也。钓者之恭，非为鱼赐也；饵鼠以虫⑦，非爱之也。吾愿主君之合其志功⑧而观焉。"

---

① 许维遹：《吕氏春秋集释》，梁运华整理，中华书局2009年版，第363页。
② 亟：《道藏》本作"函"，从孙诒让校改。《尔雅·释诂》云："亟，疾也，速也。"
③ 驱：率。
④ 事：对付。
⑤ 顾：通"固"，本来。《道藏》本作"愿"，从王念孙校改。
⑥ 赏与：同"赏誉"。
⑦ 虫：通"蛊"，毒虫。
⑧ 志：动机。功：效果。

值得注意的是,上述两段话中,墨子都称鲁君为主君。按照武亿的意思,墨子应为鲁君之臣,因为墨子直接称呼鲁君为主君。[①] 不过,武亿将上述两段话误解为是墨子与鲁阳文君的对话了,其论据就错了,所以,武亿的论点并不能因此得到支持。但是,即使毕沅的论据是对的,即墨子和鲁阳文君有多次对话,但也不能因此断定他关于墨子就是鲁阳人的说法是对的。因为如上所述,墨子和鲁国国君也有如上对话,而且比和鲁阳文君的对话次数更多。

需要指出的是,武亿在论证中认可了一个观点,即臣称呼自己的君主为主君。这个观点和现代学者刘蔚华的主张不同。刘蔚华认为,按照周礼,宾客一般称主国之君为主君。所以,在刘蔚华看来,墨子上述两次称呼鲁君为主君,恰恰说明了墨子不是鲁国人。他引用《周礼·秋官·司仪》说:"宾继主君,皆如主国之礼。诸侯、诸伯、诸子、诸男之相为宾也,各以其礼相待也。"《礼记·聘义》篇说:"使者聘而误,主君弗亲飨食也,所以愧厉之也。"如果来聘使者行聘之时礼有错误,则主国之君不亲自飨食以接宾。刘蔚华就此认为,墨子两次称鲁君为"主君",都完全是以宾客的口气对鲁君提出建议。[②] 对此,我认为,刘蔚华的论证还是存在着肯定后项的漏洞问题,因为以宾客的口气对鲁君提出建议需要称主君,但对鲁君提建议时称主君未必就是以宾客的口气。"《战国策·秦策》乐羊对魏文侯,《魏策》鲁君对梁惠王,亦并称主君。则战国时主君之称盖通于上下"[③],主君的称呼在当时应该具有比较大的普遍性,《墨子·贵义》篇中墨子问穆贺:"且主君亦尝闻汤之说乎?"这里墨子尊称楚王的卿士穆贺为主君。[④]

当代一些学者从墨子所使用的语言情况来考察和研究,比如萧鲁阳和郭成智,这是一种有意义的讨论。语言是存在的家,虽然墨子去今已经两千多年,但语言却总有其习惯会流传下来。郭成智通过考察认为,《墨子》一书中有许多特殊的词语或方言,至今仍在鲁山及其周边使用。比如"荡口"(《耕

---

① [清]孙诒让:《墨子间诂》,孙启治点校,中华书局 2001 年版,第 679—680 页。
② 参见刘蔚华:《墨子是河南鲁山人——兼论东鲁与西鲁的关系》,载袁占才主编:《墨子里籍在鲁山》,河南人民出版社 2017 年版,第 43 页。
③ [清]孙诒让:《墨子间诂》,孙启治点校,中华书局 2001 年版,第 443 页。
④ [清]孙诒让:《墨子间诂》,孙启治点校,中华书局 2001 年版,第 443 页。

柱》)、"批扞之声"(《修身》)、"杀伤人之孩"(《修身》)、"隆火"(《非攻下》)、"毁丑"(《贵义》)、"安生生"(《尚贤下》)、"强梁不材"(《贵义》)、"宾服"(《节用中》)、"待客"(《七患》)等等①。但即使这样的情况是真的,也还可能是因为南方之墨者记述墨子言论的结果。同时,张知寒也指出,春秋战国时期邹鲁地区语言的语气助词普遍为"焉""哉""乎""也",《论语》《墨子》《孟子》等书,都是以使用"焉""哉""乎""也"作语气助词的邹鲁语言写成的,而当时楚国语言的语气助词则只有"只""些""兮"三调。②诸多语言和文化问题尚需作深入考察。

第三种观点认为,墨子是鲁国人。

近代以来,研究墨学最有成就者为孙诒让,他主张墨子是鲁国人。他说:

(墨子)盖生于鲁而仕宋,其平生足迹所及,则尝北之齐,西使卫,又屡游楚,前至郢,后客鲁阳,复欲适越而未果。③

理由是:

《贵义》篇云:"墨子自鲁即齐。"又《鲁问》篇云:"越王为公尚过束车五十乘以迎子墨子于鲁。"《吕氏春秋·爱类篇》云:"公输般为云梯欲以攻宋,墨子闻之,自鲁往,见荆王曰:臣北方之鄙人也。"《淮南子·修务训》亦云:"自鲁趋而往,十日十夜至于郢。"④

孙诒让所给出的理由应该说具有一般性,比如"自鲁即齐"一般应该是从鲁国到齐国,但也不能排除从鲁阳到齐国的可能性,"自鲁往"一般应该是从鲁国前往,十日十夜倒可能是个虚数,但也不排除从鲁阳前往的可能性。

从《吕氏春秋》(高诱注)来看,高诱应该主张墨子是鲁国人而非鲁阳人。高诱在《吕氏春秋·当染》篇的注释是:

---

① 参见郭成智编著:《墨子鲁阳人考论》,黄山书社1999年版,第22—30页。
② 参见张知寒等:《墨子里籍考论》,山东人民出版社1996年版,第65页。
③ [清]孙诒让:《墨子间诂》,孙启治点校,中华书局2001年版,第682—683页。
④ [清]孙诒让:《墨子间诂》,孙启治点校,中华书局2001年版,第683页。

墨子,名翟,鲁人,作书七十一篇。①

《吕氏春秋·当染》篇说:

孔子学于老聃、孟苏夔、靖叔。鲁惠公使宰让请郊庙之礼于天子,桓王使史角往,惠公止之,其后在于鲁,墨子学焉。

高诱注云:

(老聃、孟苏夔、靖叔)三人皆体道者,亦染孔子。
惠公,鲁孝公之子,隐公之父。
其后,史角之后也,亦染墨翟。②

鲁惠公派宰让向周天子请"郊庙之礼",周天子桓王派史角前往,鲁惠公留下史角,史角的后代就定居于鲁国,墨翟得以学于史角的后人。如此,则墨翟应该为鲁国人。同时,也意味着,《吕氏春秋》一书作者吕不韦也应该持有这一观点。

张纯一曾引用《墨子·非攻中》篇载:"东方有莒之国者",认为莒国在鲁国东部,从而断言墨子为鲁国人。③ 郭成智认为,莒国也可以说是在鲁阳的东部,又未尝不可。④ 但是,如果我们再往下看,情况就很明白了。

《墨子·非攻中》篇说:

虽南者陈蔡,其所以亡于吴越之间者,亦以攻战。虽北者且⑤不屠

---

① 许维遹:《吕氏春秋集释》,梁运华整理,中华书局2009年版,第47页。
② 许维遹:《吕氏春秋集释》,梁运华整理,中华书局2009年版,第52—53页。
③ 参见张纯一:《墨子集解》,载任继愈、李广星主编:《墨子大全》(第31册),北京图书馆出版社2004年版,第583页。
④ 参见郭成智编著:《墨子鲁阳人考论》,黄山书社1999年版,第17页。
⑤ 且(jū):古国名。

何①,其所以亡于燕代胡貊②之间者,亦以攻战也。

南边有陈、蔡两国,北边有且国与不屠何国,这样的地方只能是鲁国而非鲁阳了。不过,这也只能说明一般的情况,因为《墨子·非攻中》篇也可能是北方之墨者所述,即使言论出自墨子,也有可能墨子说这话时正好处于外出途中,等等。

总的来说,墨子是鲁国人,具有非常大的可能性,这也代表了学术界迄今为止的基本观点和看法。那么,如果墨子是鲁国人的话,他又是如何成为鲁国人的呢?

一种值得注意的观点是,认为墨子源于目夷氏,属于子姓后裔。

童书业说:

> 墨子实目夷后裔,以墨夷为氏,省为墨也。③

顾颉刚说:

> 近人以墨姓多不见,对于墨子的姓氏祖籍等起了很多的猜测。我们认为,墨确是他的真姓氏,而且从这姓上可以知道他是公子目夷之后,原是宋国的宗族。④

目夷即墨夷,是宋襄公之兄的长子,因封于目夷,所以称目夷子。
《世本》说:

> 墨夷氏,宋襄公子墨夷须为大司马,后有墨夷皋。⑤

---

① 不屠何:《道藏》本作"不一著何",古国名,故址在今辽宁西部。
② 胡貊:同"胡貉",当时对北方少数民族的称谓。
③ 童书业:《春秋左传研究》,上海人民出版社 2019 年版,第 315 页。
④ 顾颉刚:《禅让传说始于墨家考》,《古史辨》(第 7 册下),海南出版社 2005 年版,第 528—529 页。
⑤ [汉]宋衷注,[清]秦嘉谟等辑:《世本八种·张澍稡辑补注本》,中华书局 2008 年版,第 71 页。

如果墨氏源于目夷氏的话,则墨氏也就是契之后,为子姓后裔。
《史记·殷本纪》载:

> 契为子姓,其后分封,以国为姓,有殷氏、来氏、宋氏、空桐氏、稚氏、北殷氏、目夷氏。①
> 契长而佐禹治水有功。帝舜乃命契曰:"百姓不亲,五品不训,汝为司徒而敬敷五教,五教在宽。"封于商,赐姓子氏。②

目夷氏源于子姓,是殷契后裔。
王符《潜夫论·志氏姓》载:

> 帝乙元子封微子开,纣之庶兄也。武王封之于宋,今之睢阳是也。③

周武王封纣之庶兄微子于宋国,目夷氏为其后代,为子姓后裔。

基于上述观点,张知寒、任继愈、王献唐等人进一步主张墨子为山东滕州人。童书业说:"商契居蕃,在今山东南部滕县一带。"④张知寒认为,墨子出生在小邾娄国境内的"滥"邑,"滥"后来属于鲁国的下邑,由于小邾国及其滥邑均在今山东省滕州境内,故也可以说"墨子应为今之滕州人"⑤,又因小邾国曾为宋国的附庸或下邑,所以,也有说墨子是宋国人。任继愈说,墨子是"鲁之小邾国人"⑥,赞同张知寒的观点。王献唐说:"滕东南有木石,亦即墨胎。"⑦木石即目夷、墨胎、墨夷,这就是说,墨子很可能是滕州东南部的木石镇人,是目夷氏即墨夷氏的后裔。

---

① [汉]司马迁:《史记》,[宋]裴骃集解,[唐]司马贞索隐,[唐]张守节正义,中华书局1959年版,第109页。
② [汉]司马迁:《史记》,[宋]裴骃集解,[唐]司马贞索隐,[唐]张守节正义,中华书局1959年版,第91页。
③ [汉]王符:《潜夫论笺校正》,[清]汪继培笺,彭铎校正,中华书局1985年版,第431页。
④ 童书业:《春秋史》,商务印书馆2010年版,第22页。
⑤ 张知寒等:《墨子里籍考论》,山东人民出版社1996年版,第4—5页。
⑥ 任继愈:《墨子与墨家》,载任继愈、李广星主编:《墨子大全》(第85册),北京图书馆出版社2004年版,第28页。
⑦ 王献唐:《炎黄氏族文化考》,齐鲁书社1985年版,第344页。

另一种观点同样值得我们注意,这种观点认为墨氏源于孤竹国之孤竹君,而孤竹君为墨台氏之后,为姜姓后裔。

《世本》载:

> 墨氏,孤竹君后,本姓墨胎,避难改为墨氏。①

唐代林宝著《元和姓纂》载:

> 墨氏,孤竹君之后,本墨台氏,后改为墨氏,战国时宋人,墨翟著书号《墨子》。

郑樵《通志·氏族略》载:

> 墨氏,孤竹君之后,有墨台、墨翟。

墨氏为孤竹国的孤竹君之后裔,源于墨胎(yí)氏或墨台(yí)氏。
《史记·伯夷列传》司马贞"索隐"说:

> 孤竹君,是殷汤三月丙寅日所封。……应劭云:伯夷之国也。其君姓墨胎氏。②

孤竹国为商汤所封的诸侯国,是商朝在北方重要的方国,乃商朝北方边境稳定的屏障。
《世本》说:

> 怡氏姜姓之后。禹有天下,封怡以绍烈山,是为墨台。成汤封之离支,

---

① [汉]宋衷注,[清]秦嘉谟等辑:《世本八种·秦嘉谟辑补本》,中华书局2008年版,第189页。
② [汉]司马迁:《史记》,[宋]裴骃集解,[唐]司马贞索隐,[唐]张守节正义,中华书局1959年版,第2123页。

是为孤竹。①

从这段话来看,孤竹君为墨台氏的后裔,而墨台氏应为怡氏之后,均为姜氏后裔。

王符《潜夫论·赞学》载:

舜师纪后,禹师墨如,汤师伊尹。②

舜以纪后为师,禹以墨如为师,汤以伊尹为师。

关于禹师墨如,汪继培笺注说:

卢学士文弨云:"墨如"疑似"墨台"。继培按,《路史后记》四云:"禹有天下,封怡以绍烈山,是为默台。"《国名纪》一云:"怡,即墨台。禹师墨如,或云墨台。"③

禹以墨如为师,即禹以墨台为师。墨如即墨台,孤竹君乃墨台氏后裔。总之,墨氏应为墨台氏或墨胎氏后裔,墨台氏或墨胎氏曾经被商汤封为孤竹国的孤竹君,伯夷、叔齐皆孤竹君之子,孤竹君本墨台氏之后裔。同时,墨台氏非子姓后裔,实为姜氏后裔,被禹封为怡氏,即为墨台氏。墨如即墨怡或墨台,或为墨台氏,即墨氏始祖。

这一观点所谈到的孤竹国,其地在今河北省东北部或辽宁西部一带。

《史记·伯夷列传》司马贞"索隐"说:

《括地志》云:孤竹古城在卢龙县南十二里,殷时诸侯孤竹国也。④

---

① [汉]宋衷注,[清]秦嘉谟等辑:《世本八种·秦嘉谟辑补本》,中华书局2008年版,第188页。
② [汉]王符:《潜夫论笺校正》,[清]汪继培笺,彭铎校正,中华书局1985年版,第1页。
③ [汉]王符:《潜夫论笺校正》,[清]汪继培笺,彭铎校正,中华书局1985年版,第2页。
④ [汉]司马迁:《史记》,[宋]裴骃集解,[唐]司马贞索隐,[唐]张守节正义,中华书局1959年版,第2123页。

孤竹国之地域，当在今河北东北部或辽宁西南部，封国时处于商朝的东北部。

李学勤说："孤竹城在今河北卢龙县境是没有疑问的。"①

唐兰说："今河北迁安县附近的古孤竹城，可能是孤竹国的一个都邑，而孤竹国的国境决不止此。"②

孤竹国在春秋时被山戎族（后来的鲜卑族）统治，后来被齐国所灭。据《春秋》和《国语》记载，春秋时期，北方的山戎侵略燕国，燕国请求齐国支援，齐桓公救燕国，于公元前644年（齐桓公四十二年）"北伐山戎，刜令支，斩孤竹而南归"③，打垮山戎，击溃令支，并灭了孤竹国，孤竹国被纳入燕国控制范围。孤竹国被灭，而墨胎氏后裔很可能在这之后南迁至中原，辗转来到曾经同为商代封国的宋国境内，这种亡国之裔迁徙的现象在当时是十分常见的。据此，墨子的出生地很可能就是墨胎氏迁徙到宋国之后所居之地，而且从墨子多次自称"鄙人""贱人"等来看，墨子不太可能像孔子那样为宋国公族之后，而应该是亡族流裔之后，也就是孤竹国墨胎氏后裔。④

第二节　墨　家

墨子出生于社会底层，自称"鄙人"（《吕氏春秋·爱类》），也被称为"贱人"（《墨子·贵义》），他参加劳动，是一名技艺高超的能工巧匠。同时，他又接受过儒家思想的熏陶（《淮南子·要略训》）。不过，他对儒家学说越来越不满，创立了自己的思想学说体系，建立了一个组织严密的墨家学派。

墨家学派在先秦时代影响巨大。韩非子将墨学与儒学并列为中国先秦时代的显学。孟子将墨与杨并列为当时影响最大的学派。

《孟子·滕文公下》篇说：

---

① 李学勤：《试论孤竹》，《社会科学战线》1983年第2期，第203页。
② 唐兰：《从河南郑州出土的商代前期青铜器谈起》，《文物》1973年第7期，第14页。
③ 《国语》，上海古籍出版社1978年版，第242页。
④ 参见张曼迪：《墨子"十论"新探——基于传世文献与出土文献的考察》，2019年清华大学博士学位论文，第48—49页。

> 杨朱、墨翟之言盈天下。天下之言不归杨,则归墨。①

由此可见,墨家学派在先秦时期具有巨大的影响力。

墨子和孔子一样,有很多弟子。如前所述,孔子弟子三千,其中通晓六艺者有七十二人。墨子的弟子虽然我们今天能够知道其姓名者不过二三十人,如禽滑釐、耕柱子、曹公子、高石子、公尚过、跌鼻等,但是根据记载可知,墨子弟子和孔子弟子一样,确实人数众多,充满天下。

《吕氏春秋·有度》篇说:

> 孔墨之弟子徒属充满天下。②

《吕氏春秋·当染》篇说:

> (孔墨)从属弥众,弟子弥丰,充满天下,王公大人从而显之,有爱子弟者随而学焉,无时乏绝。
> 孔墨之后学,显荣于天下者众矣,不可胜数。③

《淮南子·要略训》载:

> 墨子服役者百八十人。④

墨子止楚攻宋,直接出动弟子三百名,帮助宋国守城。墨子后学总数估计应在千人以上。

禽滑釐,墨子最得意弟子。禽滑釐曾经与田子、段干木、吴起受业于子夏(《史记·儒林传》),后学于墨子(《吕氏春秋·当染》)。

《墨子·备梯》篇载:

---

① [清]焦循:《孟子正义》,沈文倬点校,中华书局1987年,第456页。
② 许维遹:《吕氏春秋集释》,梁运华整理,中华书局2009年版,第665页。
③ 许维遹:《吕氏春秋集释》,梁运华整理,中华书局2009年版,第53页。
④ 何宁:《淮南子集释》,中华书局1998年版,第1406页。

禽滑釐子事子墨子三年,手足胼胝①,面目黧黑,役身给使,不敢问欲。子墨子甚哀之,乃管酒槐脯②,寄于太山③,昧茅④坐之,以樵⑤禽子。禽子再拜而叹。

　　禽滑釐虽然曾经师从孔子弟子子夏,年龄应该不会比墨子小太多,但是对墨子仍然视之如父,非常尊重。当墨子带着好酒、肉干来看他的时候,禽滑釐多次行礼,并虚心向墨子请问防守的办法,墨子遂教之以守城之道。《墨子·公输》篇载:

　　臣之弟子禽滑釐等三百人,已持臣守圉之器,在宋城上而待楚寇矣。

　　当时,禽滑釐已经成为墨家的掌门大弟子,并率领三百墨家弟子帮助宋国守城以抵御楚国的入侵。《墨子·备梯》篇等称禽滑釐为"禽滑釐子"或"禽子",《墨子·耕柱》篇称"子禽子",《庄子·天下》篇将墨子、禽滑釐并称,表明了禽滑釐在墨子弟子中具有很高的地位。禽滑釐的弟子有许犯和索卢参。

　　许犯,禽滑釐弟子。《吕氏春秋·当染》篇载:"许犯学于禽滑黎⑥。"⑦许犯有弟子田系。

　　田系,许犯弟子。《吕氏春秋·当染》篇载:"田系学于许犯。"⑧

　　索卢参,禽滑釐弟子。《吕氏春秋·尊师》篇载:"索卢参,东方之钜狡⑨也,学于禽滑黎。"⑩索卢参原为东方大狡,后学于禽滑釐,成为天下名士显人。

---

① 胼胝:茧子。
② 管酒:以竹管载酒。槐:《道藏》本作"块",通"怀"。脯(fǔ):干肉。
③ 太山:《道藏》本作"大山",泰山。
④ 茅:茅草,《道藏》本作"菜"。
⑤ 樵:向对方敬酒。
⑥ 禽滑黎,同禽滑釐。
⑦ 许维遹:《吕氏春秋集释》,梁运华整理,中华书局2009年版,第53页。
⑧ 许维遹:《吕氏春秋集释》,梁运华整理,中华书局2009年版,第53页。
⑨ 钜狡:钜,大;狡,猾。梁玉绳曰:"通其暴虐为乡曲人所斥也。"参见许维遹:《吕氏春秋集释》,梁运华整理,中华书局2009年版,第93页。
⑩ 许维遹:《吕氏春秋集释》,梁运华整理,中华书局2009年版,第93—94页。

耕柱子，墨子重要弟子。《墨子·耕柱》篇记载，由于墨子对耕柱子要求很严格，耕柱子不明白为什么，就问墨子自己难道就没有胜出别人的地方吗？墨子以"驾马车还是驾牛车上太行山哪一种方式更好？"为喻问耕柱子，耕柱子说当然是驾马车，因为马车更能够担负重任，墨子于是鼓励耕柱子说"你也能够担当重任了"，对耕柱子寄予厚望。后来，墨子推荐耕柱子到楚国去做官后，墨子的几个弟子专门前去拜访耕柱子，可是耕柱子每顿只给吃三升米，招待不周，墨子的这些弟子就到墨子那里告耕柱子小气，并称让他去楚国没有什么好处。但过了没有多久，墨子就收到了耕柱子叫人送来的十镒①金子。对此，墨子十分满意。

高何，齐国人，墨子弟子。《吕氏春秋·尊师》篇载："高何、县子石，齐国之暴者也，指于乡曲，学于子墨子。"②高何原是齐国的无赖，其暴虐行为为乡曲人所斥责，但他在拜墨子为师后，成了天下名士显人。

县③子硕，齐国人，墨子弟子。县子硕即县子石，石、硕通用。县子硕最初也是齐国的无赖，但他在拜墨子为师后，成了天下名士显人。

治徒娱，墨子弟子。《墨子·耕柱》篇载，治徒娱、县子硕曾经问墨子做什么样的义事最为要紧？墨子回答说："譬若筑墙然，能筑者筑，能实壤者实壤，能欣者欣，然后墙成也。为义犹是也，能谈辩者谈辩，能说书者说书，能从事者从事，然后义事成也。"墨子认为，谈辩、说书和从事是做义事三个重要方面。

高石子，墨子弟子，曾经到卫国做官。卫国君主虽然给他卿的位置，而且给的俸禄也很多，但是高石子所提出的意见都没有被采纳，于是辞去职务来到齐国向墨子报告。墨子认为，只要高石子的辞职符合原则就是对的，而且说常常听到的是"背义而向禄"，很少听说有"背禄向义"的，从而高度赞扬了高石子的高尚行为。（《墨子·耕柱》）

管黔敖，墨子弟子。墨子曾经让管黔敖推荐高石子到卫国去做官。

胜绰，墨子弟子。高孙子，墨子弟子。《墨子·鲁问》篇载，墨子曾经推荐

---

① 镒：古代重量单位，一镒合二十两，也有说合二十四两。十镒黄金就是二百两或二百四十两黄金。
② 许维遹：《吕氏春秋集释》，梁运华整理，中华书局 2009 年版，第 93 页。
③ 县：通"悬"。

胜绰到齐国项子牛那里去做官。项子牛三次侵犯鲁国的领土,胜绰都没有加以阻止,反而跟着参与。墨子听说了之后,立马让弟子高孙子请求项子牛把胜绰给辞退了。墨子认为,胜绰的行为属于明知故犯,嘴里说仁义却不实行,道理都懂,但心目中却是把俸禄看得比正义更重,这属于"背义而向禄"的行为,是要遭到谴责的。

公尚过,墨子弟子。墨子对公尚过的评价很高,他曾经说:"过之心者,数逆于精微。同归之物,既已知其要矣,是以不教以书也。"(《墨子·贵义》)像公尚过那样的人,其心已经达到洞察精微,对于殊途同归的天下万物,已经知道了切要合理之处,因此就不用书来教育了。墨子后来推荐公尚过到越国做官,公尚过受到越王的充分信任,并为越王到鲁国迎接墨子。越王对公尚过说:"先生苟能使子墨子于越而教寡人,请裂故吴之地,方五百里,以封子墨子。"(《墨子·鲁问》)后来因为判断越王不可能践行自己的思想,墨子没有前往越国。

弦唐子,墨子弟子。墨子有一次南游到卫国去,车中装载了很多书。弦唐子觉得很奇怪,就问墨子:"老师您不是教导过公尚过说书不过是用来衡量是非曲直罢了,您现在装这么多书有什么用呢?"墨子回答弦唐子说:

> 昔者周公旦朝读书百篇,夕见漆①十士,故周公旦佐相天子,其修②至于今。翟上无君上之事,下无耕农之难,吾安敢废此?翟闻之:"同归之物,信有误者。"然而民听不钧③,是以书多也。(《墨子·贵义》)

周公旦忙于治国理政,每天早上还要读书百篇,所以才能辅佐好天子,我墨子上无君上之事下无耕农之难,怎么敢不读书呢?虽然世间事殊途而同归,但流传的时候确实就会存在差错,加上人们听到的不一样,于是书就多起来了,至于公尚过的情况,他是已经掌握了事物的切要合理之处的人,不再需要用书来进行教育了。

跌鼻,墨子弟子。《墨子·公孟》篇记载,有一次,墨子患了疾病,跌鼻就问

---

① 漆:"七"之借音字,从毕沅说。
② 修:治,指政绩。
③ 钧:通"均",一致。

墨子:"老师,您不是认为鬼神是神明的,可以决定人的祸还是福的吗?做善事的人就给予奖赏,做坏事的人就给予惩罚吗?那现在老师您既然是圣人,肯定都是做的善事,怎么会患疾病呢?难道是老师所说的话不对?还是鬼神不神明?"墨子回答说:"虽然我墨子患了疾病,怎么能说鬼神不神明呢?一个人患病有多方面的原因,有得之寒暑,有得之劳苦。我墨子做善事,只相当于是在一百个门中只是闭了一个门,这样的话,盗贼怎么可能不进来呢?"在墨子看来,做善事与得赏之间是一种因果关系,但这种因果关系未必就是充分条件的关系,即并非做了某些善事就一定会得赏,当然墨子也没有断定是一种必要条件的关系,而最有可能是断定为一种概率性的关系。①

魏越,墨子弟子。《墨子·鲁问》篇记载,有一次,墨子出外游历,魏越问墨子:"如果您得见四方的国君,将先给他讲些什么呢?"墨子说:"凡进入一国,都必须选择紧要的事去做。国家混乱,就告诉他们尚贤、尚同的道理;如果国家贫穷,就告诉他们节用、节葬的道理;如果国家喜欢音乐沉湎于酒,就告诉他非乐、非命的道理;如果国家淫乱怪僻而无礼,就告诉他尊天、事鬼;如果国家专门掠夺侵略,就告诉他们兼爱、非攻。所以说一定要选择紧要的事去做啊。"在墨子看来,一定要看所遇到的国君,针对他的国家实际存在的问题来开出具体实际的方子。

曹公子,墨子弟子。《墨子·鲁问》篇记载,墨子曾经推荐曹公子到宋国去做官。过了三年,曹公子回来看望墨子时说:"当初我在您门下学习,穿着粗布褂子,喝野菜汤,有时吃了早餐却吃不上晚餐,没有什么东西来祭祀鬼神。现在由于得到老师的教导,我的家比原来富裕多了,又经常祭祀鬼神,但家里人却死得多,牲畜繁殖也不兴旺,我本身又生病。我真的无法理解老师的学说是可行的。"

墨子对此回答说:

你说的不对啊。鬼神希望做的事情是多方面的:希望人处在高位上的时候,能够让贤;财产多的时候,能够赡济穷人。鬼神难道只是想拿祭

---

① 参见杨武金:《论从三个层次研究墨家逻辑》,《安徽大学学报》(哲学社会科学版)2006年第4期,第37—40页。

品吗？现在你处在高位上，却不让贤，这是第一种不祥；你钱财多，却不拿来分给穷人，这是第二种不祥。现在你对待鬼神只是祭祀罢了，却问病是从哪里来的？这就像有一百扇门的房屋，只关闭了一扇门，却反问强盗是从哪里来的？像这样求福却责怪鬼神没有给予保佑，这怎么可能呢？

在墨子看来，祭祀鬼神与得到鬼神保佑之间同样是一种因果关系，这种因果关系并非充分条件的关系，也并非必要条件的关系，而是具有一般性或者普遍性的概率性关系，所以，人要想得到鬼神保佑，必须要尽可能做好鬼神所要求做的各种善事。

孟山，墨子弟子。《墨子·鲁问》篇记载，孟山曾经当着墨子的面赞扬王子闾说：

从前白公胜叛乱，抓住王子闾，用大斧抵着他的腰，用武器顶着他的心窝，对他说答应当国王就让他活，不答应当国王就杀死他，王子闾说："这是何等的侮辱啊，杀我的亲人还想许以楚国的王位让我开心，我即使得了天下，如果是不义的，我也不做。何况只是楚国呢。"至死也不当楚王，王子闾还不能算仁吗？

墨子回答说：

这样做难倒是很难，然而还不能算仁。如果他认为楚王无道，那为什么不接受王位而治理楚国呢？如果认为白公胜不义，那为什么不接受王位，杀掉白公胜然后再将王位交还给原来的楚惠王呢？所以说他这样做难是很难，但还不能算是仁。

墨家学派与其他学派的不同，与其说它是一个普通的学术团体，还不如说它是一个非常严密的政治组织或政治集团。理由如下：

第一，墨家集团有代代相传的首领，即巨子或钜子，门徒或弟子必须对巨子或钜子绝对服从。《庄子·天下》篇记载，墨家"以巨子为圣人，皆愿为之尸，冀得为其后世"。《吕氏春秋·上德》篇记载，公元前381年，墨家巨子孟胜为楚国阳城君守城,阳城君因祸出走,楚国派兵攻城,孟胜决心死守,令弟子二人传巨子于田襄子。孟胜死后,弟子与之一起死者达一百八十二人,其中二人传令于田襄子之后又回到楚国,与孟胜一起战死。在墨家集团内部,墨家弟子必须绝对服从墨家集团的命令。

第二,墨家弟子学成之后,通常由首领推荐到各诸侯国去做官,并且对做官的情况进行监督,如果发现有问题则必须召回来,而对做官做得好的则给予肯定,做得成功者则需要用利益来回报集团。比如,墨子曾经推荐曹公子到宋国去做官(《墨子·鲁问》)。墨子介绍胜绰到齐国项子牛那里做官(《墨子·鲁问》),后来发现胜绰并没有阻止项子牛的侵略行为,而且还参与侵略行动,于是让高孙子请求项子牛将胜绰辞退了。

《墨子·耕柱》篇载,墨子曾经让管黔敖推荐高石子到卫国去做官,高石子去了之后,发现虽然自己所得到的俸禄很多,但卫国国君却根本不采纳自己所提出的正确意见,于是只好辞去职务,离开了卫国。墨子在听了高石子的汇报之后,十分认可高石子的做法,并认为这是"背禄向义"的正义行为。如前所述,《墨子·耕柱》篇载,耕柱子到楚国做官之后,一次给墨子寄送了十镒的黄金。

第三,墨家有自觉的纲领,墨家集团内部有非常严密的纪律,任何人都不能违背。墨家的纲领是"为义"。

《墨子·贵义》篇载:

子墨子曰:"万事莫贵于义。今谓人曰:'予子冠履,而断子之手足,子为之乎?'必不为。何故?则冠履不若手足之贵也。又曰:'予子天下,而杀子之身,子为之乎?'必不为。何故?则天下不若身之贵也。争一言以相杀,是贵义于其身也。故曰:万事莫贵于义也。"

任何事情都没有比"为义"更重要的了。假如对别人说:"给你帽子、鞋子,但要砍断你的手脚,你肯干吗?"那人肯定不干。这是为什么呢?这是因为帽子、鞋子远远没有手脚那么贵重。如果又说:"把天下送给你,但要杀死你,你肯干吗?"那人一定不肯干。这是为什么呢?这是因为天下也比不上自己的身体贵重。有时,为了争一句话的短长而相互残杀,这是因为义比身体更为重要。所以说,任何事情都没有比义更重要的了。

墨家集团的成员被称为"墨者",都要受到集团内部纪律的严格约束,这种内部纪律也称为"墨者之法"。《吕氏春秋·去私》篇载,墨家巨子腹䵍,居秦,其子杀人之后,秦惠王考虑到腹䵍年老而决定免其子死罪。结果,腹䵍反而不同意,说:

> 墨者之法曰:"杀人者死,伤人者刑。"此所以禁杀伤人也。夫禁杀伤人者,天下之大义也。王虽为之赐,而令吏弗诛,腹䵍不可不行墨者之法。

腹䵍不同意秦惠王的意见,亲手杀死了自己的儿子。可见,墨家之法超越于王权,铁面无私,是非常严格的。

《墨子·经上》篇说:"法,所若而然也。"法就是依照它就能那样。《墨子·经上》篇说:"循①,所然也。"循就是按某个样子去做。《墨子·经说上》篇说:"循②然也者,民若法也。"按某个样子去做,就像人民顺从法律。法律就是在约定了共同的合理规范之后,大家都按照它去执行,顺从于它。

第四,墨家学派坚持兼爱、非攻等基本思想主张,所以他们都能坚持正义,具有强烈的侠义精神和牺牲精神。《墨子·经上》篇说:"任,士损己而益所为也。"《墨子·经说上》篇说:"任,为身之所恶,以成人之所急。"任就是有知识的人做损害自己但对他的行为有好处的事情,就是做自己本身所厌恶,但却可以成就他人所急需的事情。《淮南子·泰族训》说:"墨子服役者百八十人,皆可使赴汤蹈刃,死不旋踵,化之所致也。"所谓服役者,大概指的就是经常跟随在巨子身边,能够听从指令的墨家弟子。"赴汤蹈刃,死不旋踵",这种不怕牺牲、敢于牺牲的精神,乃是墨家集团平时教化所致,足见其感召力之巨大。

墨家学派由于具有上述特点,虽然由于各种经济或者社会的原因导致了它的中断,但它在两千多年来的中国社会中依然具有巨大的影响,每到需要它的时候,墨家学派的精神就会在社会的现实中得到一定的体现。比如,后来中

---

① 循:《道藏》本作"佴",从高亨校改。
② 循:《道藏》本作"佴"。

国社会中出现的劫富济贫、舍生取义等现象，可以说就是墨家学派精神的延伸或作用。

第三节 《墨子》

墨家学派的思想，主要体现在现存《墨子》一书中。《汉书·艺文志》著录《墨子》七十一篇。《隋书·经籍志》载，《墨子》十五卷，目一卷。现存《道藏》本《墨子》五十三篇，亡二十八篇，因"缺宋讳字，知即宋本"①。

其中，《尚贤》《尚同》《兼爱》《非攻》《节用》《节葬》《非乐》《非命》《天志》《明鬼》和《非儒》共三十二篇，亡八篇，存二十四篇。除《非攻》和《非儒》外，均有"子墨子曰"（我们的老师墨子说）的字样，说明它们为墨子弟子根据不同主题所记述的墨子谈话或演讲的资料，经过汇编整理而成，每个主题基本上都包括上、中、下三篇，内容大同小异。俞樾曾在《墨子间诂·序》中指出，这种情况当属三派墨家分别记述传录不同而导致的，其写定并汇编成书，当在三派并行一段时期之后。梁启超认为，这些是墨学的大纲目②，为墨家学派的主要代表作。

《耕柱》《贵义》《公孟》《鲁问》和《公输》五篇，为墨家后学所记载的墨子言论与行事。前四篇是语录体，每篇都是数十则语录或问答合成起来的，短小精悍，互不连属，每篇的题目取自首章的首句，与孔子《论语》篇名取名方法类似。梁启超说："这五篇是记墨子言论行事，题材颇近《论语》。"③胡适认为，这些是"墨家后人把墨子一生的言行辑聚来做的，就如同儒家的《论语》一般。其中有许多材料比第二组还更为重要"④。

《经》上下、《经说》上下、大小《取》共六篇，后人合称《墨经》或《墨辩》。《庄子·天下》篇称前四篇为"《墨经》"，即狭义上的《墨经》；如果再加上大、小

---

① ［清］毕沅校注：《墨子》，吴旭民标点，上海古籍出版社1995年版，第1页。
② 梁启超：《墨子学案》，载任继愈、李广星主编：《墨子大全》（第26册），北京图书馆出版社2004年版，第21页。
③ 梁启超：《墨子学案》，载任继愈、李广星主编：《墨子大全》（第26册），北京图书馆出版社2004年版，第22页。
④ 胡适：《中国哲学史大纲》，东方出版社1996年版，第134页。

《取》,又称广义上的《墨经》。晋鲁胜称前四篇为"《墨辩》",又称"辩经",即研究辩论的《经》;如果加上大、小《取》,又称广义上的《墨辩》。《墨经》与《墨辩》两种名称同样流行。为了方便,通常把前四篇合称狭义《墨经》,加上大、小《取》,合称广义《墨经》。① 鲁胜曾经在其《晋书·隐逸·墨辩注叙》中说:"《墨辩》有上下《经》,《经》各有《说》,凡四篇,与其书众篇连第,故独存。今引《说》就《经》,各附其章,疑者阙之。"② 具体来说,《经说》上、下的每一个条目都显然是对《经》上、下的每一个条目的解释。《经》上、下的文字最初都是旁行书写的,即分为上下两栏抄录,也就是说读者先读完了上栏再接着读下栏。但到宋末刻书时,改成了上下连行通读,打乱了原来的次序。后来,通过乾嘉学派毕沅、张惠言及后世孙诒让、梁启超、高亨等人的工作,逐渐恢复了以《说》就《经》,各附其章和旁行读的体例,《墨经》面目得以重新呈现出来。

一般认为,《墨经》六篇著作是后期墨家所作,因为其思想与前期墨家存在不同,而且有所发展,内容主要论述逻辑学、自然科学和社会科学的思想。

汪中在《述学·墨子序》中说,《墨经》六篇为墨子之"徒诵之,并非墨子本书"③。

孙诒让在《墨子间诂》中,对毕沅主张《墨经》为墨子自著的观点反驳道:"据《庄子》所言,则似战国之时墨家别传之学,不尽墨子之本旨。毕谓翟所自著,考之未审。"④

胡适在《中国哲学史大纲》中,认为《墨经》六篇"不是墨子的书,也不是墨者记墨子学说的书",而是"惠施、公孙龙时代的'别墨'做的"。⑤

冯友兰在旧著《中国哲学史》中说:"《墨子》书中《经》及《经说》等篇,乃战国后期墨者所作。""《大取》《小取》篇皆为据题抒论之著述体裁,亦非墨子时代所有也。"⑥

当然,也有学者认为,《墨经》的全部或部分是墨子所作。

---

① 参见孙中原:《墨学通论》,辽宁教育出版社1993年版,第8页。
② [唐]房玄龄等:《晋书》,商务印书馆1974年版,第2434页。
③ [清]孙诒让:《墨子间诂》,孙启治点校,中华书局2001年版,第671页。
④ [清]孙诒让:《墨子间诂》,孙启治点校,中华书局2001年版,第307页。
⑤ 胡适:《中国哲学史大纲》,东方出版社1996年版,第134页。
⑥ 冯友兰:《中国哲学史》,中华书局1961年版,第110—111页。

鲁胜在《墨辩注叙》中说:"墨子著书,作《辩经》以立名本。"①认为《墨经》是墨子自著。

毕沅在《墨子·经上》注说:"此翟自著,故号曰《经》。"②又在《墨子·叙》中说:"《经上》《经下》疑翟自著。"③

梁启超在《墨子学案》中说:"《经》上下当是墨子自著。《经说》上下,当是述墨子口说,但有后学增补。《大取》《小取》,是后学所著。"④

栾调甫在《墨子要略》中说:"《经》上下篇,墨子所著,以'经'题篇之义,盖谓:篇中所载,皆其根本教义。"⑤

高亨在《墨经校诠·自序》中说:"《墨经》初本当是墨翟自作。""所以墨徒都读它,而称它作《经》。但是《墨经》两篇也有墨徒增补的文字,至于《经说》两篇大概都出于墨徒之手了。"⑥

詹剑峰论证说:《墨经》"大体是墨子自著,但其中不无墨家后学增益和引申的部分",其理由有四:第一,"如果这部《经》不是墨子著的,怎样能使各派墨者'诵读'呢?所以我们说,从'诵读《墨经》'一语就可证实墨子著《经》";第二,"从墨子献书以证明墨子著《经》";第三,"从鲁胜《墨辩注序》以证明墨著《经》";第四,"从墨子的言行以证明墨子著《经》"。⑦ 该论证较为充分。

关于《墨经》的作者,从上面的不同观点来看,我认为,墨子本人应该有其自著的《墨经》,包括《经》上、下和《说》上、下,但其所包括的条目数量显然不会比我们现在所能看到的多,现在我们所看到的《经》上、下与《说》上、下,显然都在不同程度上由后学所补充和修改。

《墨子》一书中的《亲士》《修身》《所染》《七患》《辞过》《法仪》和《三辩》等七篇,没有"子墨子曰",一般认为是墨翟的早期著作,因为它们各自从不同角度记载和发挥了墨子的思想学说。比如,《亲士》《修身》和《所染》篇都是对

---

① [唐]房玄龄等:《晋书》,商务印书馆1974年版,第2433页。
② [清]毕沅校注:《墨子》,吴旭民点校,上海古籍出版社1995年版,第140页。
③ [清]毕沅校注:《墨子》,吴旭民点校,上海古籍出版社1995年版,第2页。
④ 梁启超:《墨子学案》,载任继愈、李广星主编:《墨子大全》(第26册),北京图书馆出版社2004年版,第22页。
⑤ 栾调甫:《墨子研究论文集》,人民出版社1957年版,第116页。
⑥ 高亨:《墨经校诠·自序》,科学出版社1958年版,第1页。
⑦ 詹剑峰:《墨家的形式逻辑》,湖北人民出版社1979年版,第224—229页。

墨子尚贤思想的发挥,《辞过》篇是对墨子节用思想的发挥,《三辩》篇是对墨子非乐思想的发挥,《法仪》篇是对墨家兼爱、天志、明鬼思想的发挥。

《备城门》等十一篇,是墨家的军事著作,反映了墨家反对侵略性战争,但也要进行积极防御的战略思想。

墨家学派的著作,除了《墨子》一书外,还有墨家弟子或再传弟子的著作,但这些著作基本上已经散失。比如,《汉书·艺文志》载:

《尹佚》二篇。周臣,在成、康时也。
《田俅子》三篇。先韩子。
《我子》一篇。
《随巢子》六篇。墨翟弟子。
《胡非子》三篇。墨翟弟子。
《墨子》七十一篇。名翟,为宋大夫,在孔子后。
右墨六家,八十六篇。①

根据上述记载,墨家著作在当时总共有八十六篇,除了《墨子》一书中所包括的七十一篇外,还包括其他的墨家著作十五篇。

墨家的思想博大精深,主要包括政治思想、经济思想、文化思想等方面的人文精神和人文关怀,同时也体现在科学理论和逻辑思维方面的科学精神。墨家弟子魏越曾经问墨子,如果您见到各个诸侯国的君主,将首先怎么样来阐述自己的思想学说?墨子回答说:"凡入国,必择务而从事焉。国家昏乱,则语之尚贤、尚同。国家贫,则语之节用、节葬。国家憙②音沉湎,则语之非乐、非命。国家淫僻无礼,则语之尊天、事鬼。国家务夺侵凌,则语之兼爱、非攻。"(《墨子·鲁问》)其中,尚贤、尚同属于社会政治思想,节用、节葬属于经济思想,兼爱、非攻属于伦理道义思想,天志、明鬼属于宗教思想,非乐、非命属于文化教育思想等。通常认为,兼爱是墨子十大(尚贤、尚同、兼爱、非攻、节用、节葬、非乐、非命、天志、明鬼)主张中最为核心、最为重要的思想。这些思想反映

---

① [汉]班固:《汉书》,[唐]颜师古注,中华书局 1962 年,第 1737—1738 页。
② 憙,同"喜"。

了墨家学派具有充分的人文精神。

墨家学派的科学思想,主要体现在《墨经》或《墨辩》之中,其中包含了几何学、力学、光学、语言学、心理学、生理学、逻辑学等方面的丰富内容。可以说,《墨经》是中国古代的一部"百科全书"。因此,人们也说,墨子是中国古代的科技圣人。

第二章　墨家学派之源

墨家学派是中国先秦时代影响巨大的学派之一。

司马谈在《论六家要旨》中说：

《易大传》："天下一致而百虑,同归而殊途。"夫阴阳、儒、墨、名、法、道德,此务为治者也,直所从言之异路,有省不省耳。①

这段话的意思是,《周易·系辞传》说："天下人追求相同,而具体谋虑却多种多样,想要达到的目的相同,而采取的途径却不一样。"阴阳家、儒家、墨家、名家、法家、道德家,都是致力于如何达到天下太平的学派,只是他们所遵循和依从的学说不是一个路子,有的显明,有的不显明罢了。其中,墨家被列为六家中的第三家。《汉书·艺文志》列墨家为"儒家、道家、阴阳家、法家、名家、墨家、纵横家、杂家、农家、小说家"诸子十家中的第六家。② 墨家思想的核心是主张兼爱、平等,反对攻伐、战争,主张在政治上尚贤、尚同,在经济上节用、节葬,还主张天志、明鬼、非乐、非命。那么,墨家思想学说究竟是如何形成的,是在什么样的思想学说的影响下形成的,或者说墨家思想学说的基本起源是怎么样的呢？

第一节　源于清庙之守

班固在《汉书·艺文志》中认为,墨家学派源于清庙之守,即掌管祭祀典礼的官员。班固说：

---

① ［汉］司马迁：《史记》,［宋］裴骃集解,［唐］司马贞索隐,［唐］张守节正义,中华书局1959年版,第3288—3289页。
② ［汉］班固：《汉书》,［唐］颜师古注,中华书局1962年版,第1728—1746页。

> 墨家者流，盖出于清庙之守。茅屋采椽，是以贵俭；养三老五更，是以兼爱；选士大射，是以上贤；宗祀严父，是以右鬼；顺四时而行，是以非命；以孝视天下，是以上同：此其所长也。及蔽者为之，见俭之利，因以非礼，推兼爱之意，而不知别亲疏。①

所谓清庙，是指周代祭祀周文王或泛指祭祀有"清明之德者"的殿堂，清庙之守即掌管祭祀典礼的官员。② 也就是说，墨家这个学派，大概出于古代掌管宗庙的官员。他们住在茅草盖顶、用木头做椽子的房子里，所以注重节俭；设立三老五更的席位以赡养老人和侍奉致仕的人，所以提倡兼爱；通过大射礼来为祭祀选拔人才，所以主张尚贤；祭祀祖宗、敬重祖先，所以尊天明鬼；顺应四时做事，所以不相信命定论；以孝道宣示天下，所以主张尚同。这些都是墨家思想的合理之处。但是，墨家思想如果被目光短浅的人所利用，则会只看到节俭，因而反对礼节；如果只注重推崇兼爱、平等，则将不能够辨别谁该亲近，谁该疏远。

这里，可以简单谈一下"射礼"对于选拔祭祀人才的作用。《礼记·射义》中说：

> 射之为言者，绎也，或曰舍也。绎者，各绎己之志也。……故射者各射己之鹄，故天子之大射，谓之射侯。射侯者，射为诸侯。射中则得为诸侯，射不中则不得为诸侯。
>
> 是故古者天子以射为诸侯、卿、大夫、士。射者，男子之事也……故圣王务焉。
>
> 是故古者天子之制，诸侯岁献贡士于天子，天子试之于射宫……而中多者得与于祭……而中少者不得与于祭。……
>
> 天子将祭，必先习射于泽，泽者所以择士也，已射于泽而后射于射宫，射中者得与于祭，不中者不得与于祭。

---

① ［汉］班固：《汉书》，［唐］颜师古注，中华书局1962年版，第1738页。
② 参见谭家健：《墨子研究》，贵州教育出版社1995年版，第12页。

古代天子在举行射礼的时候,用"射"来选拔贵族,上至诸侯、卿、大夫,下至士。只有射中的才得为诸侯,射不中的不得为诸侯;只有射中多的才得参与祭祀,射中少的不得参与祭祀。①

司马迁在《史记·孟子荀卿列传》中说:"盖墨翟,宋之大夫,善守御,为节用。"②认为节用是墨子思想学说的一个重要方面。这似乎也在暗示着墨家学说源于清庙之守。

司马谈在《论六家要旨》中说:

> 墨者亦尚尧舜道,言其德行曰:"堂高三尺,土阶三等,茅茨不翦,采椽不刮。食土簋,啜土刑,粝粱之食,藜藿之羹。夏日葛衣,冬日鹿裘。"其送死,桐棺三寸,举音不尽其哀。教丧礼,必以此为万民之率。使天下法若此,则尊卑无别也。夫世异时移,事业不必同,故曰"俭而难遵"。要曰强本节用,则人给家足之道也。此墨子之所长,虽百家弗能废也。③

墨家也和儒家一样,崇尚尧舜之道,谈到他们的品德行为时说:"堂口三尺高,堂下土阶只有三层,用茅草搭盖屋顶且不加修剪,采木做椽子而不经刮削。用陶簋吃饭,用陶铏喝汤,吃的糯米粗饭和藜藿做的野菜羹。夏天穿葛布衣,冬天穿鹿皮裘。"墨家为死者送葬,只做一副仅三寸厚的桐木棺材,送葬者恸哭而不能尽诉其哀痛,教民丧礼,必须以此为万民的统一标准。假如普天之下的人按照这个办法去做的话,那尊卑贵贱就没有什么区别了。时代不同,时势变化,人们所做的事业不一定都一样,所以说墨家的学说"俭啬而难以遵从"。但是,墨家思想学说的要旨就是强本节用,这是能够让人人丰足、家家富裕的正确之道,这是墨家学说的长处,就是百家学说也是不能对之否定的。司马谈充分肯定了墨家节用、节葬、非乐、兼爱平等思想的合理性。

---

① 参见杨宽:《古史新探》,上海人民出版社2016年版,第335页。
② [汉]司马迁:《史记》,[宋]裴骃集解,[唐]司马贞索隐,[唐]张守节正义,中华书局1959年版,第2350页。
③ [汉]司马迁:《史记》,[宋]裴骃集解,[唐]司马贞索隐,[唐]张守节正义,中华书局1959年版,第3290—3291页。

墨家学派是如何源于清庙之守的？《吕氏春秋》给出了具体的说法。《吕氏春秋·当染》篇说："鲁惠公使宰让请郊庙之礼于天子,桓王使史角往,惠公止之,其后在于鲁,墨子学焉。"鲁国国君派宰让去向周天子请教"郊庙之礼",周天子即桓王派礼官史角去鲁国传授周礼,鲁国国君鲁惠王把史角留了下来,于是,史角的后代就居住在了鲁国,墨子就曾经向史角的后代学习过。所以,墨家学派的思想是墨子最初从史角后裔那里学来的,因为史角就是那个时代掌管宗庙祭祀的人,墨子从史角那里所学到的就是与宗庙祭祀密切相关的知识和思想。

《吕氏春秋》的说法得到了近人江瑔的认可。他在《读子卮言》中说："墨家之学出于史佚、史角。史角无书,史佚有书二篇,《汉书·艺文志》列于墨家之首,且谓'周臣,在成康时'。则由史佚历数百年而后至墨子。未有墨子之前,已有墨家之学。"孙诒让也赞同这一看法。他说："《汉书·艺文志》墨家以尹佚二篇列首,是墨子之学出于史佚。史角疑即尹佚之后也。"[①]史佚即尹佚,有著作二篇,史角是史佚的后裔,墨子就是从史角后代那里学习"郊庙之礼"的。所以,墨家的学说正源于史佚、史角等清庙之守的"郊庙之礼"。

第二节　源于儒家之学

墨家与儒家有密切的联系,墨学与儒学有深厚的渊源。
《淮南子·主术训》中说:

> 孔丘、墨翟,修先圣之术,通六艺之论,口道其言,身行其志,慕义从风而为之服役者不过数十人。使居天子之位,则天下遍为儒、墨矣。

孔子和墨子都修先圣之术,都讲仁义之道,表明儒家和墨家有相同的学术渊源。

孙诒让曾经指出,墨家和儒家在思想渊源上存在很大不同,他说:

---

① [清]孙诒让:《墨子间诂》,孙启治点校,中华书局2001年版,第684页。

六艺为儒家之学,非墨氏所治也。墨子之学盖长于《诗》《书》《春秋》,故本书引《诗》三百篇与孔子所删同,引《尚书》如《甘誓》《仲虺之诰》《说命》《大誓》《洪范》《吕刑》,亦与百篇之《书》同。[①]

六艺是中国传统文化和儒学的中心内容。比较初级的六艺,包括礼、乐、射(射箭)、御(驾车)、书(书法)、数(数字计算);比较高级的六艺,包括诗(《诗经》)、书(《书经》)、礼、乐、易(《易经》)、《春秋》。墨子与孔子在六艺的修为上,确实如孙诒让所说存在着差异,但他们都学习六艺之术也并非虚假。墨子平时在言谈或讲学的时候,经常引用《诗经》《书经》《礼》《乐》《易经》《春秋》等,说明他对六艺之术非常熟悉。

《韩非子·显学》篇说:

孔子、墨子俱道尧、舜,而取舍不同,皆自谓真尧、舜,尧、舜不复生,将谁使定儒、墨之诚乎?[②]

孔子、墨子都自称所遵循的是尧舜之道,然而两者的取舍却完全不同,但都称自己所遵循的是真正的尧舜之道。尧舜不能复生,那该由谁来判定儒家与墨家哪个是诚实的呢?

《墨子·公孟》篇记载,有一次,墨子同儒家学派弟子程繁开展辩论。墨子在辩论的时候引用了孔子的话来作为自己观点的论据。于是,程繁质问墨子说:"非儒,何故称于孔子也?"意思是说,你墨子既然反对儒家,为何又称赞孔子的话呢? 墨子回答说:

是亦当而不可易者也。今鸟闻热旱之忧则高,鱼闻热旱之忧则下,当此,虽禹、汤为之谋,必不能易矣。鸟鱼可谓愚矣,禹汤犹云因[③]焉。今翟曾无称于孔子乎?(《墨子·公孟》)

---

① [清]孙诒让:《墨子间诂》,孙启治点校,中华书局 2001 年版,第 685 页。
② [清]王先慎:《韩非子集解》,钟哲点校,中华书局 1998 年版,第 457 页。
③ 云:或。因:依赖。从王引之说。

墨子在此肯定了孔子思想学说中存在着"当而不可易"的客观真理部分,就像"鸟闻热旱之忧则高,鱼闻热旱之忧则下"这些天经地义的道理一样,任谁也是无法否定的。所以,墨子也不时称引、转述孔子的话,用作论证的理由或根据。① 这说明,墨子对儒家的思想学说是非常熟悉的。墨子经常和儒家弟子程子(程繁)、公孟子、巫马子等进行对话、辩论,对孔子和儒家学说中的错误开展批判和质疑,《墨子》书中的《非儒》《非乐》《非命》等篇,主要就是对儒家思想学说中所存在的消极方面和错误进行批判。

比如,《墨子·公孟》篇载,有一次,公孟子对墨子说:

> 昔者圣王之列也,上圣立为天子,其次立为卿大夫。今孔子博于《诗》《书》,察于礼乐,详于万物,若使孔子当圣王②,则岂不以孔子为天子哉?

公孟子认为古代圣王安排位次,道德智慧最高的立为天子,其次的立为卿大夫,现在孔子博通《诗》《书》,明察于礼乐,对于万物有深入的认识,如果孔子生当圣明之时,岂不是可以让孔子做天子了吗?墨子回答说:

> 夫知者,必尊天事鬼,爱人节用,合焉为知矣。今子曰"孔子博于《诗》《书》,察于礼乐,详于万物",而曰可以为天子。是数人之齿③,而以为富。

所谓智者,一定要上尊天事鬼,下爱人节用,必须都合乎这些要求才称得上是智者,现在说孔子博于《诗》《书》,明察礼乐,对万物有深入认识,就说他可以做天子,就相当于是数别人契锯上的刻数,就自以为是富裕了。在墨子看来,作为天子,必须能够尊天事鬼,爱人节用,只有这样才能称得上是圣人。

《淮南子·要略训》中说:

> 墨子学儒者之业,受孔子之术,以为其礼烦扰而不说④,厚葬靡财而贫

---

① 参见孙中原:《墨学通论》,辽宁教育出版社1993年版,第3页。
② 圣王:当作"圣世"。
③ 齿:指契齿,契锯上的刻数。
④ 说:悦。

民,久①服伤生而害事,故背周道而用夏政。②

墨子是在儒家思想的抚育下成长起来的,但是由于嫌儒家思想的礼仪过于烦琐,儒家的厚葬做法浪费财物又使得老百姓贫困,长时间的服丧伤害到老百姓的身体从而妨碍生产,因此决定反对周代的做法而拥护夏代的治理方法。墨子推崇传说中原始社会末期的部落联盟领袖和治水成功者大禹,称颂夏禹拿着土筐、木锹,疏通江河,治理洪水,奔波劳累得股上都没有肉了,腿上都没有毛了,为了天下劳动者的利益而不辞辛劳。

《庄子·天下》篇说:墨家学派的人物都是"以裘褐为衣,以跂蹻为服,日夜不休,以自苦为极"。他们穿着木麻鞋,夜以继日忘我地工作。又说:"不能如此,非禹之道也,不足谓墨。"墨家觉得如果不简朴、不劳苦就不能体现夏禹的精神,从而也就算不得是真正的墨者。《墨子·鲁问》篇记载,墨家弟子穿的都是"短褐之衣",吃的均是"藜藿之羹",即穿粗布短袄,吃粗劣淡饭,而且"朝得之,则夕弗得",吃了这顿饭却不知道下顿饭在哪里。可以说,墨子和他的弟子们总是言行一致,以身戴行,以实际的行动和行为践履着自己的思想主张。

第三节　成一家之言

墨学在当时被称为"役夫之道"。《荀子·王霸》篇说:"役夫之道也,墨子之说也。"将墨子的思想学说说成是干粗活的人的道理,其实也就是劳动者的道理或理论,"役"即劳役、役使、奴役、仆役、供役使的人,"夫",指男子或男人,"役夫",也就是孟子所说的"劳力者"(《孟子·滕文公上》),即体力劳动者,是被统治、被奴役的人。墨子也称自己的学问是"贱人之所为"(《墨子·贵义》)。与之相比,儒学在古代被称为"圣王之道"(《荀子·王霸》)或"君子之学"(《荀子·劝学》)。儒家更多的是为统治者或者统治阶级说话。墨子则是一位由手工业工匠上升而来的"士",即知识分子。"士"这个阶层在当时的中

---

① 久:从王念孙校增。
② 何宁:《淮南子集释》,中华书局1998年,第1459页。

国社会,处于平民之上但却在贵族之下。《墨子·贵义》篇记载,墨子到楚国游说,要向楚王献书,楚王不愿意见墨子,借口年老让大臣穆贺见墨子。墨子在穆贺面前自称"贱人",把自己的思想学说比喻成农民种的粮食和采集来的草药。墨子总是代表普通老百姓说话,其思想具有天然的平民色彩。墨子的思想学说体现了"农与工肆之人"(《墨子·尚贤上》)的利益,代表了被奴役的劳动者的利益与诉求,对老百姓有亲近感。

大量资料表明,墨子非常熟悉木工和其他手工业技术,墨子和大部分的墨家弟子都应该是熟练的手工业者。孔子认为,从事生产劳动是小人或贱人的行为。墨者则恰恰相反,他们普遍都是社会实践和科学技术活动的直接参与者。墨子在教育学生的过程中,强调"能谈辩者谈辩,能说书者说书,能从事者从事"(《墨子·耕柱》),把"从事"作为做义事的三大基本任务之一。墨家的"从事"不但包括将军、大夫在抵御侵略战争中的攻防战事,还包括士人的一般行政事务和基本劳作,比如,一般老百姓的农业生产劳动和手工业者的技术性劳动。《墨子》一书中,经常提到当时的各种手工业工匠技术。《墨子·节用中》篇载,"凡天下群百工,轮车鞼匏,陶冶梓匠,使各从事其所能"。这些手工业工种包括制革、制陶、冶炼、缝纫、刺绣、制鞋、造铠甲、土石建筑等等。墨子本人是熟悉当时手工业技术的能工巧匠,他的木工技艺可以跟当时的公输般媲美。

《墨子·鲁问》篇载,公输般曾经削竹木制作了一只鹊,做成了,让它飞起来,三天不落下来。公输般认为自己的技艺已经是最巧妙的了。可是墨子却对公输般说:

> 子之为鹊也,不如翟①之为车辖②,须臾斲③三寸之木,而任五十石之重。故所为功,利于人谓之巧,不利于人谓之拙。

车辖是安装在车轮轴上的一种机关,贯穿车轴的金属链,以防轮子脱落下来,它能够增加载重量。墨子说,你公输般制造的鹊,远不如匠人所制造的车

---

① 翟:当作"匠"。从王念孙、孙诒让校改。
② 车辖:车轴两头钉着的键。
③ 斲:当作"斲",斫。从王念孙校改。

辖,这种车辖一会儿就能砍成三寸大小的木块,能承受得住五十石的重量。所以,制作器物,其功效对人有利才能称得上是巧,对人不利的话就只能叫做笨拙。由此可知,墨子对木工和各种手工制作是非常熟悉和熟练的。在墨子看来,科技的发明创造必须能够给老百姓带来实际的好处,才是更有用的。墨子说,"利于人谓之巧,不利于人谓之拙"(《墨子·鲁问》)。墨子的思想感情比较接近劳动人民,这是他的思想学说具有强烈人民性的重要根源。

墨家是法夏之道,崇尚夏禹,以一心为民、天下为公的夏禹为榜样和楷模。墨子曾经称赞夏禹说:

> 昔禹之湮洪水,决江河而通四夷九州也。名川三百,支川三千,小者无数。禹亲自操橐耜①而九杂天下之川。腓无胈②,胫无毛,沐甚③雨,栉疾风,置万国。禹大圣也,而形劳天下也如此。

过去,大禹治理洪水,疏导江河,沟通四夷九州,治理好了大河三百,支流三千,小河无数。他亲自拿着撮箕和锄头,汇合天下的河川。劳累得大腿没有肌肉,小腿没有汗毛,淫雨淋湿了全身,疾风梳理着头发,就是为了安定整个国家。大禹是大圣人,他如此劳累,都是为了天下而献身啊。墨家学派就是按照夏禹的精神来要求其弟子的,墨家学派的人物都是以夏禹为榜样来安身立命的。所以,《庄子·天下》篇说:墨子"其生也勤,其死也薄,其道大觳。使人忧,使人悲,其行难为也",称赞墨子是"真天下之好也"。

墨家学者既是社会实践和科学实验的直接参加者,同时又是实践经验的总结者和科学理论的阐述者,他们是来自社会底层的知识分子或者知识人,从实践中积累经验,又从经验中总结出技术,不但要知其然而且还要知其所以然。《墨子·小取》篇说:"其然也④同,其所以然不必同。其取之也,有所以取之。其取之也同,其所以取之不必同。"事物是这样的情形,自有其所以这样的原因,这样的情形虽然相同,而所以造成这样的原因却不一定相同;赞成某一

---

① 橐:盛土器也。耜:掘土具也。
② 腓无胈:腓股无肉。
③ 甚:同"湛",淫(雨)也。
④ 其然也:《道藏》本无此三字,从孙诒让校增。

观点,自有其所以赞成的理由,所赞成的观点相同,而所赞成的理由却不一定相同。因此,既要探究事物是什么样子的,也要考察事物为什么会是这个样子的,所以,人们所主张的观点或者所做出的判断是一样的,但他们所认可的理由却可能很不一样。亚里士多德曾经指出:

> 判断某物对患着某种疾病的卡里亚有效,对苏格拉底以及其他许多这样的人有效,这是经验的。而判断对按类来划分的患着某种疾病的人,例如对患有痴呆症的人,患胆囊炎的人和发烧的人全都有效,那就属于技术。
>
> 有经验的人只知道其然,而不知道其所以然;有技术的人则知道其所以然,知道原因。[1]

墨家学派的学者就是不但知道其然而且知道其所以然的人们,他们既是劳动者也是知识人。

墨者对前人所创造出来的各种文化知识都加以吸收。《墨子·贵义》篇载,墨子十分仰慕周公旦"朝读书百篇"的学习毅力,称自己"上无君上之事,下无耕农之难",因此,更应该发奋读书。所以,墨子在外出游说的过程中,也总是"载书甚多"。庄子后学曾经赞扬墨子"好学而博"(《庄子·天下》)。墨子在平时谈话和演讲的过程中,总是喜欢引用《诗经》《书经》等古代典籍,并说自己看过百国《春秋》,具有非常广博的知识。

总之,墨家源于清庙之守,也源于儒家之学,但墨家更是对中国优秀传统文化整体上的批判继承。

清汪中在《述学·墨子后序》中说:

> 墨子质实,未尝援人以自重。其则古昔,称先王,言尧舜禹汤文武者六,言禹汤文武者四,言文王者三,而未尝专及禹。墨子固非儒而不非周也,又不言其学之出于禹也。公孟谓君子必古言服然后仁,墨子既非之,而曰子法周而未法夏,则子之古非古也。此因其所好而激之,且属之言

---

[1] 苗力田主编:《亚里士多德全集》(第7卷),中国人民大学出版社1993年版,第28页。

服,甚明而易晓。然则谓墨子背周而从夏者,非也。惟夫墨离为三,取舍相反,倍谲不同,自谓别墨,然后托于禹以尊其术,而《淮南》著之书尔。虽然,谓墨子之学出于禹,未害也。……墨子者,盖学焉而自为其道者也,故其节葬曰"圣王制为节葬之法",又曰"墨子制为节葬之法",则谓墨子自制者是也。①

墨家虽然主要是受儒家学说的影响,但也同时博采众家之学,而且对尧、舜、禹、汤、文、武各个时代的文化精华加以吸收和反映,形成了独具特色的先秦显学。

---

① [清]孙诒让:《墨子间诂》,孙启治点校,中华书局2001年版,第673—674页。

第三章　墨家学派的基本思想主张

墨家学派的基本思想主张，包括兼爱、非攻、尚贤、尚同、节用、节葬、非乐、非命、天志、明鬼等"十大"主张，又称墨家"十论"。《墨子·鲁问》篇载，墨子弟子魏越曾经问墨子，如果您见到四方的君主，您会首先给他们讲些什么呢？墨子回答说："凡入国，必择务而从事焉。国家昏乱，则语之尚贤、尚同。国家贫，则语之节用、节葬。国家憙音沉湎，则语之非乐、非命。国家淫僻无礼，则语之尊天、事鬼。国家务夺侵凌，则语之兼爱、非攻。"其中，尚贤、尚同属于政治思想，节用、节葬属于经济思想，天志、明鬼属于宗教思想，非乐、非命属于经济、文化和教育思想，兼爱、非攻属于社会伦理思想。通常认为，在墨家这十大思想主张中，兼爱是其中最为基本、最为重要的核心思想，其他思想都是这一思想的具体表现。

第一节　兼爱非攻

春秋战国时代，礼崩乐坏，社会动荡，如何实现治理，成为各个思想家首先要思考的根本大问题。对此，儒家提出"仁爱"，而墨家则提出"兼爱"。儒家的仁爱虽然也是一种博爱，但这种爱却是有分别的，其核心是强调在下位的对于在上位的"孝"和"敬"。儒家的仁爱最终可能会导致爱自己的父母胜过爱别人的父母，爱自己的家庭胜过爱别人的家庭，爱自己的国家胜过爱别人的国家。由此造成的结果就是国与国之间相互争斗，家与家之间互相攀比，人与人之间互相争夺。儒家的仁爱从而必然会进一步助长人的自私性，于是导致社会上大量乱象的发生。[①] 针对儒家仁爱思想的不合理性，墨家提出了一种无差别整体的爱，也就是兼爱的思想主张。墨家的兼爱强调爱人如己，人与人之间

---

① 参见钱穆：《中国思想史》，九州出版社2012年版，第12—21页。

要平等相待,突出了爱的平等性和广泛性,从而开阔了仁爱思想的社会性和公共性。

首先,墨家的兼爱是一种平等之爱。《说文》将"兼"的含义解释为"并也""兼持二禾,秉持一禾",①包含平等的意思。《墨子·兼爱中》篇载:

> 然则兼相爱交相利之法,将奈何哉?子墨子言曰:"视人之国,若视其国;视人之家,若视其家;视人之身,若视其身。"

实现兼相爱交相利的具体做法,就是要像对待自己的国家那样来对待别人的国家,要像对待自己的家庭那样来对待别人的家庭,要像对待自己那样来对待别人。② 爱人等于爱己,爱人和爱己是一样的,平等对待的。人与人之间要互相关爱,其间不能有人、己、亲、疏的区别。③《墨子·大取》篇中说:"爱人之亲若爱其亲,其类在官苟。兼爱相若,一爱相若,其类在死(蛇)也。"爱别人的父母,就像爱自己的父母一样,这正如对官事如对家事的急切是一样的,没有差别地去爱所有的人和爱自己是一样的,而且爱一方和爱另一方相同,这正如蛇受到人们攻击的时候,必定首尾相救,也就是自救。

墨家提倡兼爱,反对别爱,主张"兼以易别"。《墨子·兼爱下》篇说:

> 分名乎,天下恶人而贼人者,兼舆?别舆?即必曰:"别也。"然即之交别者④,果生天下之大害者舆?是故别非也。

先辨析一下概念,天下憎恶别人和残害别人的人,是兼相爱还是别相恶呢?则必然会说是别相恶。既然如此,那么这种别相恶,果然是产生天下大害的原因啊!所以别相恶是不对的。⑤ 墨家把"兼爱"或者"兼"作为自己思想学说的基本口号,把奉行兼爱主张的人称为"兼士"或者"兼君",把贯彻执行"兼

---

① 参见[汉]许慎:《说文解字》,[宋]徐铉校定,王宏源新勘,社会科学文献出版社2006年版,第381页。
② 参见杨武金:《论墨子兼爱思想的逻辑维度》,《职大学报》2008年第3期,第6页。
③ 参见王讃源:《再论墨家的兼爱思想》,《职大学报》2007年第1期,第1页。
④ 然即:然则。之:这些。交别者:交相别者。
⑤ 谭家健、孙中原:《墨子今注今译》,商务印书馆2009年版,第97页。

爱"方针的政权叫做"兼政";反过来,墨家把反对"兼爱"主张的人称为"别士"或者"别君"。墨家主张"兼相爱,交相利",反对"别相恶""交相贼"。①《墨子·经上》篇说:"礼,敬也。"《墨子·经说上》篇说:"贵者公,贱者名,而俱有敬僈②焉,等异论也。"墨家认为,礼是用来表示尊敬的,贵者称为公,贱者呼其名,然而都有尊敬与轻慢的分别、齐一贵贱等差之意。被儒家奉为至上的"孝"和"礼"等,墨家认为它们都是用来表达人与人之间本来应该具有的平等关系。因此,墨家的兼爱所强调的是人与人之间、国与国之间的相互平等,而这正好反映了在当时社会动荡的时代作为小生产者阶层的墨家学派极力主张取得人格平等的要求。

其次,墨家的兼爱主张所表达的是一种整体之爱。"兼爱"的"兼"字具有全部、整体的意思。《墨子·经上》篇说:"体,分于兼也。"这里,"兼"与"体"不同,"体"是部分,"兼"则是整体。"兼爱"就是要"俱爱""尽爱""周爱"等,它是一种整体的、全部的爱。在墨家看来,"爱"可以被推广到人的外延的全部,也就是说可以爱每一个人。"爱人"的人是周延的(即涉及人的外延的全部范围),所以,"爱人,待周爱人而后为爱人"(《墨子·小取》)。"爱人"要"待周爱人而后为爱人",必须爱每一个人才谈得上是真正的爱人。"不爱人,不待周不爱人,失周爱,因为不爱人矣。"(《墨子·小取》)不爱人并不需要不爱所有的人,只要有一个人,你不爱他,那就是不爱人了。所以,"兼爱"是说必须爱天下每一个人。

那么,问题是,人的数量是无穷的,又如何才能爱这人世间无穷无尽的人呢?于是,有人就责难道:

> 南者有穷则可尽,无穷则不可尽。有穷无穷未可知,则可尽不可尽未可知。人之盈之否未可知,而必人之可尽不可尽亦未可知。而必人以可尽爱也,悖。(《墨子·经说下》)

这段话说的是,如果空间是有穷的,那么人可以穷尽,如果空间是无穷的,

---

① 参见谭家健:《墨子研究》,贵州教育出版社1995年版,第30页。
② 僈:"慢"的异体字。

则人就不可以穷尽了。以南方来说,南方如果是有穷的,那么人们就可以穷尽它;南方如果是无穷的,那么就不可以穷尽它了。现在连南方到底是有穷的,还是无穷的,都还不知道,那么南方是可以穷尽的,还是不可以穷尽的,也就不知道了。人是否充盈于空间中不知道,而必然地说人是可以尽数的,还是不可以尽数的,也应该是不知道的。如果在这种情况下,就必然地断定人一定是可以"尽爱"(兼爱)的,显然荒谬。对此,墨家反驳道:"人若不盈无穷,则人有穷也,尽有穷无难。盈无穷,则无穷尽也,尽无穷无难。"(《墨子·经说下》)这就是说,如果人不是充盈于无穷的空间,则人就是有穷的。尽爱有穷的人也就是没有困难的。如果人充盈于无穷的空间,则有空间之处就可以有人,则对于无穷的空间来说,人也是能穷尽它的。所以,尽爱天下无穷的人也显然是没有困难的。所以,《墨子·经下》篇说:"无穷不害兼,说在盈否。"也就是说,宇宙空间的无穷性并不妨害人们可以兼爱,关键就在于人是否充盈了空间。这里,墨家的兼爱具有广泛性、普遍性和全面性。

墨家的兼爱是要平等地爱所有的人,同时,墨家的兼爱又是有立场的,因为墨家不爱盗。《墨子·小取》篇说:

盗人,人也。多盗,非多人也。无盗,非无人也。
盗人,人也。爱盗,非爱人也。不爱盗,非不爱人也。杀盗人,非杀人也。

在墨家看来,强盗是人,但强盗多不能说人就多。没有强盗不能说就没有人。强盗是人,但爱强盗并不就是爱人,不爱强盗也并非就是不爱人,杀强盗并非就是杀人,即杀强盗并不犯杀人罪。墨子说:"万事莫贵于义。"(《墨子·贵义》)"义"或"爱"是至高无上的,凡违反"爱"或者"义"的行为,都是必须被谴责的,自然也就不在被爱的范围之内,而且,对于这些不仁不义的思想或行为,都必须去除掉。所以,墨子说:"仁人之所以为事者,必兴天下之义,除去天下之害,以此为事者也。"(《墨子·兼爱中》)"仁人之事者,必务求兴天下之利,除天下之害。"(《墨子·兼爱下》)仁人志士所要做的事情,就是要"兴天下之利,除天下之害"。在墨家看来,去害才能为利,除暴方能安良,墨家的兼爱具有爱憎分明的根本性质。

所以，墨家的兼爱和基督教的博爱之间存在本质的不同，二者之间不能画等号。李绍崑曾经说，墨家学者作为宗教教育家而言，其主张则又不同于耶稣的训示：爱你们的仇人吧，为迫害你们的人祈祷吧。[①] 王讚源说，"兼爱"与"博爱"是不能等同的。法国大革命时期所提出的口号是"自由、平等、博爱"，虽然大革命期间所提出来的"博爱"主要是召唤人们参加革命的口号，但它也是以人的自由和平等为前提的。而"在墨家的理论里，与君权概念相对应的却并不是民权概念，而是臣权概念"[②]。基督教的博爱是以人的自由平等为前提的理论，而墨家的兼爱则是存在于君权和臣权的对立之下的不同理论。《墨子·经上》篇说："君，臣民通约也。"君主是臣子和老百姓都受其约束的人。在墨家的兼爱理论中，并不承认人与人之间存在现实的平等性，而恰恰认为是要在事实上不平等的人与人之间来实现兼爱平等。

在希腊文中，表达"爱"有三个不同的词汇，一是爱的最低级形式，即 eros[③]，指性爱；二是爱的最高级形式，即 agape[④]，指圣爱或博爱；三是处于中间层次的爱，即 philia[⑤]，其含义非常广泛，主要指世俗中人和人之间的关爱或者友爱。墨家的兼爱与希腊文中的 agape 在内涵上有区别，希腊文中的 agape 是指一种无私的爱，如天主即上帝对人的爱（耶稣将自己的血肉给人之爱）、对仇人之爱及母爱之爱。如果单就爱的无私性看，墨家兼爱在内涵上和 agape 的含义相同，但它们存在着许多区别。天主即上帝之爱的对象包括仇人或坏人在内，但墨家的兼爱并没有明确地包括仇人在内，相反，墨家主张去除无义之人。希腊文中 philia 是对世俗中凡精神之爱的总称，亚里士多德称之为世俗的爱，具体地包括三种：一是出于将给自己带来好处的爱，二是出于将给自己带来愉

---

① 参见李绍崑：《墨子研究》，台北现代学苑月刊社 1968 年版，第 139 页。
② 王讚源：《再论墨家的兼爱思想》，《职大学报》2007 年第 1 期，第 3 页。
③ eros 在希腊文中主要有七种意思：在希腊神话中是爱神；宇宙中的创造力和结合力；对美的喜爱；占有的爱；感觉的和性的吸引力、肉体的爱；欲望；激情地依附于他人或使他人产生一种激情。参见彼得·安杰利斯：《哲学辞典》，段德智等译，台北猫头鹰出版社 1999 年版，第 128 页。
④ agape 在希腊文中主要有三种意思：相对于爱欲、性爱和友爱等人类之爱的最高形式；柏拉图主义指善、美及真、永恒的、完美的观念的爱；基督教指人对上帝和上帝对人的爱。参见彼得·安杰利斯：《哲学辞典》，段德智等译，台北猫头鹰出版社 1999 年版，第 11 页。
⑤ 在希腊文中，philia 这个俗语指自然中吸引和爱的力量，与意指排拒和恨的力量的 neikos 相对，这两种力量是自然中所有变化的必然原因。参见彼得·安杰利斯：《哲学辞典》，段德智等译，台北猫头鹰出版社 1999 年版，第 328 页。

悦的爱,三是出于德行的高尚的爱。亚里士多德认为,前两种爱都是偶性,一旦对自己的好处或者快乐失去的时候爱也就不复存在,唯有第三种爱是本质性的爱即至善。① 这里,亚里士多德关于 philia 的第三种含义和墨家的兼爱是相通的,因为墨家的兼爱并不是为了得到某种利益或者能够给自己带来心理上的愉悦。而且更为重要的是,希腊文中的 philia 主要讲的是以追求个人幸福为爱的出发点和归宿,而墨家的兼爱讲的则是以天下的治理与社会的和谐、人民的安居乐业为最终目标的大爱。

墨家强调,爱一定要和利相结合,这与儒家的观点根本不同。儒家认为,义和利是对立的。孔子说:"君子喻于义,小人喻于利。"(《论语·里仁》)君子懂得的是义,小人懂得的是利。孟子说:"何必曰利。"(《孟子·梁惠王上》)认为没有必要说利益的问题。儒家把利看成是与义务和爱相冲突的东西。墨子则强调义和利是统一的。《墨子·经上》篇说:"义,利也。"利是义即爱的基础,爱或义必须建立在利即物质利益原则的基础上,强调在人与人的交往之中不能损人利己。墨子的思想反映了中下层民众助人为乐的思想,即有余力要帮助他人,有财物要分给别人,各尽所能、扶危济困、兼爱互助的思想。《墨子·经上》篇说:"任,士损己而益所为也。"任,是信任的任,任侠就是做虽然对自己有损害但却对别人有好处的事。《墨子·经说上》篇说:"任,为身之所恶,以成人之所急。"任侠精神就是做那些自己虽厌恶但却能够成就他人的事情。墨家的任侠精神是其"兼相爱,交相利"思想的具体体现,是一种为了实现正义,为了义气而不怕牺牲的精神。《墨子·经上》篇说:"仁,体爱也。"《墨子·经说上》篇说:"仁,爱己者非为用己也,不若爱马者。"仁爱、兼爱,都并不是为了利用别人并从别人那里得到什么好处,就像爱自己并不是为了利用自己一样。这与爱马就是为了利用马而已的情况不同。墨家的兼爱是一种大爱,是充分体现了任侠精神的博爱。这是一种敢于赴汤蹈火、死不旋踵的精神。《淮南子·泰族训》说道:"墨子服役者百八十人,皆可使赴火蹈刃,死不旋踵,化之所致也。"《吕氏春秋·上德》篇说,墨者领袖孟胜,曾经率领弟子一百八十三人,替阳城君守城,最后他们全部壮烈牺牲,这充分体现了墨家"言必信,行必果",

---

① 参见 Jonathan Barnes, *The Complete Works of Aristotle*, Princeton: Princeton University Press, 1984, p. 1287。

将死生置之度外的任侠精神。墨家认为,在人类的知识系统中,只有"为知"(实践之知)才是最重要的知识。《墨子·贵义》篇说:"言足以迁行①者,常之;不足以迁行者,勿常。不足以迁行者而常之,是荡口也。"言论如果足以使人的行为向上,那么就提倡它;如果言论不足以使人的行为向上,就不要提倡。言论不足以使人的行为向上,而又去提倡它,那就是胡言乱语了。在墨家看来,理论必须能够产生正面作用,言论必须能够在实践中发挥实际作用才是真正好的理论。所以,"爱"不是虚设的,必须在实际中得到实实在在的体现。需要指出的是,有人因此把墨家说成是功利主义者,这种看法是不成立的。事实上,墨家应该属于志功统一,即动机和效果相统一的社会伦理观点。《墨子·鲁问》说:

> 鲁君谓子墨子曰:"我有二子,一人者好学,一人者好分人财,孰以为太子而可?"子墨子曰:"未可知也。或所为赏与为是也。钓者之恭,非为鱼赐也;饵鼠以虫,非爱之也。吾愿主君之合其志功而观焉。"

鲁君对墨子说,自己有两个儿子,一个好学,另一个喜欢把自己的财物分给他人,你看其中哪一个可以做太子?墨子回答说,仅凭这还不能确定啊。在墨家看来,好学和仗义疏财都是好的品质。所以,对于鲁国国君的两个儿子,单从他们各自所具有的上述表现,还很难断言他们究竟谁更适合当太子,因为他们做好事的动机很可能是为了得到别人的赞赏,于是假装如此。钓鱼的人毕恭毕敬,其动机并不是对鱼有所赐予,而是为了钓到鱼。用毒饵捕鼠,老鼠还以为是"美食",其实并非出于爱老鼠的原因。所以,墨家提出"合其志功而观",即要将他们各自的动机和效果综合起来考虑。②

墨家有时甚至认为动机更为重要。《墨子·经说上》篇说:"义:志以天下为芬,而能能利之,不必用。"贵义就是要做对别人来说有好处的事情。有志愿以天下为己任,而后才能有利于天下人,至于自己是否真正能够从事于义,那倒是不一定的。《墨子·耕柱》篇说:

---

① 迁行:犹言使行为向上。从吴毓江说。
② 参见孙中原主编:《墨学与现代文化》,中国广播电视出版社 2007 年第 2 版,第 63 页。

巫马子谓子墨子曰:"子兼爱天下,未云①利也;我不爱天下,未云贼②也。功皆未至,子何独自是而非我哉?"子墨子曰:"今有燎③者于此,一人奉水将灌之,一人掺火将益之,功皆未至,子何贵于二人?"巫马子曰:"我是彼奉水者之意,而非夫掺火④者之意。"(子墨)子曰:"吾亦是吾意,而非子之意也。"

巫马子对墨子说,你兼爱天下,没有看到什么利益,我不爱天下,也没有看到有什么害处。既然都还没有实际效果,那你为什么只认为自己对而批评我呢?墨子回答说,现在假如有人在这里放火,一个人捧水准备去浇灭它,一个人拨火想使它更旺,都还没有实际效果,那你认为哪一个更可贵呢?巫马子说浇水的人的用意是对的,拨火的人的用意是不对的。墨子最后说,我也认为我的用意是对的,而认为你的用意是不对的。在墨家看来,自己所追求的事业是不是能够成功,这只是一个方面,而是不是有事业的追求,也是一个非常重要的方面。因此,墨子主张"志功为辩"(《墨子·大取》),即动机和效果是应该加以分辨的。做什么事情都必须将动机和效果统一起来看,但首先动机如何是非常重要的。所以,虽然巫马子的不兼爱和墨子的兼爱,它们的功效都还没有得到展现,但其中的义与不义的分别却是非常明显的了。所以,一个人做事,首先就要看他的动机如何。

兼爱思想表现在处理国与国之间的关系上就是要非攻。墨子认为,侵略战争是一种不义行为。统治者往往在小的事情上知道是非,而在大的事情上就不知道了,即知小不知大。《墨子·非攻上》篇说:

今有一人,入人园圃⑤,窃其桃李,众闻则非之,上为政者得则罚之。

---

① 未云:未有。
② 贼:害。
③ 燎:放火。
④ 掺火:同"操火"。
⑤ 园圃:种树为园,种菜为圃。这里指果园。

此何也？以亏人自利也。至攘①人犬豕②鸡豚③者，其不义又甚入人园圃窃桃李。是何故也？以亏人愈多，其不仁兹甚，罪益厚④。至入人栏厩⑤，取人马牛者，其不仁义又甚攘人犬豕鸡豚。此何故也？以其亏人愈多。苟亏人愈多，其不仁兹甚，罪益厚。至杀不辜人也，扡⑥其衣裘，取戈剑者，其不义又甚入人栏厩取人马牛。此何故也？以其亏人愈多。苟亏人愈多，其不仁兹甚矣，罪益厚。当此，天下之君子皆知而非之，谓之不义。今至大为不义⑦攻国，则弗知非，从而誉之，谓之义。此可谓知义与不义之别乎？

现在有一个人，进入别人的果园，偷那里的桃子和李子，人们听说后都会谴责他，在上面当政的长官抓住他，就会处罚他。这是为什么呢？因为他损人利己。至于偷盗别人的狗、猪、鸡，他的不义又超过进入人家的果园偷窃桃子和李子。这是为什么呢？因为他损害别人的程度更深，他的不仁不义又更加严重，罪过也就更大。至于进入别人的牲口棚，牵走别人的马和牛，他的不仁不义又超过偷盗别人的狗、猪和鸡。这是为什么呢？因为他损害别人的程度更深。如果损害别人的程度更深，其不仁不义更加严重，罪过也就更大。至于妄杀无辜，抢夺其衣裘，夺取其戈剑，他的不仁不义又超过进入别人牲口棚牵走马和牛。这是为什么呢？因为他损害别人的程度更深。如果他的损害更多，他的不仁不义就更严重，罪过就更大。对此，天下的君子都懂得谴责他们，认为这样做是不仁不义的。现在有人大行不义，攻打别人的国家，人们反而不懂得去谴责他，反而跟着去加以赞美，称之为义举，这样难道是懂得义与不义之间的区别吗？杀死一个人，被认为是不义的，必定构成一条死罪了。如果依照这道理类推下去，杀死十个人，就是十倍的不义，必定构成十倍的死罪；杀死一百个人，就是百倍的不义，必定构成百重死罪。对此，天下的君子都懂得谴责他们，认为这样做是不义的。现在有人大行不义，去攻打别人的国家，却不知

---

① 攘：夺取。
② 豕：猪。
③ 豚：小猪。
④ 厚：重。
⑤ 栏厩：牲口棚。
⑥ 扡：通"拖"，夺取。
⑦ 不义：《道藏》本无，据毕沅校增。

道去谴责他们,反而跟着去赞美他,称之为义举,这实在是不懂得他的不义了,而且还要记下他的话,传给后代。如果知道这是不对的,那为什么还要记下这些不义的事情,流传后世呢?在墨家看来,发动侵略战争,和小的盗窃行为一样,属于不义行为,而且其不义远远超过小的盗窃行为。

《墨子·非攻中》篇载:

> 今师徒①唯毋②兴起,冬行恐寒,夏行恐暑,此不以冬夏为者也。春则废民耕稼树艺,秋则废民获③敛④。今唯毋废一时,则百姓饥寒冻馁而死者,不可胜数。今尝计军出⑤,竹箭、羽旄、幄幕、甲盾、拨⑥劫⑦,往而靡弊腑冷⑧不反者,不可胜数;又与⑨矛戟戈剑乘车,其列往⑩碎折靡弊而不反者,不可胜数;与其牛马肥而往,瘠而反,往死亡⑪而不反者,不可胜数;与其涂道之修远,粮食辍绝而不继,百姓死者,不可胜数也;与其居处之不安,食饭之不时,饥饱之不节,百姓之道⑫疾病而死者,不可胜数;丧师多不可胜数,丧师尽⑬不可胜计,则是鬼神之丧其主后⑭,亦不可胜数。

现在如果要起兵出征,要是冬天行军则怕寒冷,要是夏天行军又怕暑热,所以用兵是不适合在冬天和夏天做的事。那么,春天出兵,影响从事耕种,秋天出兵,则影响人民农事收获。现在荒废一个季节,造成百姓挨饿受冻而死的,就多得无法计算。试计算一下军队出征的时候,所用的竹箭、羽旄、帷幄帐

---

① 师徒:军队。
② 唯毋:助词,无义。下同。
③ 获:收获。
④ 敛:贮藏。
⑤ 出:《道藏》本作"上",据孙诒让校改。
⑥ 拨:大盾。
⑦ 劫:刀柄。
⑧ 腑冷:腐烂。
⑨ 与:如。
⑩ 往:《道藏》本作"住",从毕沅校改。
⑪ 往死亡:出去后死亡。
⑫ 百姓之道:当作"百姓之于道"。
⑬ 丧师尽:全军覆没。
⑭ 主后:指祭祀的主人和后裔。

幕、铠甲、盾牌、刀把等,发出去以后因为用得破烂不堪,不能收回的,又多得无法统计;还有矛戟戈剑和兵车,发出去之后碎折破烂不能收回的,又多得无法统计;牛马出征时很肥壮,返回时都很瘦瘠,出去之后死而不再返回的,又多得无法统计;还有因为战争时道路遥远,粮食补给断绝而无法补充,百姓因此饿死的,也多得无法统计;还有因为战争时居住不得安宁,饮食不能按时,饥饱没有节度,百姓在途中生病而死的,又多得无法统计。阵亡的将士多得无法统计,全军覆没的也无法统计,那么鬼神丧失了祭祀它们的主人和后人,也多得无法统计。在墨家看来,发动战争一般不可能在冬天或者夏天,而是要选择春天或者秋天,如果在春天发动战争则会耽误百姓耕稼树艺,如果在秋天发动战争则会废弃百姓收获劳动果实,只要耽误一个农时季节,百姓饥寒冻饿而死者就会无数。

《墨子·非攻下》篇载:

入其国家边境,芟刈①其禾稼,斩其树木,堕其城郭,以湮其沟池,攘杀其牲牷②,燔③溃④其祖庙,劲杀其万民,覆其老弱,迁其重器,卒⑤进而柱乎斗,曰:"死命为上,多杀次之,身伤者为下;又况失列⑥北桡⑦乎哉?罪死无赦",以譂⑧其众。夫无⑨兼国覆军,贼虐万民,以乱圣人之绪⑩。意将以为利天乎?夫取天之人,以攻天之邑,此刺杀天民,剥振⑪神之位,倾覆社稷,攘杀其牺牲,则此上不中天之利矣。意将以为利鬼乎?夫杀天⑫之人,灭鬼神之主,废灭先王之祀⑬,贼虐万民,百姓离散,则此中不中鬼之利矣。

---

① 芟刈(shān yì):割除草类。
② 牲牷:牲口。
③ 燔(fán):烧。
④ 溃:通"䜋"(tuí),颓,毁灭。
⑤ 卒:急。
⑥ 失列:掉队。
⑦ 北桡:败退。
⑧ 譂:同"惮",恐惧。
⑨ 夫无:发语词,无义。
⑩ 绪:功业。
⑪ 剥振:毁坏。
⑫ 天:《道藏》本无此字,据上下文校增。
⑬ 之祀:《道藏》本无,据上下文校增。

意将以为利人乎？夫杀天①之人，为利人也博②矣。又计其费，此为周生之本，竭天下百姓之财用，不可胜数也，则此下不中人之利矣。

侵入那些国家的边境，割掉其庄稼，砍伐其树木，摧毁其城郭，用以填塞沟池，抢夺其牲口，烧毁其祖庙，屠杀其万民，残害其老弱，搬走其宝物重器，急进而鏖战。还布告说："死于君命的为上，多杀敌人的次之，身体受伤的为下，至于落伍败退的，则罪杀无赦！"用这样的话来威胁兵士。兼并他国，覆灭敌军，残害和虐待万民，以破坏圣人的功业。以为这样就会有利于天吗？夺取上天的人民，攻占上天的城邑，这其实是在屠杀上天的人民。毁坏神的灵位，倾覆宗庙社稷，夺取其祭品，这对上不符合上天的利益。以为这会有利于鬼神吗？屠杀上天的人民，毁灭鬼神的祭主，废掉先王的祭祀，残害虐待万民，使百姓离散，这在中间就不符合鬼神的利益。以为这样就会有利于人民吗？杀戮上天的人，说是利人，这利也很微薄了。再计算那些费用，原本都是人民周济生活的资本，消耗天下百姓的财物就无法计算了。这就对下不符合人民的利益了。在墨子看来，发动攻伐战争的一方，对自己来说，荒废农事、损兵折将，对他人来说，则被"入其国家边境，芟刈其禾稼，斩其树木""杀其万民，覆其老弱"，遭到灭顶之灾。所以，墨家特别强调"非攻"。

墨家认为，发动侵略战争得不偿失。《墨子·非攻中》篇说：

计其所自胜，无所可用也。计其所得，反不如所丧者之多。今攻三里之城、七里之郭，攻此不用锐，且无杀而徒得，此不③然也。杀人多必数于万，寡必数于千，然后三里之城、七里之郭且可得也。今万乘之国，虚④数于千，不胜而入；广衍数于万，不胜而辟。然则土地者，所有余也，王民者，所不足也。今尽王民之死，严⑤下上之患，以争虚城，则是弃所不足，而重所有余也。为政若此，非国之务者也。

---

① 天：《道藏》本无此字，据上下文校增。
② 博：当作"薄"。
③ 不：《道藏》本无，据上下文增此字。
④ 虚：同"墟"。"虚"下疑脱"城"字。
⑤ 严：严重加剧。

计算一下他自己的胜利,没有什么可用的;计算他所得到的,反而不如损失的多。现在攻打一个方圆三里的城、方圆七里的郭,如果不动用精锐的部队,并且不死人就能轻松地得手,这是不可能的事情。被杀死的人多者必定数以万计,少者也必定数以千计,然后一个方圆三里的城、方圆七里的郭,才可以夺得。现在有兵车万乘的大国,小的城邑上千,住都住不过来;有广延万里的土地,开辟不过来。可见,土地是有余的,而人民却是不足的。现在把不足的士民全部驱赶去战死,加重了全国上下的灾难,去争夺空虚的城邑,这就丢弃了自己本来就缺乏的,而增加本来就多余的。这样的施政,不是治理国家的根本任务。在墨家看来,杀人一万,自损三千,攻伐战争得不偿失。而且,齐晋楚越诸大国攻伐小国,本来是人口不足,土地有余,现在却去争地以战,这是"亏不足(人口)而重有余(土地)"的愚蠢事情,是寡人之道,不是一个国家应该干的事情。总之,攻伐战争是不兼爱的重要表现,是建构和谐社会、和谐世界所必须清除的人类劣习。

在墨家看来,兼爱虽然是一种理想,但它又是可以实行的、能够实现的。当时社会上就曾经有人对兼爱学说的可行性提出怀疑,认为兼爱是难以实行的。墨子对此一一给予了驳斥。《墨子·兼爱中》篇有载,当时有的人谈到墨家的兼爱时就说:"然,乃若兼则善矣。虽然,天下之难物于故也。"质疑兼爱的人,虽然也肯定兼爱的好,但却认为它又是天底下最难以实行的事情。墨子对此回应道:"天下之士君子,特不识其利,辩其故也。"(《墨子·兼爱中》)墨子认为,天下的士人之所以持有兼爱难以实行的这种观点,是因为他们不知道兼爱的好处,更不明白为什么兼爱是可以实行的。《墨子·兼爱中》篇说:"今若夫攻城野战、杀身为名,此天下百姓之所皆难也,苟君说①之,则士众能为之。况于兼相爱,交相利,则与此异。"在墨子看来,像攻城野战、杀身为名这些会死人的事情,才应该是人们最难做的,但是,也只要统治者想让大家去做,老百姓都能够跟着去做。而兼爱却与此绝对不同,这就是,"爱人者,人必从而爱之;利人者,人必从而利之;恶人者,人必从而恶之;害人者,人必从而害之"(《墨子·兼爱中》)。你爱别人,别人也就会反过来爱你;你做了对别人有好处的事情,别人也就会反过来做对你有好处的事情。"投之以桃,报之以李",这是人

---

① 说:悦。

之常情。所以,在墨家看来,兼爱应该是人人都容易做、愿意做的事情,关键是看统治者能不能把兼爱作为最根本的政治理念来加以提倡或者推行,从而老百姓也对兼爱加以实行的问题。

对此,墨家进行了多方面的论证。《墨子·兼爱中》篇说:

> 昔者晋文公好士之恶①衣,故文公之臣皆牂羊②之裘,韦③以带剑,练帛之冠,入以见于君,出以践于朝。是其故何也?君说④之,故臣为之也。昔者楚灵王好士细腰,故灵王之臣皆以一饭为节,胁息然后带⑤,扶墙然后起。比⑥期年⑦,朝有黧⑧黑之色。是其故何也?君说之,故臣能之也。昔越王勾践好士之勇,教驯⑨其臣,和合之焚舟失火,试其士曰:"越国之宝尽在此!"越王亲自鼓其士而进之。士闻鼓音,破碎⑩乱行,蹈火而死者左右百人有余,越王击金⑪而退之。

墨家在这里列举了三个例子来进行论证。第一个例子是,春秋时期,晋文公喜欢士人穿着简陋。所以,晋文公的臣下都穿着母羊皮的衣服,戴着粗布帽,进宫见君,出列朝廷。第二个例子是,春秋时期,楚灵王喜欢他的士人必须细腰,所以,楚灵王的臣下每天都只吃一顿饭,都大口呼气系紧了腰带,扶着墙才能站起来,实行一年之后朝臣的脸色都是黑中透黄。第三个例子就是,春秋时期,越王勾践喜欢他的士人勇敢,于是对其臣下进行教育和训练,通过焚烧宫船,燃起大火,并考验军士说:"越国之宝尽在此!"当时,越王勾践亲自擂鼓,激励军士奋勇前进,当军士听到鼓音后,都不怕牺牲,争先恐后跳进大火,烧死

---

① 恶:粗劣之衣。
② 牂羊:母羊。
③ 韦:熟牛皮。
④ 说:悦。下同。
⑤ 胁息然后带:喘口气才能拴上腰带。
⑥ 比:等到。
⑦ 期年:一周年。
⑧ 黧:同"黎"。
⑨ 教驯:教训。
⑩ 碎:"萃"的借字。
⑪ 金:铜锣。

的人达到一百多人,越王勾践这才鸣金收兵。墨子对此总结说:士人或者臣下为了迎合晋文公的喜好而穿着破的衣服,为了灵王喜好而饿着肚子,为了越王能够高兴而舍弃自己的性命跳入火坑,这些都是难为之事,但就是因为国君喜好而众人都能办到,况且兼相爱、交相利却跟这样的事情绝不相同,因为这些事情属于爱人者人必从而爱之、利人者人必从而利之的事情,这还有什么难以做到的呢? 所以,问题的关键还是在于统治者能不能将兼爱作为政策去推行,在下面的士人或者臣下能不能付诸行动罢了。

在墨子的时代,曾经有人对墨家的兼爱进行质疑说:"然,乃若兼则善矣。虽然,不可行之物也。譬若挈①太山越河、济②也。"兼爱确实是个好东西,但是兼爱的推行就像要求人们举起泰山、越过黄河或者济水一样的难事。墨子对之反驳道:"是非其譬也。夫挈太山而越河、济,可谓毕③劫④有力矣,自古及今未有能行之者也。况乎兼相爱,交相利,则与此异,古者圣王行之。"(《墨子·兼爱中》)墨子认为,这些人所说的情况,与墨家的兼爱的实现完全是两码事,它们不存在任何的可比性。具体来说,举起泰山、越过黄河或者济水,这是穷尽古今的人力也没有谁能够实现过的事情,而兼相爱、交相利则与此决然不同,因为古时候的圣王都曾经实行过兼爱。比如,大禹治理水患、周文王治理西土、周武王拯救夏商之地的百姓,都是他们实践兼爱精神的具体体现。在墨子看来,实现兼爱的最重要的地方,在于领导者的重视和推广,同时广大人民群众也要能够广泛参与实践,甚至每一个人都要付诸实际行动。

在墨家看来,实行兼爱的最关键环节,在于处上位者对处下位者的关爱。《墨子·鲁问》篇载,墨子的一个弟子曹公子,在宋国做官,三年后来见墨子说:"始吾游于子之门,短褐之衣,藜藿⑤之羹,朝得之,则夕弗得祭祀鬼神。今而以夫子之教,家厚于始也。有家厚⑥,谨祭祀鬼神。然而人徒多死,六畜不蕃,身湛于病,吾未知夫子之道之可用也。"即曹公子在自己还没有成为墨子的学生

---

① 挈:提举。
② 河:黄河。济:济水。
③ 毕:快速。从孙诒让说。
④ 劫:当作"劲",强有力也。
⑤ 藜藿:野菜。羹:汤。
⑥ 有:同"又"。家厚:当作"家享",即在家中没有设享祀。

的时候,由于家里很穷,并没有做过什么祭祀鬼神的事情,自己各方面都很好;而在他成了墨子的学生,参加工作之后,自己有了钱,于是就经常祭祀鬼神,但是各方面却都不好了,那么来这里学习兼爱鬼神之道还有什么用呢?墨子对此回答说:"不然。夫鬼神之所欲于人者多;欲人之处高爵禄,则以让贤也;多财,则以分贫也。"墨子认为,鬼神希望人做的事是多方面的,比如希望人处在高位的时候,一定要能够让贤;在自己财产多的时候,一定要能够赡济贫穷的人。那么,请你反思一下,自己都做到了吗?墨子的意思是,曹公子在自己身处高位的时候,应该认识到自己应该让贤了,即作为在上位者并不能关爱处于在下位的他人。在墨家看来,兼爱在现实中难以实行的真正原因,就在于身处高位的人不能兼爱地位比自己低的人。

在实现方式上,儒家的仁爱是由己及人,这种爱随着血缘关系的由近及远而由浓转淡,从父母之爱到国家社会之爱,有亲疏厚薄的分别,最终目的是维护奴隶阶级秩序,是一种差等之爱。在儒家看来,血缘、地域关系,决定了个人对他人的关爱,至少在量上是有分别的。《论语·卫灵公》说"推己及人",即仁爱就是要每一个人都要用自己的心意去推想别人的心意。孟子发展了孔子的"仁爱"思想,认为对待别人,要将心比心,推己及人,推人及于万物,提出"君子之于物也,爱之而弗仁;于民也,仁之而弗亲。亲亲而仁民,仁民而爱物"(《孟子·尽心上》)。按照朱熹在《四书章句集注》一书中的解释,"物"是指"禽兽草木","爱"谓"取之有时,用之有节"。"爱物"即是爱惜草木禽兽,用今天的话来说,就是珍惜自然资源,保护好自然环境。"爱物"是由亲亲、仁民推衍而来的,一个人只有亲爱自己的亲人时,才有可能推及他人,去仁爱百姓;只有当仁爱百姓时,才有可能珍爱万物。在墨家看来,兼爱的实现并不是通过推己及人来实现的,而是要靠统治者的宣传和重视,靠在上位者对于在下位者的关爱来发挥作用。而且,爱人者人必从而爱之,兼爱是完全可以在现实中得到实现的。墨家的兼爱具有一种交互性,"兼"就是相互的意思,人与人之间的"爱"是相互的,而不应该是单方面的,人和人之间既需要承担爱的义务,也享有被爱的权利。《墨子·兼爱中》篇说:"夫爱人者,人亦从而爱之;害人者,人亦从而害之。"人与人之间爱的相互性,不但是必要的而且也是可能的,因为"投之以桃,报之以李"(《诗·大雅·抑》)是人和人之间的一种必然性联系。《墨子·兼爱下》篇说:"爱人者必见爱也,而恶人者必见恶也。"爱人者必然得到爱的回报,贼害他人者必然要受到处罚。爱的交互性是墨家学派的一个共同的道德信念。①

在墨家看来,爱不是单方面的,每个人都有爱与被爱的权利,同时也有爱的义务。墨家特别强调自己先爱人,然后,人从而爱自己,爱是一种主动的、自主的行为。这一主动付出爱的观点,无疑为无私之爱开启了端口。墨子说:"必吾先从事乎爱利人之亲,然后人报我以爱利吾亲也。"(《墨子·兼爱下》)我首先要关爱他人,然后我所付出的这种爱,又必然地会以各种不同的形式回报于我。《墨子·兼爱上》篇说:

> 若使天下兼相爱,爱人若爱其身,犹有不孝者乎?视父兄与君若其身,恶施②不孝?犹有不慈者乎?视弟子与臣若其身,恶施不慈?故不孝不慈亡有。犹有盗贼乎?故视人之室若其室,谁窃?视人身若其身,谁贼?故盗贼亡有。犹有大夫之相乱家、诸侯之相攻国者乎?视人家若其家,谁乱?视人国若其国,谁攻?故大夫之相乱家,诸侯之相攻国者亡有。若使天下兼相爱,国与国不相攻,家与家不相乱,盗贼无有,君臣父子皆能孝慈,若此则天下治。故圣人以治天下为事者,恶③得不禁恶④而劝爱?

如果全天下的人都相互关爱,像爱自己一样来关爱他人,还有不孝的吗?看待父亲、兄弟和君主如同自己一样,怎么还会做出不孝的事情来呢?还会有不慈爱的吗?看待弟弟、儿子和臣下如同自己一样,怎么还会做出不慈的事情来呢?所以,不孝和不慈的事情就都不会有了。如果看待别人的家就像看待自己的家一样,谁还会盗窃呢?看待别人就像看待自己一样,谁还会害人?因此盗贼就没有了。还能有大夫相互侵犯家族,诸侯之间相互攻伐别的国家吗?看待别人的家族就像自己的家族一样,谁还会侵犯?看待别人的国家就像看待自己的国家一样,谁还会攻伐?所以大夫相互侵犯家族,诸侯相互攻伐他国,都没有了。如果天下的人相互关爱,国家与国家之间不相互攻

---

① 参见谭家健:《墨子研究》,贵州教育出版社1995年版,第29页。
② 施:实行。
③ 恶(wù):怎么。疑问词。
④ 恶(è):憎恨。动词。

伐,家族与家族之间不相互侵犯,盗贼没有了,君臣之间、父子之间,都能够做到孝敬慈爱,如果能够这样的话,则天下也就得到治理了。在墨家看来,如果全天下的人都互相关爱、兼爱他人,则社会治理,天下安定,人民安居乐业,实际上也就是人类的大同社会。如果每一个人都能够按照兼爱原则来行事,都能主动地多付出一点爱,则和谐而有序的社会不难到来。

墨家的兼爱主张是一个应然命题或者道德伦理命题。墨家很清楚,人与人之间、国家与国家之间是存在差别的、存在不平等的。但是,我们并不能因此就认为差别和不平等就是合理的,就是应该的,恰恰相反,无差别和平等之爱才是应该的和必须的。《墨子·经说上》篇说:"取此择彼,问故①观宜②。以人之有黑者,有不黑者,止黑人,与以有爱于人,有不爱于人,止③爱人,是孰宜?"选取这个标准或者那个标准,都必须问明原因并且看适当还是不适当。比如,用"有些人是黑色的并且有些人不是黑色"的这个情况,去反驳"所有人都是黑色的",与用"有些人被人爱并且有些人不被人爱"这个情况,去反驳"应该爱所有的人(即兼爱)",究竟哪一种情况是对的呢?在人们的现实生活中,因为有一些人是黑的并且又有一些人不是黑的,所以说"所有人都是黑的"这个命题不能成立。因为这里的"是非之分"很清楚,在现代逻辑中这个问题属于真值函数问题,即只要命题变项的真值确定了,命题形式的真值就必然可以得到确定。这是因为有些人是黑的并且有些人不是黑的,这是一种事实或一种事态,这就是"是",而且这个"是"可以用来驳斥"所有人都是黑的"这个"非"。不同的是,现实中有些人被人爱并且有些人没有被人爱,那么是不是就可以用这种情况来驳斥"应该爱所有人"这个命题呢?"应该爱所有人"这个命题是不是就不能成立呢?在墨家看来,"并非应该爱所有人"肯定是不对的,因为不兼爱肯定不对,人们肯定要兼爱。原因是什么呢?这是因为,"我们应该爱所有人"这个命题是一个道义命题或者道德伦理命题,也就是说,要不要爱所有的人,这是一个道德或伦理上的判断,它属于实践判断,而且由事实判断不能直接决定道义判断或实践判断的真假。这里,我们可以这样来理解,墨家学者是完全明白这个世界就是有差别的和不平等的,但是他们依然相信人们

---

① 问故:检查前提。
② 宜:合适、适宜。
③ 止:《道藏》本作"心",从张惠言校改。

应该平等相爱,应该实现没有差别的平等之大爱。

墨家学者为实现自己学派的"兼爱"理想,亲自作为,死而后已。大约在公元前440年,公输般为楚国制造云梯等军事器械,即将攻打宋国。墨子在知道这个消息后,走了十日十夜的路,来到楚国首都郢,与公输般和楚王分别进行论战,终于用自己的辩论才能和事先准备好的军事实力,迫使楚王放弃了攻打宋国的想法,从而阻止了一场不义之战。而墨子在返回途中经过宋国时,遇到天下雨,想到一座大门楼下避雨,守门的人却不准墨子进入。正如《庄子·天下》篇里所言,墨子"其生也勤,其死也薄""使人忧,使人悲,其行难为也",墨子身体力行,为后人实践兼爱树立了良好的典范。

第二节 尚贤尚同

为了实现兼爱、非攻的社会理想,墨家提出了尚贤、尚同的政治学说。墨家认为,尚贤和尚同是国家政治的根本。那么,政治又是什么呢?政治从实质上来说就是管理,谁来管理、怎样管理,这是政治的核心问题。墨家主张国家政治必须通过贤人用智慧的方法来管理。

墨子认为,选用贤才对于国家政治具有重要作用,认为是否尚贤是关系到国家生死存亡的大问题。《墨子·亲士》篇说:"入国而不存其士,则亡国矣。见贤而不急,则缓其君矣。非贤无急,非士无与虑国。缓贤忘士,而能以其国存矣,未曾有也。"尚贤是一个国家能够长治久安的必要条件。《墨子·尚贤上》篇说:

> 今者王公大人为政于国家者,皆欲国家之富,人民之众,刑政之治,然而不得富而得贫,不得众而得寡,不得治而得乱,则是本失其所欲①,得其所恶,是其故何也?
> 是在王公大人为政于国家者,不能以尚贤事能为政也。是故国有贤

---

① 本失其所欲:当作"失其本所欲"。

良之士众,则国家之治厚①,贤良之士寡,则国家之治薄②。故大人之务,将在于众贤而已。

没有一个统治者希望把自己的国家治理得越来越糟糕,而是总希望把国家治理得好,但为什么希望把国家治理好,国家却被治理得很差呢？墨子认为,一个国家是否治理得好,关键就在于能否尚贤,即得到大量的人才。《墨子·所染》篇说:"善为君者,劳于论人,而佚于治官。不能为君者,伤形费神,愁心劳意,然国逾危,身遇辱。"《墨子·尚贤上》篇说:"故得士,则谋不困,体不劳。名立而功成,美章而恶不生,则由得士也。"好的统治者、管理者一定要善于把精力集中在人才的选拔上,只有选拔好的人才来管理才能把国家治理好。因此,《墨子·尚贤中》篇说:

今王公大人之君③人民、主社稷、治国家,欲修保而勿失,故不察尚贤为政之本也! 何以知尚贤之为政本也? 曰:自贵且智者为政乎愚且贱者则治,自愚贱者为政乎贵且智者则乱,是以知尚贤之为政本也。

尚贤是国家政治的根本。

那么,贤才需要具备什么样的素养呢？《墨子·尚贤上》篇指出了贤才基本标准是"厚乎德行,辩乎言谈,博乎道术",这相当于今天说的人才德才兼备的标准。时下有这样的说法,有德有才是合格品,有德无才是次品,无德无才是废品,有才无德是危险品。作为人才来说,德和才均属重要,实际的情况甚至德要远重于才。所以,墨子认为,人才必须具有高尚的德行修养,德是人才之本。《墨子·修身》篇说:"君子战虽有陈④,而勇为本焉；丧虽有礼,而哀为本焉；士虽有学,而行为本焉。"品行是衡量人才的根本。《墨子·修身》篇说:

志不强者智不达,言不信者行不果。据财不能以分人者,不足与友；

---

① 厚:坚实、稳定。
② 薄:单薄、脆弱。
③ 君:统治。
④ 陈:同"阵"。

守道不笃、遍①物不博、辩是非不察者,不足与游②。本③不固者末④必几⑤,雄⑥而不修⑦者其后必惰,原浊者流不清,行不信者名必秏⑧。名不徒生,而誉不自长,功成名遂,名誉不可虚假,反之身者也。务言而缓行,虽辩必不听;多力而伐⑨功,虽劳必不图。慧者心辩而不繁说,多力而不伐功,此以名誉扬天下。言无务为多而务为智,无务为文而务为察。故非⑩智无察,在身而惰⑪,反其务⑫者也。

首先,人才必须是具有高远的志向、讲诚信、践行公平正义、学识渊博、行胜于言、言行一致的人,是能够"反之身者也",即能够经常进行自我反思、反省的人。例如,关于诚信问题,《墨子·经上》篇说:"信,言合于意也。"《墨子·经说上》篇说:"信,不以其言之当也。"言语诚信,就是怎么想就怎么说,虽然所说的最终不一定发生。《墨子·经上》篇说:"行,为也。"《墨子·经说上》篇说:"所为不善名,行也。所为善名,巧也,若为盗。"行就在于有所作为,这种作为并不是为了取得某种好的名声,否则就和盗贼的行为没有两样了。所以,人才必须首先具有很深厚的修养。

其次,人才必须具有过硬的本事及专长。《墨子·耕柱》篇说:"能谈辩者谈辩,能说书者说书,能从事者从事",人才不一定是全才,但必须具有己之所长,没有才能的人不值得被重视。《墨子·亲士》篇说:"故虽有贤君,不爱无功之臣;虽有慈父,不爱无益之子。是故不胜其任而处其位,非此位之人也;不胜其爵而处其禄,非此禄之主也。"一个人是否为人才,既要听其言,更要观其行,

---

① 遍:通"辨",识别。
② 游:交往。
③ 本:指树干。
④ 末:指树梢。
⑤ 几:危。
⑥ 雄:勇敢。
⑦ 修:长。
⑧ 秏:通"耗",损耗、败坏。
⑨ 伐:夸耀。
⑩ 非:《道藏》本作"彼",据毕沅校改。
⑪ 惰:《道藏》本作"情",据孙诒让校改。
⑫ 务:《道藏》本作"路",据谭家健校改。

尤其要考察实际行动和实际效果。《墨子·耕柱》篇载:墨子说"言足以复行①者,常之;不足以举行②者,勿常。不足以举行而常之,是荡口③也"。除非能在实践中发生作用,否则不是什么好的言论。《墨子·公孟》篇载,告子曾经对墨子说:"我能④治国为政。"墨子说:"政者,口言之,身必行之。今子口言之,而身不行,是子之身乱也。子不能治子之身,恶能治国政?子姑亡⑤,子之身乱之矣。"空谈误国,实干兴邦,言论只有在实践中真正发挥作用,才可以体现其意义。

墨子也看到,人才存在自身的弱点。首先,人才因为其有才华,所以很容易被摧残。《墨子·亲士》篇说:

> 今有五锥,此其铦⑥,铦者必先挫⑦;有五刀,此其错⑧,错者必先靡⑨。是以甘井近竭,招木⑩近伐,灵龟近灼,神蛇近暴⑪。是故比干⑫之殪⑬,其抗⑭也;孟贲⑮之杀,其勇也;西施⑯之沈⑰,其美也;吴起⑱之裂,其事也。故彼人者,寡不死其所长。故曰:太盛⑲难守也。

---

① 复行:履行。
② 举行:付之实践。
③ 荡口:空口,徒费口舌。
④ 能:《道藏》本无此字,从谭家健校增。
⑤ 亡:同"无"。其下当脱"言"字。
⑥ 铦:锋利。
⑦ 挫:折断。
⑧ 错:磨刀。
⑨ 靡:销蚀。
⑩ 招木:乔木,高大的树木。从毕沅说。
⑪ 暴:同"曝"。
⑫ 比干:商朝贤臣,因进谏纣王而被处死。
⑬ 殪:置于死地。
⑭ 抗:同"亢",品行鲠直。
⑮ 孟贲:齐国的大力士,传说他能"生拔牛角"。
⑯ 西施:越国美女。越王勾践将她送予吴王夫差,以消磨其意志。
⑰ 沈:当作"沉"。
⑱ 吴起:战国时期杰出的军事家,生于卫国,曾历仕鲁、魏。后奔楚,实行变法,富国强兵。但由于受到权贵忌恨,楚悼王死后被车裂。
⑲ 太盛:指事物处于极端状态。

其次,人才因为有其所长,所以很容易自负。《墨子·亲士》篇说:"良弓难张,然可以及高入深;良马难乘,然可以任重致远;良才难令,然可以致君见尊。"人才虽然也存在这样那样的弱点和问题,但是却可以为聪明的统治者出谋划策发挥作用。《墨子·鲁问》篇载,鲁阳文君曾经问墨子:"有语我以忠臣者,令之俯则俯,令之仰则仰,处则静,呼则应,可谓忠臣乎?"墨子回答道:"令之俯则俯,令之仰则仰,是似景也;处则静,呼则应,是似响也。君将何得于景与响哉?若以翟之所谓忠臣者,上有过,则微之以谏;己有善,则访之上,而无敢以告。外匡其邪,而入其善。尚同而无下比,是以美善在上,而怨仇在下;安乐在上,而忧戚在臣。此翟之所谓忠臣者也。"只知道听从领导者任意指挥的人算不得真正的人才,因为这种人与影子和声响的作用类似,真正的人才必须能够对领导者的过错进行劝谏,具有捍卫真理的勇气。

因此,作为统治者来说,必须不拘一格用人才。首先,统治者必须任人唯贤,不能任人唯亲。《墨子·尚贤上》说:"虽在农与工肆之人[①],有能则举之,高予之爵,重予之禄,任之以事,断予之令[②]。"即使是农夫和工匠中的人,只要他有才能,就应该提拔,封给他很高的爵位,给予他丰厚的俸禄,委任他以官职,授予他做决断的权力。所谓任人唯贤,就是要不分等级,不设定范围,有能力者则举之。墨子列举了大量的历史事实对此展开论证。例如,虞舜曾经不过是在历山耕种庄稼、在黄河边制做陶器、在雷泽捕鱼、在常阳烧石灰的人而已,但唐尧还是将他举荐重用。夏禹更是把伯益从阴方中举荐出来做事。伊尹开始的时候,不过是一个烧火做饭的厨房师傅而已,却被商汤举荐出来做大事,等等。

《墨子·尚贤下》篇说:

今王公大人有一牛羊之财[③]不能杀,必索良宰;有一衣裳之财不能制,必索良工。当王公大人之于此也,虽有骨肉之亲、无故富贵、面目美好者,实知其不能也,不使之也。是何故?恐其败财也。当王公大人之于此也,

---

① 工肆之人:市场中的工匠。
② 断予之令:予以断决之令。
③ 财:财物。下同。

则不失尚贤而使能。王公大人有一罢①马不能治,必索良医;有一危弓②不能张,必索良工。当王公大人之于此也,虽有骨肉之亲、无故富贵、面目美好者,实知其不能也,必不使。是何故?恐其败财也。当王公大人之于此也,则不失尚贤而使能。逮至其国家则不然。王公大人之骨肉之亲、无故富贵、面目美好者,则举之,则王公大人之亲其国家也,不若亲其一危弓、罢马、衣裳、牛羊之财欤?我以此知天下之士君子,皆明于小而不明于大也。

统治者在小事情上知道尚贤,但在治理国家这样的大事情上却不知道尚贤,是"知小而不知大"的表现,其在逻辑上的矛盾之处就是把国家看得不如一头牛羊或一件衣服更重要。所以,《墨子·尚贤中》篇说:

今王公大人有一衣裳不能制也,必借良工;有一牛羊不能杀也,必借良宰。故当若之二物③者,王公大人未尝④不知以尚贤使能为政也。逮至其国家之乱、社稷之危,则不知使能以治之,亲戚则使之,无故富贵、面目姣好则使之。夫无故富贵、面目姣好则使之,岂必智且有慧哉?若使之治国家,则此使不智慧者治国家也。

统治者在治理国家时重用没有智慧的无故富贵、面目姣好者,是不尚贤的重要表现。任人唯亲是封建宗法制社会的普遍现象,墨子对这种不合理的做法进行了否定,强调不分血缘亲疏、等级贵贱,必须任人唯贤。《墨子·尚贤中》篇说:"甚尊尚贤而任使能,不党父兄,不偏富贵,不嬖颜色,贤者举而上之",用任人唯贤来代替、否定血缘宗法制的"亲亲尊尊"用人原则,反对封建贵族世袭垄断的政治特权,强调唯才是举、唯贤是举。所以,《墨子·尚贤上》篇说:

---

① 罢:同"疲",病。下同。
② 危弓:难以拉开的弓。从李渔叔说。下同。
③ 之二物:此二事。
④ 未尝:《道藏》本无此二字,据王念孙校增。

是故古者圣王之为政也,言曰:"不义不富,不义不贵,不义不亲,不义不近。"是以国之富贵人闻之,皆退而谋曰:"始我所恃①者,富贵也,今上举义不辟②贫贱,然则我不可不为义。"亲者闻之,亦退而谋曰:"始我所恃者亲也。今上举义不辟疏,然则我不可不为义。"近者闻之,亦退而谋曰:"始我所恃者近也,今上举义不避远,然则我不可不为义。"远者闻之,亦退而谋曰:"我始以远为无恃,今上举义不辟远,然则我不可不为义。"逮至远鄙郊外③之臣、门庭庶子④、国中之众、四鄙之萌⑤人闻之,皆竞为义。是其故何也? 曰:"上之所以使下者,一物也,下之所以事上者,一术也。"

对于统治者来说首先必须任人唯贤、唯才是举,以德才兼备作为用人的标准,而且只要统治者能够真正唯才是举,就能使众贤。

其次,统治者必须采取有效的措施来真正地重视人才。

《墨子·尚贤上》篇说:

　　然则众贤之术,将奈何哉? 子墨子言曰:"譬若欲众其国之善射御⑥之士者,必将富之、贵之、敬之、誉之,然后国之善射御之士,将可得而众也。况又有贤良之士厚乎德行,辩乎言谈,博乎道术⑦者乎! 此固国家之珍,而社稷之佐⑧也。亦必且富之、贵之、敬之、誉之,然后国之良士,亦将可得而众也。"

对人才要富之、贵之、敬之、誉之,即必须充分地尊重人才。

《墨子·尚贤中》篇说:

---

① 恃:倚仗。
② 辟:同"避"。
③ 鄙:边邑。郊外:谓远在国都之外。
④ 门庭庶子:公族卿大夫之子,嫡子之外称庶子,地位低于嫡子,往往负责宫中宿卫,住在内外朝门庭之间,故称门庭庶子。
⑤ 四鄙:指国家四边疆界之内。萌:民。
⑥ 射御:射箭、驾车。
⑦ 道术:学术。
⑧ 佐:辅佐社稷之臣。

是以必为置三本。何谓三本？曰："爵位不高,则民不敬也；蓄禄不厚,则民不信也；政令不断,则民不畏也。故古圣王高予之爵,重予之禄,任之以事,断予之令。夫岂为其臣赐哉？欲其事之成也。"

必须予人才以足够的地位、适当的待遇、应有的权力,人才才能发挥其作用。《墨子·鲁问》篇载,墨子曾经派遣公尚过到越国去。公尚过游说越王,越王很高兴,并对公尚过说："先生苟能使子墨子于越而教寡人,请裂故吴之地①,方五百里,以封子墨子。"公尚过答应了这件事,于是越王为公尚过套车五十乘,请他到鲁国迎接墨子来越国。公尚过对墨子说：

吾以夫子之道说越王,越王大说,谓过曰："苟能使子墨子至于越而教寡人,请裂故吴之地,方五百里,以封子。"

墨子回答公尚过说：

子观越王之志何若？意越王将听吾言,用吾道,则翟将往,量腹而食,度身而衣,自比于群臣②,奚能以封为哉！抑越不听吾言,不用吾道,而吾往焉,则是我以义粜③也。钧④之粜,亦于中国耳,何必于越哉！

越王如果充分重视自己的思想学说,即使生活条件差,墨子也会到越国服务；但是如果越王并不重视自己的学说,则即使再优厚的生活条件,墨子也不会到越国去。所以,对于人才来说,"尊重"比条件更重要。在墨家看来,领导者的位置必须是随时都可以为其他人取代的,而作为取代者来说,可以是社会组织中的任何阶层的贤者能人,所有人,不管是谁,只要他是贤能者,他都可以出来担任相应的领导职务。所以,《墨子·尚贤上》篇说："故官无常位,而民无

---

① 裂：分封。故吴之地：原来吴国之地。
② 自比于群臣：自己的地位等同于其他臣僚。
③ 粜(tiào)：出卖。
④ 钧：均。

终贱,有能则举之,无能则下之。举公义,辟①私怨,此若言之谓也。"

做官的不会总是富贵,老百姓也不会总是贫贱,只要是有能力的人都应该给予提拔,没有能力的人就要罢免他,出于公心,丢开私怨,说的就是这个意思。"官无常贵,而民无终贱",领导者不可能永远都是领导者,而老百姓也不可能永远都只是老百姓,王侯将相不会永远都是如此的。所以,作为领导者来说,不要总是看不起群众,而是要善于在群众中发现人才,每个人皆可为人才,关键是要看领导者怎么来看待他和使用他。同时,要制定条件和规则,让贤者能够上台,而不肖者则让其及时下台。

墨家的尚同思想以尚贤为根本前提。墨家认为,必须把贤人政治推广到国家的每一个地方,要充分地让贤人来治理国家,也就是要尚同,即上同,全国都要同于上,前提是全国各个级别的行政单位和管理单位都必须要由贤人来担任领导,让贤者来"一同天下之义"(《墨子·尚同中》),即统一天下的道理,从而实现天下太平,社会安定,人民安家乐业。《墨子·尚同下》篇说:"尚同为政之本,而治之要。"尚同是行政的根本和治理的关键。在墨家看来,"尚贤"这个"为政之本"是要解决"谁"来管理的问题,而"尚同"这个"为政之本"则是要解决"怎样管理""如何管理"的问题。尚贤和尚同都是国家治理的根本。②

墨子认为,人类最初在有统一道义之前,由于没有"一同天下之义",于是完全处于一种"人是其义,以非人之义"这样一种混乱状态。思想认识上的混乱状态,造成了人类自身之间的相互伤害和仇恨。《墨子·尚同上》篇说:

　　子墨子言曰:古者民始生,未有刑政③之时,盖其语,人异义。是以一人则一义,二人则二义,十人则十义,其人兹众,其所谓义者亦兹众。是以人是其义,以非人之义,故交相非也。是以内者父子兄弟作怨恶,离散不能相和合。天下之百姓,皆以水火毒药相亏害,至有余力不能以相劳,腐朽余财不以相分,隐匿良道不以相教,天下之乱,若禽兽然。

---

① 辟:避。
② 参见孙中原主编:《墨学与现代文化》,中国广播电视出版社2007年第2版,第58页。
③ 刑政:指政治刑法等国家机构。

《墨子·尚同中》篇也说:

　　子墨子曰:方今之时,复古之民始生,未有正长之时,盖其语曰,天下之人异义,是以一人一义,十人十义,百人百义。其人数兹众,其所谓义者亦兹众。是以人是其义,而非人之义,故相交非也。内之父子兄弟作怨雠,皆有离散之心,不能相和合。至乎舍余力,不以相劳①;隐匿良道,不以相教;腐朽余财,不以相分。天下之乱也,至如禽兽然。

在没有统一道义的情况下,人与人之间处于一种交相非,即互相否定、互相排斥的这样一种"禽兽"般的关系中。梁启超认为,墨子的上述思想和欧洲初期的"民约论"类似。"民约论"虽大成于法国的卢梭,其实发源于英国的霍布斯和洛克。他们都说,人类未建国之前,人人都是野蛮的自由,漫无限制,不得已聚起来商量,立一个首长,于是乎就产生出国家来了。墨子的见解正和他们一样。

国家起源于统一道义的需要,只有统一道义才能息争止乱,而政长的任务就是同一天下之义。《墨子·尚同上》篇说:

　　夫明虖②天下之所以乱者,生于无政长③。是故选天下之贤可者④,立以为天子。天子立,以其力为未足,又选择天下之贤可者,置立之以为三公。天子三公既以立,以天下为博大,远国异土之民,是非利害之辩⑤,不可一二而明知,故画分万国,立诸侯国君。诸侯国君既已立,以其力为未足,又选择其国之贤可者,置立之以为正长⑥。正长既已具,天子发政于天下之百姓,言曰:"闻善而⑦不善,皆以告其上。上之所是必皆是之,所非必

---

① 相劳:互相协作。
② 虖:通"乎"。
③ 政长:行政长官。
④ 贤可者:贤能而可以当政的人。
⑤ 辩:同"辨",识别。
⑥ 正长:即"政长"。
⑦ 而:与。

皆非之。上有过则规谏之,下有善则傍荐①之。上同而不下比②者,此上之所赏,而下之所誉也。意若③闻善而不善,不以告其上,上之所是弗能是,上之所非弗能非,上有过弗规谏,下有善弗傍荐,下比不能上同者,此上之所罚,而百姓所毁也。"上以此为赏罚,甚明察以审信④。

在墨子所设计的政权机构蓝图中,从天子、诸侯到乡长、里长等各个级别的领导都是从仁人、贤者中来选拔任命的。由于各级领导都是由仁人、贤者来担任,他们首先便能够以身作则,推行兼爱,然后上行下效,下边学着上边的样子做,这样整个国家便能够用仁义统一起来了。为了维持政权的良性运转机制,墨子主张运用批评、表扬、奖励和惩罚等各种方式,即运用认识和道德评价,以及行政和法律的手段。

墨家的"尚同"主张,就是要上下通情,上情下达,下情上传,做到信息畅通。《墨子·尚同中》说:

故古者圣王唯而审以尚同⑤,以为正长,是故上下情请为通。上有隐事遗利⑥,下得而利之;下有蓄怨积害,上得而除之。是以数千万里之外,有为善者,其室人未遍知,乡里未遍闻,天子得而赏之;数千万里之外,有为不善者,其室人未遍知,乡里未遍闻,天子得而罚之。是以举天下之人,皆恐惧振动惕栗,不敢为淫暴,曰:"天子之视听也神!"先王之言曰:"非神也。夫唯能使人之耳目助己视听,使人之吻助己言谈,使人之心助己思虑,使人之股肱助己动作。"助之视听者众,则其所闻见者远矣;助之言谈者众,则其德音之所抚循者博矣⑦;助之思虑者众,则其谈谋度速得矣⑧;助之动作者众,即其举事速成矣。故古者圣人之所以济事成功,垂名于后世

---

① 傍:通"访"。傍荐:访问推荐。下同。
② 比:互相包庇。
③ 意若:假如。
④ 审信:审慎可信。
⑤ 唯而:唯能。句末脱"者"字。
⑥ 隐事遗利:没有计划到的事情和没有兴办到的利益。
⑦ 德音:善言。抚循:抚慰。
⑧ 谈:疑衍。度(duó):思考。

者,无他故异物焉,曰:"唯能以尚同为政者也。"

通过尚同,领导者就能够使人耳目助己视听,使人嘴巴助己言谈,使人心智助己作为。助己视听的人多了,就能闻见远;助己言谈的人多了,好话就能传播广;助己思考的人多了,谋划的效率就高;助己作为的人多了,做事的效率就高。有人攻击墨子的尚同论是封建专制,我认为是不妥的。事实上,墨子的尚同思想主要是为了让领导者更多地、更好地、更快地得知下之情,以便更好地做判断、做决策,是为了更好地走群众路线。台湾学者张伟国说:"墨子的政治思想就算以西洋现代民主政治理想比,也绝不失色。在迎合中国现实的历史条件和社会环境来说,墨子政治理想的价值,不一定在西洋现代民主政治理想之下。"①这种观点是值得我们加以注意的。

第三节 节用节葬

墨家为了推行他们的兼爱主张,在经济方面强调节用、节葬,认为既要开源更要节流。《史记·孟子荀卿列传》载:"墨子善守御,重节用。"节用是墨子思想的重要论题,是墨子的基本学说主张。墨子的节用思想,强调厉行节约,过简朴的生活,其最终目标就是要保障能够满足人民群众最基本的物质生活需要。

首先,墨子本人就是一个十分节俭、吃苦耐劳的人。墨子特别推崇传说中原始社会末期部落联盟的领袖夏禹。墨子称赞夏禹亲自拿着土筐、木锹,疏通江河,治理洪水,奔波劳累,造成股上没有肉,腿上没有毛,为了天下百姓的利益而不辞辛劳。《庄子·天下》篇说,墨家学派的人物全都是"以裘褐②为衣,以屐蹻③为服,日夜不休,以自苦为极"。墨家弟子都是穿木鞋或麻鞋,又说:"不能如此,非禹之道也,不足谓墨。"《墨子·鲁问》篇记载,墨家弟子穿的都是"短褐之衣",吃的都是"藜藿之羹",即穿的是粗布短衣,吃的是粗劣的饭食,而且

---

① 张伟国:《尚同非集权》,《鹅湖》1980年第5卷第7期。
② 裘褐:粗衣也。
③ 屐:木也。蹻:草鞋也。

"朝得之,则夕弗得"。墨子及其弟子们,言行一致,以身戴行,用实际行动和行为践履着自己的思想主张。①

墨子一生提倡勤俭节约,反对奢侈浪费。墨子认为,一个国家要长治久安,必须要强本节用。强本从根本上说就是要发展生产,重视对物质财富的生产。节用就是要关注消费,即提倡适度消费。这也就是说,要求生产和消费要构成适当的比例,对社会需求和供给要有宏观调控。在墨子看来,适度消费要以人的实际需要为限度,超出限度就是奢侈浪费。《墨子·节用中》篇说:"凡注意奉给民用则止。诸加费不加于民利者,圣王弗为。"物质生产必须以满足百姓的基本物质生活为根本,凡是增加费用但却不能给老百姓增加利益的事情都不能做。

墨子认为,节用是实现国家富裕,实现百姓安宁,对人民有重大好处的根本性办法。《墨子·节用上》篇说:

圣人为政一国,一国可倍②也;大之为政天下,天下可倍也。其倍之非外取地也,因其国家,去其无用之费③,足以倍之。圣王为政,其发令兴事、使民用财也,无不加用④而为者,是故用财不费,民德⑤不劳,其兴利多矣。

统治者计划做什么事情,一定要能够增益、实用,不能浪费多余的人力、财力和物力。对物的使用必须增加其用度,不随意浪费,去掉其无用的花销。国家要实现财富倍增计划,不是依靠侵略他国,而是要通过减少不必要的浪费来实现,即凡是发令、兴事、使民、用财,都必须增加实际用途而为。当今中国,单就公车消费来说,所造成的浪费也是非常惊人的,同时公车占道也是造成许多堵车情况发生的根本原因。⑥

在墨子看来,能否节用是关系到一个国家生死存亡的大事情。《墨子·辞过》篇说:

---

① 参见杨武金:《墨学之荣与衰》,《职大学报》2018 年第 3 期,第 19 页。
② 倍:指财富可增加一倍。
③ 用之费:《道藏》本无此三字,从孙诒让校增。
④ 加用:增益实用。
⑤ 德:通"得"。
⑥ 参见杨武金:《墨学在当今社会建设中的重要作用》,《职大学报》2013 年第 3 期,第 11 页。

凡此五者,圣人之所俭节也,小人之所淫佚也。俭节则昌,淫佚则亡,此五者不可不节。夫妇节而天地和,风雨节而五谷孰①,衣服节而肌肤和。

在墨子看来,统治者必须在衣、食、住、行、性等各个方面都做到节用。"俭节则昌,淫佚则亡",做好在衣、食、住、行、性等各个方面的节俭、节用,是一个国家能够实现长治久安的关键。回顾中国历史,几乎每个朝代都是在国家强盛之后,在物质文明或精神文明都达到一定程度之后,就迅速由盛转衰。唐王朝在玄宗中期,曾经出现过"开元盛世",但却很快转向衰落。其主要原因,就是统治者过于追求享乐,贪图享受,追求过度消费,造成社会贫富分化十分严重,于是终于导致唐代由盛转衰。所以,杜甫在当时才发出了"朱门酒肉臭,路有冻死骨"的哀叹。清朝乾隆皇帝也算是很有作为的帝王了,但因为他过分贪图享受,比如动用大量资金修建圆明园、颐和园等浩大工程,加上当时的大量官员贪污腐败,到乾隆中后期,国家就不得不走向衰落。唐朝、清朝如此,其他朝代也大致都是这样的。②

墨子认为,粮食、兵力和城池是一个国家的三种重要防备。《墨子·七患》篇说:

夫桀无待汤之备,故放③;纣无待武之备,故杀④。桀、纣贵为天子,富有天下,然而皆灭亡于百里之君者⑤,何也?有富贵而不为备也。故备者,国之重也。食者国之宝也,兵者国之爪也,城者所以自守也。此三者,国之具也。

因此,做好防备是国家最重要的大事,其中做好粮食防备又是国家最根本的事情。我们今天都清楚地认识到,打仗最重要的是后勤保障。战争最终取胜的一方,往往都是得到后勤保障的一方。

---

① 孰:同"熟"。
② 参见杨武金:《"节用":墨学的宝贵财富》,《中国社会科学报》(哲学版)2013年9月9日。
③ 桀无待汤之备,故放:据说夏桀被商汤打败后,被流放到南方的南巢。
④ 纣无待武之备,故杀:据说商纣王被周武王打败后,自杀于鹿台。
⑤ 百里之君者:指小国之君。

墨子认为,节用不是来虚的,而是必须实实在在地表现在人们的日常生活之中,即在人们日常的衣、食、住、行、性等各个方面都必须做到节俭和节用。

墨子认为,在穿衣服上只要能够"适身体,和肌肤而足矣";在饮食上只要能够"足以增气充虚,强身适腹而已矣";造房屋只要能够"高足以避润湿,边足以御风寒,上足以待雪霜雨露,宫墙之高足以别男女之礼,谨此则止";造舟车只要能够"完固轻利,任重致远",能够顺利地到达要到的地方就可以了。(《墨子·辞过》)

《墨子·节用中》篇记载:

> 古者人之始生、未有宫室之时,因陵丘堀穴而处焉。圣王虑之,以为堀穴,曰:冬可以避风寒;逮夏,下润湿上熏烝,恐伤民之气,于是作为宫室而利。然则为宫室之法,将奈何哉?子墨子言曰:"其旁可以圉风寒,上可以圉雪霜雨露,其中蠲①洁,可以祭祀,宫墙足以为男女之别,则止。"诸加费不加民利者,圣王弗为。
>
> 是故古者圣王制为节用之法,曰:"凡天下群百工,轮车鞼匏②,陶冶梓匠③,使各从事其所能。"曰:"凡足以奉给民用,则止。"诸加费不加于民利者,圣王弗为。古者圣王制为饮食之法,曰:"足以充虚继气,强股肱,耳目聪明,则止。"不极五味之调④、芬香之和,不致远国珍怪异物⑤。何以知其然?古者尧治天下,南抚交阯⑥,北降幽都⑦,东、西至日所出、入,莫不宾服⑧。逮至其厚爱⑨,黍稷不二,羹胾⑩不重,饭于土塯⑪,啜于土形⑫,斗以

---

① 蠲(juān):通"涓",清洁。
② 轮车:指制轮造车的工匠。鞼匏(guì páo):指制作皮革用品的工匠。
③ 陶:制陶工人。冶:冶炼金属的工匠。梓匠:木工。
④ 极:极力追求。调:调和。
⑤ 致:招致,求取。怪:《道藏》本作"恢",从孙诒让校改。
⑥ 交阯:也作"交趾",南方的国家,大致在今天的广西南部和越南北部。
⑦ 降:当作"际",接续,从王念孙校改。幽都:幽州,在今天山西和河北北部地区。
⑧ 宾服:归服、顺从。
⑨ 逮:《道藏》本作"建",从孙诒让校改。逮至:至于。爱:当作"受",从曹耀湘校改。
⑩ 羹:带肉汁的汤。胾(zì):大块肉。
⑪ 土塯:土制成的陶器,作盛饭用。
⑫ 啜(chuò):饮。形:"型",一种炊具。

酌①,俛仰②周旋,威仪之礼,圣王弗为。古者圣王制为衣服之法,曰:"冬服绀緅③之衣,轻且暖;夏服絺绤④之衣,轻且清,则止。"诸加费不加于民利者,圣王弗为。古者圣人为猛禽狡兽暴人害民,于是教民以兵行。日带剑,为刺则入,击则断,旁击而不折,此剑之利也。甲为衣,则轻且利,动则兵且从⑤,此甲之利也。车为服重⑥致远,乘之则安,引之则利,安以不伤人,利以速至,此车之利也。古者圣王为大川广谷之不可济,于是利⑦为舟楫,足以将⑧之,则止。虽上者三公、诸侯至,舟楫不易,津人不饰,此舟之利也。

住房的根本作用是为了人们避风寒,饮食是为了充虚继气的需要,穿衣服是为了冬暖夏凉而已,乘舟车是为了能够安全即时到达,这样就可以做到人力、财力都不浪费,生产不被耽误,老百姓也就不会增加负担,从而使人民群众能够过上安居乐业的生活。⑨

墨子提出节用的主张,是有其历史背景的。春秋战国时期,当时生产力水平还十分低下,社会总供给还远远难以满足总需求。而且墨子发现,当时的社会现实是"天下为政者""其籍敛厚,民财不足,冻饿死者不可胜数也"。(《墨子·节用上》)就是说,老百姓生活于水深火热之中,饥寒交迫,困苦不堪,但王公贵族却奢侈浪费,两者形成了鲜明的对比。在这种情况下,墨子提出节用,对于当时实现有效的调控社会总需求和总供给的平衡关系是非常必要而且重要的。同时,墨子的节用思想主要是一种以民用、民利为标准的消费经济观,它体现了以民为本的人文精神和人文情怀,是墨子留给后人的宝贵财富。

墨家的节葬思想是其节用思想中一个十分突出的重要方面。墨子时代,厚葬之风盛行。《墨子·节葬下》篇载:

---

① 斗:木勺。酌:舀取的意思。
② 俛仰:"俯仰",指低头行礼和抬头受礼。
③ 绀(gàn):深青而带赤色的帛。緅(zōu):黑中带红的帛。
④ 絺(chī):细葛布。绤(xì):粗葛布。
⑤ 兵:当作"弁"之误,通"变"。兵且从:当作"变且从",屈伸自如。
⑥ 服重:载重。
⑦ 利:当作"制",从王念孙校改。
⑧ 将:行。
⑨ 参见杨武金:《墨家的政治哲学》,《职大学报》2015年第2期,第30页。

此存乎王公大人有丧者，曰棺椁①必重，葬埋必厚，衣衾必多，文绣必繁，丑陇②必巨；存乎匹夫贱人死者，殆③竭家室；存④乎诸侯死者，虚车府⑤，然后金玉珠玑比⑥乎身，纶组节约⑦，车马藏乎圹⑧，又必多为屋幕⑨，鼎鼓几梴壶滥⑩，戈剑、羽旄、齿革，寝而埋之，满意。若送从⑪，曰：天子杀殉，众者数百，寡者数十。将军大夫杀殉，众者数十，寡者数人。

墨子在这里批判当时的王公大人办丧事，所用的棺材一定要多层，葬埋一定要非常深，随葬的衣服一定要非常多，棺材纹饰一定要非常讲究，坟堆一定要高大上，等等。这样造成的结果就是，诸侯死了之后，要耗尽其府库的所有财物，要将金玉珠玑等缀满死者全身，用丝絮组带装束，将车马入墓随葬等。而且，因为要求居丧之后，百姓都不能从事生产，只能少食，还要陪葬，夫妻不能同居。墨子认为，通过厚葬久丧这种做法来求得富裕，就好像禁耕求获一样，在逻辑上是不可能的事情，而久丧本身也不利于实现人口的增长，久丧完全是寡人之道的错误做法。

于是，墨子认为，将财物都埋在地下，大力修建坟墓，对国家、对老百姓都有害无益，所以必须提倡节葬。《墨子·节用中》篇载：

古者圣王制为节葬之法，曰："衣三领⑫，足以朽肉⑬；棺三寸，足以朽

---

① 棺椁必重：棺是内棺，椁是外棺。按古代规定，天子的棺材五层，三公四层，诸侯三层，大夫二层。
② 丑垄：当作"丘垄"，即坟堆。
③ 殆：恐怕。
④ 存：《道藏》本无此字，据毕沅校增。
⑤ 车府：当作"库府"。
⑥ 比：周。
⑦ 纶组：盖在尸体上的棉被。节约：约束、节束，这里指带子。
⑧ 圹：指墓穴。
⑨ 屋幕：同"帷幕"。
⑩ 几梴：同"几筵"，筵席。壶滥：壶鉴，用壶盛水作镜子用。
⑪ 若送从：当作"送死若徙"。
⑫ 领：件。
⑬ 朽肉：裹尸体。

骸①；堀穴②，深不通于泉，流不发泄，则止。"死者既葬，生者毋久丧用哀。

墨子提出，埋葬之法应该是这样的：衣服三件，足以朽肉就可以了；棺材三寸，足以朽骨就可以了；挖墓之深，下不漏水，上无臭气就可以了。关于服丧的时间，墨子主张将三年的丧期改为三日。在墨子看来，节葬并不意味着会让死者没有尊严，恰恰相反，节葬是既让死者有尊严，又没有出现浪费和劳民伤财等情况的正确做法。

墨子认为，厚葬久丧从根本上来说就不是什么圣王之道，而完全是一种旧的习俗或陋习。墨子指出，从前越国东边有一个国家叫做輆沭国，当父母第一个孩子生下来的时候会被肢解来吃掉，认为这样做对后面出生的弟弟有好处。当时的统治者还拿这个做政令，下边则当这个为风俗，为而不已，执而不舍，这难道就是仁义之道吗？还有，楚国的南面有一个国家叫做啖人国，当父母死后，孩子弃其肉，埋其骨，还称其为孝子。另外，秦国西面有一个国家叫做仪渠国，父母死后，架其柴火，焚烧尸体，烟雾上腾，叫做升天，这样做的人被称为孝子。当时的统治者同样拿这作政令，下面将之当作风俗，为而不已，执而不舍，这难道也是仁义之道吗？其实，这些做法都是旧习惯，安于旧风俗。因此，厚葬久丧其实不过旧习惯，安于旧风俗而已，是人们需要改变的陋习。

值得注意的是，墨家主张薄葬而明鬼，其实并不存在矛盾。东汉王充说：

墨家之说，自违其术。其薄葬而又右鬼。右鬼引效，以杜伯为验。杜伯死人，如杜伯情为鬼，则夫死者审有知。如有知而薄葬之，是怒死人也。情欲厚而恶薄，以薄受死者之责，虽右鬼其何益哉？（《论衡·薄葬》）

墨家薄葬同时又右鬼，以鬼为上，这之间并不矛盾，因为在墨家看来，上帝鬼神也都是反对浪费、提倡节用节葬的。因此，死者薄葬的行为，并不妨碍对鬼神的祭祀之情，而恰恰是体现了鬼神的意志，是上天和鬼神的意志的体现和完成的一部分。

---

① 朽骸：殓尸骸。
② 堀穴："窟穴"，指埋葬棺材的坑穴。

第四节　非乐非命

为了推行兼爱思想，墨家认为，必须在经济、文化、教育上推行非乐、非命的思想主张。墨家非乐思想又是其节用思想的进一步体现。

墨家非乐，并不是说他们认为音乐不美、不动听，而是他们认识到，作为仁者所应该做的事情，是为了满足人民的衣食住行等最基本的生活需要，兴天下之利除去天下之害。这也就是说，墨子非乐，其最重要的目的就是为了满足全体人民群众最基本的生活需要，为了人民都能够得到最基本的做人的权利。《墨子·非乐上》篇记载：

> 是故子墨子之所以非乐者，非以大钟、鸣鼓、琴瑟、竽笙之声，以为不乐也；非以刻镂华①文章之色，以为不美也；非以犓豢煎炙之味，以为不甘也；非以高台厚榭邃野②之居以为不安也。虽身知其安也，口知其甘也，目知其美也，耳知其乐也。然上考之不中圣王之事，下度之不中万民之利，是故子墨子曰：为乐非也。

墨子本人并不否认音乐等艺术活动具有美感作用。只是，在墨子看来，统治者大搞音乐等艺术活动，并不符合人民群众的根本利益，因此，墨子要非乐。《墨子·非乐上》篇说："民有三患：饥者不得食，寒者不得衣，劳者不得息，三者民之巨患也。"人民群众最需要解决的是衣、食、住、行等基本生活需要的问题，而音乐却根本不能解决这些问题，即音乐对于解决人民最基本的生活需要并没有什么积极作用，而是相反，具有反作用，具有消极作用。

首先，为乐有害无益，没有实质作用，因为它不能解决饥寒、攻战、欺诈等现实问题。《墨子·非乐上》篇说：

---

① 华：衍文。
② 邃野：幽深的房屋。

昔者齐康公兴乐《万》①,万人不可衣短褐,不可食糠糟,曰:食饮不美,面目颜色不足视也;衣服不美,身体从容丑羸,不足观也。是以食必粱肉,衣必文绣,此掌②不从事乎衣食之财,而掌食乎人者也。是故子墨子曰:今王公大人惟毋③为(乐),亏夺民衣食之财,以拊乐如此多也。

齐康公创作乐舞《万》,需要万名左右的乐工演奏。撞巨钟、击鸣鼓、弹琴瑟、吹竽笙,场面十分宏伟壮观。王公大人衣、食、住、行都离不开音乐,有时用百人吹笙,万名舞女跳舞。大量的人们被迫脱离生产,不能成为生产者。而且,齐康公又认为,吃不好会影响面目的美观,穿不好会影响视觉的效果,于是,乐工都食必粱肉,衣必纹绣,这都是因为统治者追求享乐所迫。

其次,从事和欣赏音乐等艺术活动会影响各行各业正常的工作与劳动。《墨子·非乐上》篇说:

今王公大人,唯毋④处高台厚榭之上而视之,钟犹是延鼎⑤也,弗撞击将何乐得焉哉?其说将必撞击之,惟勿⑥撞击,将必不使老与迟者,老与迟⑦者耳目不聪明,股肱不毕⑧强,声不和调,明不转朴⑨。将必使当年⑩,因其耳目之聪明,股肱之毕强,声之和调,眉⑪之转朴。使丈夫为之,废丈夫耕稼树艺之时,使妇人为之,废妇人纺绩织纴之事。

王公大人从高台厚榭上面看去,大钟就像倒扣着的鼎那样,不撞击就发不出声来。要撞击,老人和反应迟钝的人都不行,因为他们的耳不聪,目不明,四

---

① 万:舞名。
② 掌:通"常"。下同。
③ 惟毋:语助词。
④ 唯毋:语助词。
⑤ 犹是延鼎:像反盖过来的鼎锅。延:同"㢩",覆盖。
⑥ 惟勿:语助词,同"唯毋"。
⑦ 迟:当作"稚",小孩。
⑧ 毕:快捷。
⑨ 明:当作"音"。朴:当为"汴",通"变"。
⑩ 当年:壮年。
⑪ 眉:当作"音"。

肢不强健,声音不和谐,眼神不灵敏,眉目不传情,所以必须要选用年轻貌美、反应灵敏的人。而让年轻男子来从事音乐,就会耽误他们种田植树,让青年女子从事音乐,就会耽误了她们纺纱织布。而且,欣赏音乐也会浪费大量的人力和物力。《墨子·非乐上》篇说:

> 今大钟、鸣鼓、琴瑟、竽笙之声既已具矣,大人铺然①奏而独听之,将何乐得焉哉？其说将必与贱人,不与君子②。(与君子)听之,废君子听治;与贱人听之,废贱人之从事。今王公大人惟毋为乐,亏夺民之衣食之财,以拊乐如此多也。是故子墨子曰:为乐非也。

因此,墨子必须非乐。

最后,进行音乐等艺术活动,制造乐器,势必会浪费大量的财力、物力、人力。《墨子·非乐上》篇说:

> 今王公大人,虽无造为乐器,以为事乎国家,非直掊潦水折壤坦③而为之也,将必厚措敛乎万民,以为大钟、鸣鼓、琴瑟、竽笙之声。古者圣王亦尝厚措敛乎万民,以为舟车,既以成矣,曰:吾将恶许④用之？曰:舟用之水,车用之陆,君子息其足焉,小人休其肩背焉。故万民出财赍⑤而予之,不敢以为感恨⑥者,何也？以其反中民之利也。然则乐器反中民之利亦若此,即我弗敢非也。然则当用乐器,譬之若圣王之为舟车也,即我弗敢非也。

乐器制造,不是掊取地上的积水,拆毁土墙那样简单的事情,而是必须耗费大量材料和费用。制造乐器不如造舟车,因为后者可以减轻劳累,而前者必然增加人民负担。统治者大搞音乐等艺术活动,劳民伤财,完全是有害无益的。

---

① 铺然:安静地。
② 与贱人,不与君子:当作"不与贱人,与君子"。
③ 直:只。掊(póu):捧。折:通"摘",揭取。壤坦:坛土。
④ 恶许:所何。
⑤ 赍:给予。
⑥ 感恨:忧愁,怨恨。

总之,在墨子看来,人与动物的根本区别就在于,人必须依靠劳动才能满足自己的需要,才能够生存下去,即"赖其力者生,不赖其力者不生"。所以,每一个人都必须做好其分内之事,而为乐则妨碍做本分的事情。在当今看来,音乐等艺术活动确实会有一定的艺术美感与欣赏作用,音乐等文化娱乐活动也确实对人类社会具有积极的影响,但是如果不顾人民的死活,不去满足人民群众最基本的生活需要,却来大搞音乐设施和音乐活动,也必然是要被历史和人民群众所否定的。

墨家的非命思想与其兼爱思想紧密相连。如前所述,儒家仁爱思想的核心是"孝",认为孝之所以必须是每一个人的义务,我的父母为什么成了我的父母而不是别人的父母,这都是由命所决定好了的,所以每一个人都必须要通过内心的反省来成己成仁。但在墨家看来,"命"这种东西从根本上讲就不曾存在过,一切都是可以通过人的主观努力即主观性的人力来达到的,这种人力作用最为重要的方面就是,人类可以通过制定法律、法令等来使得事物的实际情况按照自己的意愿去发展或呈现,这种对建构制度的重视,最终将建立一个兼爱平等也就是正义的社会。但由于墨家已经否定了儒家的天命决定论,因此最终必须依靠外在的天志和鬼神来实现他们的理想。

"命"这个字,一可以指命令,二可以指生命,三可以指命运。① 墨家所要反对的命,就是指的命运。命运这种东西,被认为是可以决定人的吉凶、祸福、贵贱的必然性因素,是人对之无可奈何的、能够对人起支配作用的某种神秘力量。如所周知,《增广贤文》中有这样一句话:"命里有时终须有,命里无时莫强求。"这里说的就是,个人的命运、财富和人生全都是由一个叫做"命"的东西所注定的,个人即使再努力都没有什么用处。这种观点通常也称为命定论或宿命论。命对个人,对家庭(家运),对一个企业,甚至对整个国家(国运),对世界,对全人类(人类命运),都具有决定性的作用。

中国古代殷商之际,统治者奉天为至上神,宣称自己是奉天之命来进行统治的,即天命决定着一切。随后的西周时期虽然延续了殷商时期的天命神权思想,主张"祈天永命"(《尚书·召诰》),即祈求天命来永保王命,但是同时也出现了天命是可以改变的思想,认为虽然"天命靡常"(《诗经·大雅·文

---

① 参见谭家健:《墨子研究》,贵州教育出版社1995年版,第197页。

王》),但"唯德是辅"(《尚书·蔡仲之命》),即可以通过取得民心,实施所谓德政,从而改变天命。到了春秋时期,郑国的子产直接说:"天道远,人道迩。"(《左传》昭公十八年)即怀疑天道,更加重视人道。

儒家学派坚持命定论。孔子所说的"天""命""天命"等,基本上都是指某种具有神灵性的冥冥中起着支配作用的东西。徐复观认为,《论语》中所说到的命和天命存在着差别,这是有见地的。他说:"《论语》凡言一个'命'字,皆指运命之命而言。"但是"孔子所谓天命或天道或天,用最简洁的语言表达出来,实际是指道德的超经验的性格而言"①。不过,我认为,《论语》中所说到的命和天命之间的差别应该没有徐氏所以为的那么大,因为难道命运的命就不是道德的超经验的性格吗? 孔子说:"小人不知天命,而不畏也。"(《论语·季氏》)普通老百姓不懂得天命,所以他们不害怕。孔子认为,天命是属于贵族阶级的。孔子又说:"死生有命,富贵在天。"(《论语·颜渊》)人的死还是生都是由命决定的,能不能富贵也是由天安排好了的。

正是针对儒家所主张的命定论或宿命论观点,墨家提出了自己的"非命"思想。如唐君毅所说:"孔子之知命,则由春秋时代之即义言命的思想,更向上发展,而于义之所存皆视为天命之所在;于一切若为人之限制之命之所在,皆视为人之自尽其义之地,以增益其对天命之敬畏者。墨子之非命,则为对预定义之命之限制,加以反对,以使人得益其自尽其义,而努力以从事者。"②墨家的"非命"观点认为:一是从根本上就不存在"命"这种东西,主张命的存在论有百弊而无一利;二是无论对个人还是国家来说,最重要的在于发挥人的能动作用或者主观努力,而不在于命这种东西对人的决定作用。

墨家通过他们所提出的"三表法"来否定命的存在性,从而揭露命定论的危害性。《墨子·非命上》篇说:

何谓三表③? 子墨子言曰:有本之者,有原④之者,有用之者。于何本之? 上本之于古者圣王之事。于何原之? 下原察百姓耳目之实。于何用

---

① 徐复观:《中国人性论史》(先秦),台湾商务印书馆1982年版,第83、86页。
② 唐君毅:《中国哲学原论》(上),香港人生出版社1966年版,第608页。
③ 表:此句中用为原则。
④ 原:推断、考察。

之？废①以为行政，观其中国家百姓人民之利。此所谓言有三表也。

三条标准是哪些呢？墨子认为，有考察本源的，有探究原因的，有用于实践的。如何考察本源呢？要向上溯源古时候圣王的事迹。如何探究原因呢？要向下考察老百姓耳目所看到和听见的事实。如何用于实践呢？要把它应用于行政，要看它是否符合国家百姓人民的利益。这就是言谈所必须具有的三个标准。

第一表是言论之本，即墨家把古者圣王之事看成是判断言论是非的根本标准，是确定言论是非的基本依据，它相当于我们今天所说的历史经验证据或者历史经验。墨家认为，从历史经验证据来看，"命"这种东西从根本上是不存在的。墨子说：

  然而今天下之士君子，或以命为有。盖②尝尚观于圣王之事？古者桀之所乱，汤受而治之；纣之所乱，武王受而治之。此世未易民未渝③，在于桀纣，则天下乱；在于汤武，则天下治。岂可谓有命哉！（《墨子·非命上》）

然而现在的士君子，有人认为命是存在的，何不往上看看圣王的事迹呢？古时候，夏桀乱国，商汤接过政权从而治理它；商纣乱国，周武王接过政权并治理它。社会没有改变，人民没有变化。在桀纣统治之下则天下乱，在汤武统治下则天下得到治理，怎么能说是命的作用呢？墨家认为，桀纣统治则天下乱，汤武治国则天下治，从而用历史事实证明了，功过是非是完全由人力的作用而非命来决定的，所以历史事实可以作为衡量言论是非的标准。墨家还主张"尚观于古代圣王之书"。《墨子·非命上》篇说："天下之良书不可尽数，大方论数，而五者④是也。今虽求执有命者之言，必不得。"天下的好书那是不可能全部统计完毕的，大概说来，这三种就是了，现在要从书中寻找主张"有命"的人

---

① 废：通"发"。从王引之说。
② 盖：通"盍"，"何不"之意。《道藏》本在"盖"字前有衍字"益"。
③ 渝：变更。
④ 五者：疑为"三者"。

的话,是必然得不到的。即在《先王之宪》《先王之刑》《先王之誓》中都没有记载"命"这种东西的存在。这里,墨家通过考察古代历史来证明社会的治乱与"命"没有关系,社会的治乱关键在于人力作用,用历史的规律来证明"命"这种东西的虚假性,这是完全正确的。不过,墨家认为,古书中都没有关于"命"的记载,这与事实不符,比如《尚书》《诗经》里就有肯定"命"的存在的话。这是墨家思想中的不足部分。

第二表是言论之原,即墨家把老百姓耳目之实看成是言论的基本来源,相当于我们今天说的将群众的直接经验作为判断言论是非的根本性证据。墨家认为,从群众的直接经验看,"命"这种东西是不存在的。在墨家看来,凡是在经验中不能看到或不能听见的东西都不可能存在,既然"命"这种东西的具体形态是什么都不能为人们所感觉到,所以"命"的存在是不能肯定的。墨子说:

> 今天下之士君子,①或以命为亡。我所以知命之有与亡者,以众人耳目之情,知有与亡。有闻之,有见之,谓之有;莫之闻,莫之见,谓之亡。然胡不尝考之百姓之情?自古以及今,生民以来者,亦尝见命之物,闻命之声乎?则未尝有也。(《墨子·非命中》)

现在天下的士君子,有人认为"命"是有的,有人认为命是没有的。我判断"命"是有还是没有,是根据众人耳目见闻的实际情况才知道它是有还是没有。有人听到,有人看见,就可以说是"有",没有人听到,没有人看见,就可以说是"无"。那么为什么不试着考察一下老百姓的实际情况呢?从古时候到现在,自从有生活着的人民以来,有曾见到过"命"的形体、听到过"命"的声音的人吗?从来就没有过。在墨家看来,没有人听到、看到过"命"这种东西,所以它不存在。这里,墨家用人民群众无法从直接经验上接触到"命",来否定"命"的客观存在性,是一种朴素的唯物主义的经验论,有其合理性的一面,其不足是容易导致片面的经验论或者主观经验论,从而出现因为经验感觉不到某种东西的存在,因此就断定这种东西不存在的"诉诸无知"的错误。

第三表是言论之用,即通过看是否对老百姓有利来衡量言论的是与非,相

---

① 据上下文意思,此处当脱"或以命为有"五字。

当于我们今天讲的实践证明、实践证据或者实践检验。墨家认为,从人民群众的实际效用看,宣扬命定论对老百姓是十分有害的,而主张非命、尚力、尚贤才是对老百姓有利的。《墨子·非命上》篇说:

> 是故古之圣王发宪出令,设以为赏罚以劝贤,是以入则孝慈于亲戚,出则弟长于乡里,坐处有度,出入有节,男女有辨。是故使治官府,则不盗窃,守城则不崩叛,君有难则死,出亡则送。此上之所赏,而百姓之所誉也。执有命者之言曰:上之所赏,命固所赏,非贤故赏也;上之所罚,命固且罚,不①暴故罚也。是故入则不慈孝于亲戚,出则不弟长于乡里。坐处不度,出入无节,男女无辨。是故治官府,则盗窃;守城,则崩叛;君有难则不死,出亡则不送。此上之所罚,百姓之所非毁也。

古时候的圣王颁布法令,设立赏罚制度,以鼓励贤人。因此,贤人在家里对父母孝顺慈爱,在外面能够尊敬乡里的长辈。举止有节度,出入有规矩,男女有分别。所以让他们治理官府,则没有盗窃,守城则没有背叛,君主有难则可以殉职,君主逃亡则可以护送。这些人都是上司所奖赏,百姓所称誉的。主张有命的人却说:上司所赏,是命里本来就该赏的,并不是因为贤良才得到赏赐的;上司所罚,是命里本来就该罚的,不是因为凶暴才受罚。所以,有些人在家里对父母不孝顺慈爱,在外对乡里长辈不尊敬,举止没有节度,出入没有规矩,男女没有分别。让他们治理官府则盗窃丛生,守城则背叛,君主有难不殉职,君主逃亡不护送。这些人都是上司所惩罚,老百姓所指责的。在墨家看来,相信人力作用,就能使人彬彬有礼,诚实忠信,成为贤人;反之,相信命的存在,不相信人力的能动作用,则会使人不慈不孝,蛮横无理,成为暴人。

墨家用"三表法"做依据,通过论证相信"命"的存在性将会对人造成的各种危害,来确定"命"这种东西的不存在性。这就是说,由于命在本质上是根本不存在的东西,所以它也就谈不上会对人和社会产生正面或者负面作用。相反,相信命定论或宿命论,将会对人产生负面作用,从而危害人和人类社会。墨家的论证虽然在证据或者理由上存在个别不足,但不影响到整个论证在逻

---

① 不:同"非"。从王引之说。

辑上的充分性。

墨家认为,所有的统治者都是希望国家富裕的,没有哪一个统治者希望自己的国家越来越贫穷。但是很多统治者得到的最终结果却总是国家贫穷、社会混乱。造成这种现象的原因究竟是什么呢? 墨家认为,当时社会之所以国家贫穷、社会混乱、人民群众生活在水深火热之中,其根本原因就是社会上主张命定论的人太多了。所以,命定论的害处是非常大的。

《墨子·非命上》篇说:

执有命①者以杂于民间者众。执有命者之言曰:"命富则富,命贫则贫,命众则众,命寡则寡,命治则治,命乱则乱,命寿则寿,命夭则夭。命,虽强劲何益哉?"以上说王公大人,下以驵②百姓之从事,故执有命者不仁。故当③执有命者之言,不可不明辩。

主张有命的人,杂处于民间的太多了。他们说:命里富裕则富裕,命里贫穷则贫穷,命里人口多则人口就多,命里人口少则人口就少,命里治理则治理,命里混乱则混乱,命里长寿则长寿,命里夭折则夭折,一切都是由命来决定的,虽然使出很大的力量,又有什么益处呢? 主张有命的人用这样的话对上游说王公大人,对下阻碍老百姓的生产,所以主张有命的人是不仁义的。对于主张有命的人的话,不能不明确地加以辨析。墨家认为,相信命定论、宿命论,就意味着无论富贵还是贫穷、众还是寡、安还是危、治还是乱、寿还是夭等,都完全是由"命"中注定的。命定论将一切事情都看成是由"命"来决定的,完全否定了人的主观能动作用,人在"命"的面前无能为力,从而也就会从根本上妨害人民群众去生产和劳动,所以主张命定论的做法实际上属于不仁爱的行为。

《墨子·非命上》篇说:

执有命者之言曰:上之所罚,命固且罚,不暴故罚也;上之所赏,命固且赏,非贤故赏也。以此为君则不义,为臣则不忠,为父则不慈,为子则不孝,为

---

① 有命:命定思想。
② 驵:同"阻"。
③ 当:对于。

兄则不良,为弟则不弟。而强执此者,此特凶言之所自生,而暴人之道也!

　　主张有命的人说,上司所罚,是命里该罚的,不是因为凶暴才罚的。上司所赏,是命里本来就该赏,不是因为贤良才得赏的。照这种观点来做国君则不义,做臣下则不忠,做父亲则不慈爱,做儿子则不孝敬,做兄长则不善良,做弟弟则不悌。而顽固坚持这种观点,简直就是恶言之所以会产生的根源,是暴强者的道理。墨家认为,相信命定论,也就意味着赏罚都是由命决定的,与自己的行为对错好坏无关,从而就会导致君不义来臣不忠,父不慈来子不孝,兄不良来弟不悌。所以,主张命定论的做法实际上属于不义的行为。

　　总之,墨家之所以要反对命定论,就是认为命定论或宿命论有害,认为命定论是不仁不义的暴人暴王的道理或者理由,命定论对于国家的治理和人民的生活改善来说是有百弊而无一利,因此必须加以反对。所以,墨家反对命定论的根本原因,就是为了国家的安定和人民群众的安居乐业。也就是说,墨子反对命定论并不是为了反对而反对,也不是为了批判而批判,相反,墨子反对命定论的目的是要进一步强调人力的作用,即尽可能发挥出人的理性的能动作用。墨子曾经说:"非人者必有以易之,若非人而无以易之,譬之犹以水救火①也,其说将必无可矣。"(《墨子·兼爱下》)认为可以用人力的作用来否定命定论。

　　墨家思想学说的根本出发点,就是要实现国家的长治久安。而一个国家要长治久安,就必须要强本节用。强本从根本上说就是要发展生产。衣、食、住、行是人最基本的生活需要,要解决这些问题,根本出路就是要发展生产。墨子说:

　　　　凡五谷者,民之所仰②也,君之所以为养也。故民无仰,则君无养;民无食,则不可事③。故食④不可不务⑤,地不可不力⑥也。(《墨子·七患》)

---

① 以水救火:当作"以水救水,以火救火"。从俞樾校改。
② 仰:依赖。
③ 事:通"使",使唤。从于省吾说。
④ 食:粮食。
⑤ 务:生产。
⑥ 力:耕耘。

粮食是老百姓所仰仗的,也是统治者所赖以给养的物资。如果老百姓失去了生存依赖,则统治者也就失去了给养,老百姓没有粮食,就不可以供役使。

为何必须强本呢?墨子说:

> 今人固与禽兽、麋鹿、蜚鸟、贞虫①异者也。今之禽兽、麋鹿、飞鸟、贞虫,因其羽毛以为衣裘,因其蹄蚤以为绔屦②,因其水草以为饮食。故唯③使雄不耕稼树艺,雌亦不纺绩织纴,衣食之财固已具矣。今人与此异者也,赖其力者生,不赖其力者不生。(《墨子·非乐上》)

人与动物的根本区别在于,人必须解决衣食住行等基本问题,所以,必须耕稼树艺、纺绩织纴,不从事生产,人就不能解决衣食住行等问题。所以,墨子说:"赖其力者生,不赖其力者不生"(《墨子·非乐上》),从事物质财富的生产是人类的第一需要。

墨子认为,除了强本还需要节用。《墨子·节用上》说:

> 圣人为政一国,一国可倍④也;大之为政天下,天下可倍也。其倍之非外取地也,因其国家,去其无用之费,足以倍之。圣王为政,其发令兴事,使民用财也,无不加用⑤而为者,是故用财不费,民德⑥不劳,其兴利多矣。

对物的使用必须增加其用度,不随意浪费。墨子认为,统治者在衣、食、住、行、性五个方面都要做到节用。《墨子·辞过》篇说:

> 凡此五者,圣人之所俭节也,小人之所淫佚也。俭节则昌,淫佚则亡,此五者不可不节。夫妇节而天地和,风雨节而五谷孰⑦,衣服节而肌肤和。

---

① 蜚:通"飞"。贞虫:爬虫。
② 蚤:"爪"。绔:"裤子"。屦(jù):鞋子。
③ 唯:通"虽"。
④ 倍:指财富增加一倍。
⑤ 加用:增益实用。
⑥ 德:通"得"。
⑦ 孰:同"熟"。

需要指出的是,墨子反对命定论,和他所主张的天志、明鬼思想之间并不矛盾。在墨子看来,人力的作用就是人可以通过制定法来实现社会治理,但这种作用最为重要的是必须以天为法。墨子认为,天和鬼的意志其实就是要人们兼相爱交相利,即兼相爱则得赏,交相恶则得罚。所以,以天为法就是要提倡兼相爱交相利,就是要建立一个人与人之间互相关心、互相友爱的社会。《墨子·天志上》说:

> 天子为政于三公、诸侯、士、庶人,天下之士君子固明知;天之为政于天子,天下百姓未得之明知也。

在墨子看来,要大家都明白"天"是人世间一切是非的最终裁判者,要真正按"天"的意志来办事,即按客观规律办事,这一点并不是十分容易的。所以,墨子认为,"天"具有奖善罚恶的意志,这种意志具体地可以通过鬼神履行职能。人们只有对上天、对鬼神有敬畏之心,尊重客观规律,才能得赏,反之,就要受到惩罚。

第五节　天志明鬼

墨子为了推行其"兼相爱交相利"的兼爱理想,将之上升为上天之"法",也就是尊崇天的意志,而天在人间的表现就是鬼神。墨家的"天志""明鬼"思想,从根本上就是要以"天"和"鬼神"为工具,去推广和实现他们的"兼爱"理想或者主张,从而实现他们心目中天下太平,人民安居乐业的美好愿望。因为在墨家看来,天和鬼的意志主要就是要人们兼相爱、交相利。墨家的"天志""明鬼"思想,主要体现在《墨子》一书中的《天志》上、中、下和《明鬼》下、《法仪》、《非儒》等篇之中。

墨家认为,"天"是人世间最高的裁判者和监督者。天欲义而恶不义,天的意志就是兼相爱交相利。"天"的"义"是用来匡正人的,人与天的关系是顺天之意则得赏,反天之意则必得罚,得罪于天不可逃也。

首先,天是人世间最高的裁判者和监督者。人世间最高的统治者就是天子,但天的地位比天子的地位更高,天比包括天子在内的人,都有更高的主宰地位和裁决权。

《墨子·天志上》篇说:

> 子墨子言曰:"今天下之士君子,知小而不知大。"何以知之?以其处家者知之。若处家得罪于家长,犹有邻家所①避逃之。然且亲戚②兄弟所知识,共相儆③戒,皆曰:"不可不戒矣!不可不慎矣!恶④有处家而得罪于家长,而可为也?"非独处家者为然,虽处国亦然。处国得罪于国君,犹有邻国所避逃之,然且亲戚兄弟所知识,共相儆戒,皆曰:"不可不戒矣!不可不慎矣!谁亦有处国得罪于国君,而可为也?"此有所避逃之者也,相儆戒犹若此其厚⑤,况无所逃避之者,相儆戒岂不愈厚,然后可哉?且语言⑥有之曰:"焉而晏⑦日焉⑧而得罪,将恶避逃之。"曰:"无所避逃之。夫天不可为林谷幽门⑨无人,明⑩必见之。然而天下之士君子之(于)天也,忽然⑪不知以相儆戒,此我所以知天下士君子知小而不知大也。"

一个人在一个家里,家长是不可得罪的,但是如果得罪了家长还是有地方可以逃避的,因为可以逃到别人的家里去。一个人在一个国家里,国君是不可以得罪的,但是如果得罪了国君还是可以逃避的,因为可以逃到别的国家去。但是一个人处天之下,无处不是处在天的监督之下,所以,如果得罪于天,是无所逃避的。因为即使是林谷幽涧、四处无人的地方,天也是能够明察洞见的。

人们从事各种工作,发生各种行为,谁能够作为他们所作所为的正确与否

---

① 所:犹"可"。
② 亲戚:指父母。
③ 儆:通"警"。下同。
④ 恶:何。
⑤ 厚:郑重。下同。
⑥ 语言:俗语。
⑦ 焉:同"于"。而:竟然。从孙诒让说。晏:清明之日。
⑧ 焉:语气词。
⑨ 门:当作"间"。
⑩ 明:指天之明察。
⑪ 忽然:疏忽。

的裁断者呢？墨家认为，必须由上一级别的人士来裁决，即人世间的所有事情，最终都必须由天来裁决。

《墨子·法仪》篇说：

> 然则奚以为治法而可？当①皆法其父母奚若②？天下之为父母者众，而仁者寡，若皆法其父母，此法不仁也。法不仁，不可以为法。当皆法其学③奚若？天下为学者众，而仁者寡，若皆法其学，此法不仁也。法不仁，不可以为法。当皆法其君奚若？天下之为君者众，而仁者寡，若皆法其君，此法不仁也。法不仁不可以为法。故父母、学、君三者，莫可以为治法（而可）。

父母无数、老师无数、统治者无数，但是他们这些人世间的长者或者在上位者，都不能作为衡量社会一切现象和行为的法仪或者标准。因为父母也好，老师也好，统治者也好，虽然人数众多，但真正能够称为仁爱之人的，并不是很多，如果以他们为"法"的话，就容易出现"以不仁者为法"，以不仁义的人作为标准、作为模范，这当然是不可以的。既然父母、老师、统治者都不能作为衡量社会一切现象和行为的标准，那么究竟什么才能作为这样的标准或者法仪呢？墨家认为只有"天"才能成为治理天下的法则和标准。《墨子·法仪》篇说道："然则奚以为治法而可？故曰：莫若法天。"那么什么东西可以作为天下治理的法则和标准呢？墨家认为，只有"天"才能成为人世间一切事物现象的最高主宰和监督者。

《墨子·天志上》篇说：

> 庶人竭力从事，未得恣己④而为政⑤，有士政之；士竭力从事，未得恣己而为政，有将军大夫政之；将军大夫竭力从事，未得恣己而为政，有三公诸

---

① 当：同"倘"，倘若。
② 奚若：怎么样。下同。
③ 学：学习对象，指老师。下同。
④ 恣己：擅自。下同。
⑤ 为政：做事。

侯政之；三公诸侯竭力听治，未得恣已而为政，有天子政之；天子未得恣已而为政，有天政之。天子为政于三公、诸侯、士、庶人，天下之士君子固明知；天之为政于天子，天下百姓未得之明知也。故昔三代圣王禹、汤、文、武，欲以天之为政于天子，明说①天下之百姓，故莫不犓②牛羊，豢③犬猪，洁为粢盛酒醴，以祭祀上帝鬼神，而求祈福于天。我未尝闻天下之所求祈福于天子者也，我所以知天之为政于天子者也。

庶人做事，有士人来裁断；士人做事，有将军大夫来裁决；将军大夫做事，有三公来裁定；三公做事，有天子来裁决；而天子做事，不能自己做裁决，必须要交由"天"来裁决。这就是说，只有"天"才是人世间最高的终审者和裁判者。

墨子指出，对于天子裁断三公诸侯以至士人和庶人，当时天下的君子是明白的，但是对于天可以裁决天子，天下的百姓并不明白。所以，墨家强调必须努力提倡上尊天，中事鬼，下爱人。殷周时期，统治者有时也讲天能对天子进行监督和赏罚，但更多的是要强调天子是天的儿子，是天的代理人，处处受到天的保护，具有无限的权力，等等。墨家却没有这么说。墨家把天看成是天子的裁决者，是天子的上司，天监督天子，对天子进行赏罚，就像天子监督和赏罚诸侯，诸侯又监督、赏罚将军大夫，将军大夫又监督庶人和士人那样。墨家努力抬高天的至高无上的地位和权力，实际上等于贬低了人间天子的地位和权力。④《墨子·法仪》篇说："今天下无大小国，皆天之邑也。人无幼长贵贱，皆天之臣也。此以莫不犓羊⑤、豢⑥犬猪，絜为酒醴粢盛⑦，以敬事天。"墨家的观点与《诗经》上说的情况根本不同。《诗经》说："普天之下，莫非王土；率土之滨，莫非王臣。"在墨家看来，所有的土地、人民，最终权力都不属于王，而是属于天所有，所以，王者不得据为私有。同时，国家无分大小，人也无分贵贱，都是天的臣邑。由此，人与人之间在天的面前是平等的。这正如基督教所讲的，在

---

① 明说：明告。
② 犓：用草料喂牲畜。
③ 豢：用谷物喂牲畜。
④ 参见谭家健：《墨子研究》，贵州教育出版社1995年版，第214页。
⑤ 犓羊：当为"犓牛羊"。犓：用草料喂养。
⑥ 豢(huàn)：用谷物喂养牲口。
⑦ 絜：同"洁"。醴(lǐ)：甜酒。粢(zī)：供祭祀用的米饼。盛(chéng)：放进了祭品的器皿。

上帝面前人人平等。① 墨家的尊天和爱人是一致相通的。

其次,天的意志就是"为义""兼爱"。所以,尊天就是"兼爱",就是"为义",而兼爱了、做义事了,也就是尊天了。

天的本性就是爱人利人的。《墨子·法仪》篇说:

> 然而天何欲何恶者也?天必欲人之相爱相利,而不欲人之相恶相贼②也。奚以知天之欲人之相爱相利,而不欲人之相恶相贼也?以其兼而爱之、兼而利之也。

天的意志就是希望人们相互关爱,做对对方有好处的事情,天不希望人们相互贼害、相互憎恨。

天的意志就是喜欢人们都讲仁义,而不喜欢不仁、不义的做法。《墨子·天志上》篇说:

> 然则天亦何欲何恶?天欲义而恶不义。然则率天下之百姓以从事于义,则我乃为天之所欲也。我为天之所欲,天亦为我所欲。然则(我)何欲何恶?我欲福禄而恶祸祟。(若我不为天之所欲,而为天之所不欲)然则我率天下之百姓,以从事于祸祟中也。然则何(以)知天之欲义而恶不义?曰:天下有义则生,无义则死;有义则富,无义则贫;有义则治,无义则乱。然则天欲其生而恶其死,欲其富而恶其贫,欲其治而恶其乱,此我所以知天欲义而恶不义也。

人世间的义,其根源在于天志。天下的事情从根本上都是"有义则生,无义则死;有义则富,无义则贫;有义则治,无义则乱",这都是天的意志的实际体现。

墨家又从天兼食天下,来论证天是兼爱天下的。《墨子·法仪》篇说:"奚以知天兼而爱之、兼而利之也?以其兼而有之、兼而食之也。"天为什么是兼爱

---

① 参见谭家健:《墨子研究》,贵州教育出版社1995年版,第214页。
② 相贼:互相残害。下同。

天下、兼利天下的呢？因为天就是化育天下所有的人、供养天下所有的人的。《墨子·天志中》篇说：

> 天之有天下也，辟①之无以异乎国君、诸侯之有四境之内也。今国君、诸侯之有四境之内也，夫岂欲其臣国、万民之相为不利哉？

既然天拥有天下，它也会像国君对待其所拥有的境内的臣民一样，兼爱其所有的臣民。所以，《墨子·天志下》篇说：

> 曰："顺天之意何若？"曰："兼爱天下之人。何以知兼爱天下之人也？以兼而食之也。何以知其兼而食之也？自古及今，无有远灵孤夷②之国，皆刍豢其牛羊犬彘，絜为粢盛酒醴，以敬祭祀上帝山川鬼神，以此知兼而食之也。苟兼而食焉，必兼而爱之。譬之若楚、越之君：今是③楚王食于楚之四境之内，故爱（楚之人；越王食于越，故爱）越之人。今天兼天下④而食焉，我以此知其兼爱天下之人也。"

由于天化育天下所有的人，同时天也供养天下所有的人，天下所有的人都是天的臣民，所以，天也是兼爱天下所有的人的。

墨家还从自然现象和人类活动等诸多方面，来论证天的意志就是兼爱。《墨子·天志中》篇说：

> 且吾所以知天之爱民之厚者有矣，曰：以磨⑤为日月星辰，以昭道⑥之；制为四时春秋冬夏，以纪纲⑦之。雷⑧降雪霜雨露，以长遂⑨五谷麻丝，使民

---

① 辟：通"譬"。
② 无有：所有。远灵孤夷：指遥远偏僻的国家、人民。
③ 今是：同"今夫"。夫：语助词。
④ 兼天下：包容天下。
⑤ 磨：当作"曆"，分离、分别。
⑥ 昭道：明白引导。
⑦ 纪纲：法度。
⑧ 雷："陨"之古字。从王念孙说。
⑨ 长遂：长成。

得而财利之；列为山川溪谷，播赋①百事，以临司②民之善否；为王、公、侯、伯，使之赏贤而罚暴；贼③金木鸟兽，从事乎五谷麻丝，以为民衣食之财。

"磨"即分离、分别之意。"长岁"即长成之意。"播赋"即布敷。"临司"即察视治理。天"磨为日月星辰"是为了昭道天下的人民，天"长遂五谷麻丝"是为了得到更多的财富和实际利益，天的意志就是为了兼爱广大的老百姓的。《墨子·天志下》篇说：

> 顺天之意者，兼也；反天之意者，别也。兼之为道也，义正④；别之为道也，力正⑤。曰："义正者何若？"曰："大不攻小也，强不侮弱也，众不贼寡也，诈不欺愚也，贵不傲贱也，富不骄贫也，壮不夺老也。是以天下之庶国⑥，莫以水火毒药兵刃以相害也。"若⑦事上利天，中利鬼，下利人，三利而无所不利，是谓天德。故凡从事此者，圣知也，仁义也，忠惠也，慈孝也，是故聚敛天下之善名而加之。是其故何也？则顺天之意也。曰："力正者，何若？"曰："大则攻小也，强则侮弱也，众则贼寡也，诈则欺愚也，贵则傲贱也，富则骄贫也，壮则夺老也。"是以天下之庶国，方以水火毒药兵刃以相贼害也。若事上不利天，中不利鬼，下不利人，三不利而无所利，是谓之贼⑧。故凡从事此者，寇乱也，盗贼也，不仁不义，不忠不惠，不慈不孝，是故聚敛天下之恶名而加之。是其故何也？则反天之意也。

墨家用了很大的篇幅，来论证天的意志就是希望人们兼相爱，并且强烈批判和谴责"好攻伐之君""攻国杀君"等侵略行为。在墨家看来，天对"攻战"的行为是非常深恶痛绝的。

---

① 播：布。赋：同"敷"。
② 临：察视。司：治理。
③ 贼：当为"赋"，赋敛。从孙诒让校改。
④ 义正：当作"义政"。
⑤ 力正：当作"力政"，指靠暴力来维持统治。
⑥ 庶国：众国。
⑦ 若：其，代词。
⑧ 之贼：当作"天贼"。从俞樾校改。

墨家认为,天的意志是主张互相帮助,提倡强力的。《墨子·天志中》篇说:

> (天)欲人之有力相营①,有道相教,有财相分也。又欲上之强听治也,下之强从事也。上强听治,则国家治矣;下强从事,则财用足矣。若国家治,(财)用足,则内有以洁为酒醴粢盛,以祭祀天鬼;外有以为环璧珠玉,以聘挠②四邻。诸侯之冤③不兴矣,边境兵甲④不作矣。内有以食饥息劳,持养⑤其万民,则君臣上下惠忠,父子弟兄慈孝。故唯毋明乎顺天之意,奉而光⑥施之天下,则刑政治,万民和,国家富,财用足,百姓皆得暖衣饱食,便宁⑦无忧。

天的意志就是要求在上位者要强听治,在下位者则要强从事。上听治则国家得到治理,下从事则财用充足。

墨家认为,尚贤也是天志的应有之意。《墨子·尚贤中》篇说:

> 故古圣王以审以尚贤使能为政,而取法于天。虽天亦不辩贫富、贵贱、远迩、亲疏,贤者举而尚之,不肖者抑而废之。

天的意志就是要尚贤使能。尚同也是天的意志和天的要求。《墨子·尚同上》篇说:

> 天下之百姓皆上同于天子,而不上同于天,则菑犹未去也。今若天飘风苦雨,溱溱而至者,此天之所以罚百姓之不上同于天者也。

---

① 营:助。
② 挠:应为"接"。
③ 冤:当作"怨"。
④ 兵甲:战争。
⑤ 持养:保养。
⑥ 光:通"广"。
⑦ 便宁:安宁。

人世间如果不尚同于天,就会遭到天的惩罚。

最后,天具有赏善罚恶的意志,顺天意者必然得天之赏,反天意者必然受到天的惩罚。墨家认为,天的意志就是兼爱,所以,是否"兼爱"也就成了天用来赏罚人世的基本标准。"墨子既断定天志是兼爱,于是天的赏罚,有了标准。"①《墨子·天志上》篇说:

当②天意而不可不顺,顺天意者,兼相爱,交相利,必得赏。反天意者,别相恶③,交相贼,必得罚。然则是谁顺天意而得赏者?谁反天意而得罚者?子墨子言曰:"昔三代圣王禹、汤、文、武,此顺天意而得赏也。昔三代之暴王桀、纣、幽、厉,此反天意而得罚者也。"然则禹、汤、文、武,其得赏何以也?子墨子言曰:"其事上尊天,中事鬼神,下爱人。"故天意曰:"此之④我所爱,兼而爱之;我所利,兼而利之。爱人者此为博焉,利人者此为厚焉。故使贵为天子,富有天下,业⑤万世子孙,传称其善,方施⑥天下,至今称之,谓之圣王。"然则桀、纣、幽、厉,得其罚何以也。子墨子言曰:"其事上诟天,中诬鬼,下贼人。"故天意曰:"此之我所爱,别而恶之,我所利,交而贼之。恶人者此为之博也,贱⑦人者此为之厚也。"故使不得终其寿,不殁其世⑧,至今毁之,谓之暴王。

圣王禹、汤、文、武,顺天意,所以得赏赐;暴王桀、纣、幽、厉,反天意,所以被惩罚。

墨家认为,天志作为一种方法论,它具有衡量一切是非真假的普遍性意义。《墨子·天志中》篇说:

---

① 梁启超:《墨子学案》,载任继愈、李广星主编:《墨子大全》(第26册),北京图书馆出版社2004年版,第55页。
② 当:对于。
③ 别:分别。相恶:相互敌视。
④ 此之:犹此之于,这些人对于。
⑤ 业:传业。
⑥ 方:古"旁"字。旁施:遍施。
⑦ 贱:为"贼"字之误。
⑧ 不殁其世:意味基业不待终而亡。

是故子墨子之有天之(志),辟人(之)无以异乎轮人之有规,匠人之有矩也。今夫轮人操其规,将以量度天下之圜①与不圜也,曰:"中吾规者谓之圜;不中吾规者谓之不圜。"是以圜与不圜,皆可得而知也。此其故何? 则圜法明也。匠人亦操其矩,将以量度天下之方与不方也。曰:"中吾矩者,谓之方,不中吾矩者,谓之不方。"是以方与不方,皆可得而知之。此其故何? 则方法明也。故子墨子之有天之意也,上将以度天下之王公大人为刑政也,下将以量天下之万民为文学,出言谈也。观其行,顺天之意,谓之善意行;反天之意,谓之不善意行。观其言谈,顺天意,谓之善言谈;反天之意,谓之不善言谈。观其刑政,顺天之意,谓之善刑政;反天之意,谓之不善刑政。故置此以为法,立此以为仪②,将以量度天下之王公大人、卿大夫之仁与不仁,譬之犹分黑白也。

墨子将自己所主张的天志,看成是用来衡量统治者的言论和行政的最高准绳、规范或者根据,就像做车轮的工匠有了圆规和矩尺那样,完全可以用天志来衡量统治者对社会的治理情况。天志成了墨家学派用来对统治者展开批判性思考的根本性标准或者规范。有了这样的标准或者规范,墨家所做出的批判性思考也就是有标准的、有道理的、有方法的,而不是随便进行的。

墨家认为,要实现天下的治理,必须要明鬼。天下混乱的原因在于鬼神不明。《墨子·明鬼下》篇说:

逮至③昔三代圣王既没④,天下失义,诸侯力正⑤,是以存夫为人君臣上下者之不惠忠⑥也,父子弟兄之不慈孝弟长贞良也,正长之不强于听治,贱人之不强⑦于从事也。民之为淫暴寇乱盗贼,以兵刃毒药水火,迓⑧无罪人

---

① 圜:同"圆"。下同。
② 仪:准则。
③ 逮至:自从。
④ 没:同"殁"。
⑤ 正:同"征"。
⑥ 不惠忠:君不施恩,臣不忠。
⑦ 强:努力。
⑧ 迓:《道藏》本作"退",御也。从王引之、孙诒让校改。

乎道路术径①,夺人车马衣裘以自利者,并作由此始,是以天下乱。此其故何以然也？则皆以疑惑鬼神之有与无之别,不明乎鬼神之能赏贤而罚暴也。今若使天下之人,偕若②信鬼神之能赏贤而罚暴也,则夫天下岂乱哉！

自从当初夏商周三代的圣王死后,天下人都不讲道义了,诸侯用武力相征伐,所以出现君主对臣下没有恩惠,臣下对君主也不能尽忠；父兄对子弟不慈爱,子弟对父兄不孝敬；正长不能勤勉治政,贫民不努力从事生产。进一步出现凶暴淫乱、抢劫偷盗的事情,用兵器、毒药、水火在大小道路上遏阻无辜的人,抢夺别人的车马衣服来为自己获利等等行为一起出现,从这个时候开始,造成了天下大乱。这是什么原因导致的呢？都是因为人们对鬼神是否存在还疑惑不定,对于鬼神能够赏善罚恶未能了解。倘若现在能够使全天下的人都能够相信鬼神赏善罚恶,那么天下怎么还会动乱呢？！墨家认为,尧舜禹三代圣王之后,之所以出现天下大乱,就是因为当时人普遍疑惑鬼神的存在,不明确鬼神之能赏贤罚暴,由此导致天下大乱。如果人们都能确信鬼神是存在的而且能够赏贤罚暴,就不会天下大乱了。《墨子·明鬼下》篇说：

今执无鬼者曰："鬼神者,固无有。"旦暮③以为教诲乎天下,疑天下之众,使天下之众皆疑惑乎鬼神有无之别,是以天下乱。是故子墨子曰：今天下之王公大人士君子,实将欲求兴天下之利,除天下之害,故当鬼神之有与无之别,以为将不可以不明察此者也。

无鬼论者坚持认为不存在鬼神,而且从早到晚都在拿这些话来向天下的人进行宣传,惑乱天下的民众,使得天下民众对于鬼神的有无疑惑不定,由此导致天下混乱。因此,墨子认为,天下的王公大人、士君子们,如果果真想要为天下的人谋福利,果真想要实现天下大治的话,那么就必须明察鬼神的存在。

墨家运用他们所提出的"三表法",来证明鬼神是确实存在的。

---

① 术：《道藏》本作"率",述也,车行的大道。从孙诒让校改。《广雅·释诂》："率,述也。"径：人走的小道。
② 偕：同"皆"。若：当是衍文。
③ 旦暮：从早到晚。

首先，无鬼者质疑说，谁见过鬼神是什么东西？墨家论证说，从众人耳目之实来看，如果他们有曾经看到过鬼的事情，那么还能说鬼神不存在吗？当然，如果他们都说从来不曾见过鬼神，则还能说有鬼神吗？《墨子·明鬼下》篇说：

> 子墨子曰："是与①天下之所以察知有与无之道者，必以众之耳目之实知有与亡为仪②者也，请惑③闻之见之，则必以为有；(莫闻莫见，则必以为无)。若是，何不尝入一乡一里而问之，自古以及今，生民以来者，亦有尝见鬼神之物，闻鬼神之声，则鬼神何谓无乎？若莫闻莫见，则鬼神可谓有乎？"

人们的耳朵和眼睛等感觉器官，可以作为判断鬼神有无的标准。如果人们曾经听到过鬼神的声音或者看到过鬼神，则鬼神就是存在的，否则就可以说鬼神不存在。对此，墨家连续列举了五个事例做出回答，认为鬼神确实是存在着的。

第一个事例是，周宣王④杀死了他的大臣杜伯，而杜伯实际上是无辜的。杜伯临死的时候说："我的君王要杀死我，而我却是无辜的，如果人死了一无所知也就算了；如果人死之后还有知的话，则不出三年，一定会使我的君王知道！"到了第三年，周宣王会合各路诸侯，在圃地打猎，打猎时的车子有好几百辆，随行的人有好几千，布满了田野。到了中午的时候，杜伯乘着一辆白马素车，穿戴着红色的衣帽，握着红色的弓箭，追赶周宣王，朝他的车上放箭，射中周宣王的心窝。宣王折断脊骨，扑倒在车中，伏倒在弓袋上死去。当时，跟从的周人没有谁不曾看见的，远处的人没有谁不曾听说的。(《墨子·明鬼下》)

第二个事例是，从前的秦穆公⑤，有一天中午正在庙里的时候，有一位神进门，站在左边，长着鸟的身子，穿着素色的衣服，系着深色的带子，面形方正。秦穆公见了之后，心里害怕，匆忙逃跑。这时候，神说："不要害怕！上帝赞赏你

---

① 与：同"举"。
② 仪：准绳、标准。
③ 请惑：当作"诚或"。
④ 周宣王：姓姬名静，公元前804年至前782年在位。
⑤ 秦穆公：名任好，公元前659年至前621年在位。

的明德,命令我多赐给你十九年的寿命,使你的国家繁荣昌盛,子孙兴旺发达,不会丧失秦国。"这时,秦穆公再次叩拜说:"请问尊神的大名?"神说:"我是句芒①神!"(《墨子·明鬼下》)

第三个事例是,从前的燕简公②,杀死他实属无辜的臣子庄子仪。庄子仪说:"我的君王要杀我,但我是无辜的。如果一个人死了一无所知则罢了,如果死人还有知的话,则不出三年,一定会使我的君王知道!"一年之后,燕国人准备乘车去祭祖。燕国人有祭祖的习惯,就像齐国有祭社稷,宋国有祭桑林,楚国有祭云梦的习俗一样,这就是男女百姓聚在一起观看的活动。中午时分,燕简公还在去祭祖的路上,庄子仪出现了,只见他举着红色的棍棒抽打着简公,直到把简公打死在车上。正当这个时候,跟随的燕国人没有谁不曾看见,远处的人没有谁不曾听说。(《墨子·明鬼下》)

第四个事例是,从前在宋文君鲍当政③的时候,有个臣子名叫祝观辜,他本来是掌管祭祀的。有一次,附在祝史身上的神,手持木杖,走出来对他说:"观辜啊!为什么祭祀用的宝玉分量不合规格,酒和饭也不洁净,牲畜的毛色不纯也不肥壮,春秋冬夏准备的供品不能够按时呢?这是你干的吗?还是鲍干的呢?"观辜回答说:"鲍的年纪还小,尚在襁褓之中,哪里会懂得这些呢?这是专门负责管理此事的臣子观辜我特意这样做的呀!"祝史举起木杖就打观辜,把他打死在了祭坛上。在这个时候,在场的宋国人没有不曾看见的,远处的人也没有不曾听说的。(《墨子·明鬼下》)

第五个事例是,从前在齐庄君当政④的时候,他有叫王里国、中里徼的两位臣子。这两个人,打了三年的官司,司法官还是不能断定谁是谁非。齐庄公想把两个人都杀了,但是又担心错杀无辜,又想都给释放了,但是又担心让有罪的给逃跑了。于是,让他们两人共牵一头羊,到齐国的神社去立誓,两个人都同意了。于是,他们开始歃血为誓,先把羊杀了,把血洒在社土上。先读王里国的誓词,读完之后,又读中里徼的誓词,还没读到一半,死羊突然跳起来用头触他,折断他的脚。守神的人以为是鬼神显灵了,就出来打中里徼,把他打死在

---

① 句芒:古代传说中的木神,传说是远古时代少昊的儿子。
② 燕简公:燕国国君,公元前504年至前439年在位。
③ 宋文君鲍:宋文公,名鲍,公元前610年至前589年在位。
④ 齐庄君:齐庄公,名光,公元前794年至前731年在位。

立誓的地方。在这个时候,齐国随从的人没有不看见的,远方的人也没有不听说的。(《墨子·明鬼下》)

墨子认为,以上五个事例都说明了鬼神是真实存在的,都是分别在周之《春秋》、燕之《春秋》、宋之《春秋》、齐之《春秋》等书中记载的事情。

其次,无鬼者又质疑说:众人耳目之情岂能足断疑,天下的高士君子,哪有能相信众人耳目之情的?对此,墨家论证说,从古代的三代圣王之事来看,尧、舜、禹、汤、文、武都是可以作为准则的。

第一个事例是,从前的时候,周武王攻伐殷商,杀死商纣王,命令诸侯分掌祭祀。如果是没有鬼神的话,周武王何必命令诸侯去分掌祭祀呢?(《墨子·明鬼下》)

第二个事例是,所有古代的圣王,他们在赏赐功臣的时候,必定在祖庙里举行;杀戮罪人,必然在神祠里举行。这是为什么呢?就是为了告诉祖先,分赐平均,告诉神灵,断案允当。

第三个事例是,从前的时候,夏、商、周三代圣王,他们开始建立国家营造都城时,必定要选择国都的中心建立祭坛;修建宗庙的时候,必定要选择树木茂盛的地方设立神祠;必定要选择国都中慈孝、善良的父兄,让他们去做太祝、宗伯;必定要选择肥壮的、毛色也纯正的牲畜,作为祭祀的供品;置备珪璧琮璜等玉器,以适合自己的财力为度;必定要选择芳香黄熟的五谷,作为祭祀的酒醴米饭,酒醴米饭按照年岁的好坏而有增减。所以,古代圣王治天下,一定要先祭祀鬼神,然后才办理人事,就是这个道理。(《墨子·明鬼下》)

最后,认为无鬼者又问,到底什么书上说过鬼神是实际存在的呢?墨家举例说,《周书·大雅》就有记载说:

  文王在上,于昭于天①,周虽旧邦,其命维新。有周不②显,帝命不时③。文王降陟④,在帝左右。穆穆⑤文王,令问⑥不已。(《墨子·明鬼下》)

① 于昭于天:"于"是语助词。昭:昭明。
② 不:同"丕",大。
③ 时:同"是",正确。
④ 降陟:指逝世。
⑤ 穆穆:勤勉的样子。
⑥ 令:美好。问:同"闻",指名声。

周文王在万民之上,他的功德昭著于天下。周虽然是一个古代的国家,但到周文王接受了天命,就焕然一新了。周国的功业非常辉煌,天帝的授命十分正确。周文王的神灵浮沉于天地之间,伴随在天帝左右。勤勉的周文王,他的美名永远也不会泯灭。如果鬼神不存在的话,则周文王死了之后,他怎么还能在天帝的左右呢?《商书》也有记载:

呜呼!古者有夏,方未有祸之时,百兽贞虫①,允及②飞鸟,莫不比方③。矧隹人面④,胡敢异心? 山川鬼神,亦莫敢不宁。若能共允⑤,佳天下之合⑥,下土之葆⑦。(《墨子·明鬼下》)

呵!古时候的夏朝,在尚未发生灾祸的时候,所有的禽兽没有不依赖于"道"而运动的。何况是人类,谁敢有异心?山川的鬼神,没有不安宁的。这说明,如果能够恭敬诚恳,就能统一天下,领土得到保全。观察山川鬼神之所以没有不安宁的,就是因为他们在辅佐大禹啊!这就是我们所知道的《商书》记载的鬼神之事。《夏书·禹誓》说:

尔卿大夫庶人,予非尔田野葆士⑧之欲也,予共⑨行天之罚也。左不共于左⑩,右不共于右⑪。若不共命⑫,御非尔马之政⑬;若不共命,是以赏于祖而僇于社。(《墨子·明鬼下》)

---

① 贞虫:动物的通称。贞:同"征"。
② 允及:同"以及"。
③ 比:依顺。方:道。
④ 矧隹:语助词,何况。隹:同"唯"。人面:指人类。
⑤ 共允:恭敬诚恳。共:同"恭"。允:诚。
⑥ 合:统一。
⑦ 之:"是"。葆:同"保"。
⑧ 葆士:当作"葆玉",即宝玉。从俞樾说。
⑨ 共:同"恭",恭敬。
⑩ 左:指车左之射手,执弓箭者。共:同"攻"。
⑪ 右:指车右之射手,执矛者。
⑫ 共命:恭谨从命。下同。
⑬ 御:驭,驾车者。尔:当作"其"。政:同"正"。

这段话说的是，你们各位卿大夫和平民要知道，我们并不是要得到土地和宝玉，我是忠实地替上天执行诛罚。战车左边的射手，如果不尽力从左边进攻，战车右边的射手，如果不从右边进攻，就是不服从命令。御者不能驾驭车马，就是不服从命令，就当论罪。所以在祖庙里行赏，在神社里罚罪。为什么要在祖庙里行赏呢？就是为了向先祖表明赏赐是公平的；那为什么要在神社里惩罚罪人呢？是为了向鬼神表明处罚是公正的。古代的圣王必定是认为鬼神是要赏赐贤人、诛罚罪人的，所以才一定要在祖庙里行赏，在神社里处罚，这就是人们所知道的《夏书》上记载的鬼神之事的内容。在墨家看来，先王之书足以证明鬼神是存在着的。

墨家还从国家百姓人民之利来论证鬼神是存在的。墨子说：

> 尝若①鬼神之能赏贤如②罚暴也。盖③本施之国家，施之万民，实所以治国家利万民之道也。若以为不然④，是以吏治官府之不絜廉，男女之为无别者，鬼神见之；民之为淫暴寇乱盗贼，以兵刃毒药水火，退⑤无罪人乎道路，夺人车马衣裘以自利者，有鬼神见之。是以吏治官府，不敢不絜廉，见善不敢不赏，见暴不敢不罪。民之为淫暴寇乱盗贼，以兵刃毒药水火，退无罪人乎道路，夺车马衣裘以自利者，由此止。是以莫放幽闲，拟乎鬼神之明显，明有一人畏上诛罚⑥，是以天下治。故鬼神之明，不可为幽间⑦广泽，山林深谷，鬼神之明必知之。鬼神之罚，不可为富贵众强，勇力强武，坚甲利兵，鬼神之罚必胜之。（《墨子·明鬼下》）

如果认为鬼神是能够赏善罚恶的，那么用这种观念去治理国家、治理万民，实在是实现国家治理、造福万民的正道。如果认为不是这样，那么官吏在办公室办公的时候不廉洁，男女混杂而没有分别，鬼神都能看见。老百姓做淫

---

① 尝若：当作"当若"，如果。从孙诒让校改。
② 如：而。
③ 盖：语首词，无义。
④ 若以为不然：王念孙认为此句为衍文。
⑤ 退：当作"迣"，御也。从孙诒让校改。下同。
⑥ 是以莫放幽闲，拟乎鬼神之明显，明有一人畏上诛罚：戴震认为此句为衍文。
⑦ 不可为：无论、不管。从毕沅说。间：同"涧"。

邪横暴的事情，扰乱社会，偷盗抢劫，用兵器、毒药、水火等在道路上遏阻袭击无辜的人，抢夺别人的车马衣裘以自利的人，也有鬼神能够看见。因此，官吏在办公室办公的时候就不敢不廉洁，看到善的行为就不敢不赏赐，看见恶的行为就不敢不惩罚；老百姓淫邪横暴，扰乱社会，偷盗抢劫，用兵器、毒药、水火等在道路上袭击无辜的人，抢夺别人车马衣裘以自利的人，也从此没有了，所以，天下安定。因此，无论是幽深隐微、浩渺广阔的地方，还是山林深谷掩蔽之处，鬼神都明察秋毫。无论是富贵势众、勇武强悍，还是拥有坚固的铠甲和锋利的武器的人，鬼神的惩罚都一定能够战胜他们。在墨家看来，即使像夏桀、商纣这样凶恶残暴的君主，鬼神也是能够制裁他们的。无论地位多高的人，鬼神都能够对之加以处罚。

针对无鬼论者的质疑："明鬼神会导致浪费，因而和墨家所主张的节用、节约思想相矛盾？"墨家对此回应道：

> 古之①今之为鬼，非他也，有天鬼，亦有山水鬼神者，亦有人死而为鬼者。今有子先其父死，弟先其兄死者矣，意虽使然，然而天下之陈物②曰"先生者先死"。若是，则先死者非父则母，非兄而姒③也。今絜为酒醴粢盛，以敬慎祭祀，若使鬼神请④有，是得其父母姒兄而饮食之也，岂非厚利哉？若使鬼神请亡⑤，是乃费其所为酒醴粢盛之财耳。自夫⑥费之，非⑦特⑧注之污壑而弃之也，内者宗族，外者乡里，皆得如具⑨饮食之。虽使鬼神诚亡，此犹可以合欢聚众，取亲于乡里。（《墨子·明鬼下》）

古今称为鬼神的，不是别的东西，有天上的鬼神，有山水的鬼神，也有人死后变成的鬼神。现在也有儿子先于父亲而死的，弟弟先于哥哥而死的。虽然

---

① 之：《道藏》本无此字，从孙诒让校增。
② 陈物：常言，俗话。
③ 姒：古代称年长的女子为姒。此处指姐姐。下同。
④ 请：当作"诚"。从孙诒让校改。下同。
⑤ 亡：通"无"。
⑥ 自夫：当作"且夫"。从孙诒让校改。
⑦ 非：《道藏》本无此字，从孙诒让校增。
⑧ 特：当作"直"。从孙诒让校改。
⑨ 如：而。具：备。

是这样,但是按照天下比较普遍的说法,总是先出生的先死。如果是这样,那么先死的,不是父亲就是母亲,不是哥哥就是姐姐了。现在准备好洁净的酒食祭品,恭敬谨慎的祭祀,如果鬼神真的实有,则等于是请祖先吃喝,岂不是很好的事情?如果鬼神是没有的,也不过是花些小钱置办些酒食,而且祭祀完毕之后也并不是要将这些酒食丢到污水沟里,白白扔掉。内部同族的人,外面乡里邻居,都可以请他们来吃的嘛。即使鬼神不存在,也可以用来聚众欢乐,使得邻里亲近嘛。所以,祭祀鬼神并不浪费,更不会与节用节约的主张矛盾。

  墨家不但论证鬼神是存在的,还认为鬼神是非常神明的。这种神明就是鬼神能够赏善罚恶,能够监督所有的人,能够制裁所有的人,不管其地位有多高。"鬼神之所赏,无小必赏之;鬼神之所罚,无大必罚之。"(《墨子·明鬼下》)鬼神所赏赐的,无论其地位多么低下,都会给予赏赐;鬼神所惩罚的,无论其地位多么高贵,也都会给予惩罚。

  有一次,墨子生病在家,他的学生跌鼻进门问候说:

> 先生以鬼神为明,能为祸福,为善者赏之,为不善者罚之。今先生圣人也,何故有疾?意者先生之言有不善乎?鬼神不明知乎?(《墨子·公孟》)

跌鼻说:先生认为鬼神是神明的,能够决定祸福,对于善良的人给予奖赏,对于恶人则给予惩罚。现在先生不是圣人吗?又是什么原因导致生病的呢?或者说是先生的话有不对的地方?还是鬼神存在它所不知的地方?墨子回答说:

> 虽使我有病,鬼神①何遽不明?人之所得于病者多方,有得之寒暑,有得之劳苦。百门而闭一门焉,则盗何遽无从入②?(《墨子·公孟》)

墨子说虽然我生了病,怎么就可以说鬼神不神明呢?墨子认为,做善事的

---

① 鬼神:《道藏》本无此二字,从孙诒让校增。

② 入:《道藏》本无此字,从孙诒让校增。

人生病,由此并不能怀疑鬼神的神明性。因为一个人得病有多种原因,有的是因为寒暑不适,有的是因为过分劳累。如果只是凭为善以求福于鬼神,而不注意其他防病措施,那就像开了百门而只闭一门,这样怎么能保证小偷不会进到室内来呢?! 所以,在墨家看来,必须充分发挥人的主观能动性,强力从事,才是真正的明鬼神。

墨子认为,是否以鬼神为神明的问题,是关系到国家治乱的根本性问题。凡是以鬼神为神明的国家就会实现社会治理,凡是以鬼神不明、胡作非为的国家就会出现社会的混乱。《墨子·公孟》篇记载,公孟子曾经对墨子说:"有义不义,无祥不祥。"公孟子认为,世界上的事情只存在义和不义的问题,不存在什么因义得福或者因不义而得祸的情况。对此,墨子指出:

  古者圣王皆以鬼神为神明,而为祸福,执有祥与不祥,是以政治而国安也。自桀、纣以下,皆以鬼神为不神明,不能为祸福,执无祥不祥,是以政乱而国危也。故先王之书《子亦》有之曰:"其傲也,出于子,不祥。"此言为不善之有罚,为善之有赏。(《墨子·公孟》)

古代圣王都认为鬼神是神明的,鬼神能够带来祸福。凡是主张因义得福而因不义得祸的统治者,他们所进行的社会治理就会政治清明、国家安定,凡是主张鬼神不明,鬼神不能带来祸福的,主张无所谓祥或不祥的统治者,他们所进行的统治将会导致政治混乱、国家危亡。所以,言行的傲慢,必然会导致社会治理的混乱,这就是鬼神的神明之所在。

总之,墨家为了推行其兼爱思想主张,采用了中国传统哲学的以天道明人事的哲学方法,认为必须尊天明鬼,这体现了宗教的超越性精神。既然人事最终在于天道的主宰和裁断,那么人事就得服从天道或者天理。所以,"人在做,天在看",天是人事的监督者和最终的审判者。墨家提出"天"的主张,相当于指出了某种规律性,它警示统治者,包括每一个人,必须要有敬畏之心,不要胡作非为,而要有所畏惧,有所顾忌。

第四章　墨家的哲学与认识论

　　墨家非常明白，他们所提出来的各种思想学说主张，要能够实践、实现，还必须上升到哲学的高度加以认识。用他们自己的话来说，就是既要认识事物之"然"，更要认识事物的"所以然"，也就是要深入认识事物发生的原因，进行科学的认识和实践活动，尤其强调理性知识和实践之知的重要性。墨子非命尚力，自然强调人们必须通过有意志的行动来获得实践上的成功。在理性认识上，墨家强调推理之知的重要性，掌握推理方法，精通推论法则，从而保证能够获得科学切实的真理性认识。墨家的哲学思想，主要体现在《墨子》一书中的《经上》《经下》《经说上》《经说下》《大取》《小取》等各篇之中。

第一节　朴素唯物的自然哲学

　　《尚书·皋陶谟》说："智人则哲。"汉孔氏传对此解释说："哲，智也。""哲"的本义就是聪明，有智慧。"哲人"就是指那些聪明而有智慧的人。"哲学"自然就是指关于智慧的学说，是能够使人聪明的学问、学说。① 哲学的英文名称"philosophy"，来源于古希腊文 philosophia，由 philo（爱）和 sophia（智慧）所组成。哲学，就是爱智慧的学问，就是关于智慧的爱或者爱好的研究。哲学在本质上是关于世界观的系统化、理论化的学问，即人们关于世界、关于自然界、人类社会和人类思维的总的观点，也就是总的概括和总结。一个人、一个学派，有什么样的世界观，也就决定了他有什么样的为人处事的方法。

　　哲学中最为基本的问题，就是关于思维和存在之间的关系问题，或者精神和自然界，或者精神和物质之间的关系问题。恩格斯指出："全部哲学，特别是

---

① 参见孙中原：《墨学七讲》，中国人民大学出版社2014年版，第192页。

近代哲学的重大的基本问题,是思维和存在的关系问题。"①哲学基本问题包括两个方面。其中,第一个方面就是思维和存在、精神和物质之间,究竟谁是第一性、谁是第二性的问题,也就是谁决定谁的问题。"什么是本原的,是精神,还是自然界?——这个问题以尖锐的形式针对着教会提了出来:世界是神创造的呢,还是从来就有的?"②如前所述,墨家学派在早期的时候,为了推行他们以兼爱为核心的国家治理学说,提出了"天志""明鬼"的思想主张。他们认为,天是有意志的,人间的事情全都是由天所控制的,上天在地上的代表就是鬼神。墨家通过他们所提出的"三表法""耳目之实"的经验论,来论证鬼神的存在。显然,在墨家学派早期思想中,存在着严重的神学思想,存在着许多不科学、不合理的成分。不过,墨家学派作为中下层小生产阶级的代表,作为劳动者的代言人,他们最终走向了科学的道路。墨家学派到了战国中后期,他们的思想呈现出了科学的唯物主义的精神。

古代的朴素唯物主义,通常是把宇宙的本原归于某一种或者某几种具体的物质形态。墨家学派关于这个问题的回答已经达到了比较高的水平,他们将对整个宇宙的抽象统一称为"物",即物质。

《墨子·经说上》篇说:

> 物,达也,有实必待文多③也命之。

"达名"是外延上最大的普遍概念,即范畴,它是对整个物质世界的反映,它同"实"(实体、事实或者事态)的范围一样大,凡是存在着的"实"都一定有相应的名来称呼它。从而,墨家把"物"界定为外延最大的概念,它的内涵就是"实",所有的"实"都可以用"物"来加以概括。墨家关于"物"的思想,与恩格斯关于"物质"概念的界定非常接近。恩格斯说:"实物、物质无非是各种实物的总和,而这个概念就是从这一总和中抽象出来的。"④哲学上的"物质"概念,正是对实际存在着的各种事物或者事实的总和、抽象。关于这个问题,张岱年

---

① 《马克思恩格斯选集》(第4卷),人民出版社1972年版,第219页。
② 《马克思恩格斯选集》(第4卷),人民出版社1972年版,第220页。
③ 文多:当作"之名"。从孙诒让校改。
④ 《马克思恩格斯选集》(第3卷),人民出版社1972年版,第556页。

先生的观点值得讨论,他说:"'物质'一词是一个翻译名词,取'物'与'质'二字。在中国古代哲学中,所谓物,所谓质都有其确实的意义,不同于今日所谓物质。中国古代哲学中,所谓物指具体的实物。"[①]如上所述,墨家所说的"物",并非仅仅指某种"具体的实物",也可以指对各种具体实物的抽象,也就是作为哲学概念的"物"。而且,墨家学派并没有随便使用"物"这个字。据笔者统计,在墨家学派的狭义《墨经》四篇中,"物"字共出现 8 次,都是作为哲学上的范畴"物质"来加以使用的。20 世纪初,列宁曾经把"物质"界定为"客观实在"。他说:"物质是标志客观实在的哲学范畴,这种客观实在是人通过感觉感知的,它不依赖于我们的感觉而存在,为我们的感觉所复写、摄影、反映。"[②]这里的客观实在性包括第一性和可知性两个方面。就第一性来看,物质的唯一特性就是它的客观实在性,现代科学中所讲的"场",其实就是物质的一类具体形态。墨家主张"取实予名",反对"以名正实",其实就是要坚持物质的客观实在性。就可知性来说,物质又是能够为人们所认识的,人们可以通过感知具体的各种物质形态,从而把握物质概念。墨家强调"以见知隐",后期墨家强调理性认识的重要性,强调认识的主体性,他们显然也是主张"物质"是可知的,墨家学派属于可知论者。

墨家学派的物质观的特点就在于,古代的一般朴素的物质本原论,普遍把宇宙的本质归结为某一种或者某几种具体的物质形态,而墨家学派则在具体的物质形态之中看到了"物",这个物就是对各种具体实物的一般性抽象,而且它必然为人们所认识并可以用名称来指称它。显然,墨家学派的物质观是十分深刻的。

墨家学派还对时间和空间等概念做出了科学的界定。他们把时间称为"久",把空间称为"宇"。

《墨子·经上》篇说:

久,弥异时也。

《墨子·经说上》篇解释说:

---

① 张岱年:《中国哲学史方法论发凡》,中华书局 1983 年版,第 132 页。
② 《列宁选集》(第 2 卷),人民出版社 1960 年版,第 128 页。

久:今①古今且②莫③。

时间这个概念是对各种具体时间形式的抽象概括,比如古、今、旦、暮,都是包括在时间概念中的具体时间。具体的时间形式叫"时",连续的有差异的"时"就叫做"久",也就是哲学上的时间概念。

《墨子·经上》篇说:

守④,弥异所也。

《墨子·经说上》篇解释说:

宇:东西家南北。

空间概念是对各种具体空间形式的抽象概括,比如东、西、南、北、家,都包括在空间的概念之中。具体的空间形式叫做"所"即处所,连续的有差异的"所"就叫做"宇",即哲学上的空间概念。《淮南子·齐俗训》说:"四方上下谓之宇,往古来今谓之宙。"这是对墨家学派宇宙观或者时空观的继承和总结。当代哲学把时间概念界定为物质运动过程的持续性,把空间概念界定为运动着的物质的广延性,这和墨家关于时间和空间的定义是基本符合的,两者从根本上一致。

关于时间、空间和物质三者之间的关系,墨家学派认为,时间和空间与物质运动之间是密切不可分离的。

《墨子·经下》篇说:

宇或⑤徙⑥,说在长宇久。

---

① 今:当作"合"。从胡适校改。
② 且:当作"旦"。从孙诒让校改。
③ 莫:暮,夜晚。
④ 守:当作"宇"。从孙诒让校改。
⑤ 或:"域"的正字。从孙诒让说。
⑥ 徙:当作"徙"。从孙诒让校改。

《墨子·经说下》篇说：

宇徙而有处，宇宇南北①，在且②有③在莫④。

在墨家看来，物质是运动着的，物质的运动必然表现为在一定的空间和时间中的运动，物质运动在空间中有处所，也就是要有东西南北，在时间上要有久，也就是要有旦有暮，时间和空间是密切相关的。墨家学派以人走路的现象做例子，说"行循⑤以久，说在先后"（《墨子·经下》）。人行走一定长度的空间必须经历一定长度的时间。

《墨子·经说下》篇说：

者⑥行者必先近而后远。远修近⑦修也，先后久也。民行修必以久也。

人走路，必然要先走近的地方，后走远的地方。远近就是空间，先后就是时间。在墨家看来，时间和空间是紧密相连的，相对于时间而言才有空间，相对于空间而言才有时间，时间和空间二者都不是绝对的，它们都是物质运动的表现形式和存在方式。墨家这一思想与狭义相对论和广义相对论的基本思想不谋而合。狭义相对论是说，物质尽管有其在空间上的广延性和时间上的持续性，但是如果处在不同的物质体系中，空间广延的长短和时间间隔的快慢也将不是绝对的而是相对的。根据相对论的公式可以算出，尺子的长度在不同的物质运动体系中也是不一样的，会随着运动速度的增加而缩短，也就是运动的速度越快，则长度就变得越短，空间的广延性是随物质运动的变化而变化的。同样地，同一个时钟的时间间隔在不同的物质运动体系中也是不一样的，会随着运动速度的增加而变慢，运动的速度愈快，其指针的速度就愈慢，即时

---

① 宇宇南北：当作"宇南宇北"。从高亨校乙。
② 且：当作"旦"。从孙诒让校改。
③ 有：通"又"。
④ 莫：暮，夜晚。
⑤ 循：当作"修"。从张惠言校改。
⑥ 者：当作"诸"。从吴毓江校改。
⑦ 远修近：当作"远近"。从俞樾校删。

间的间隔是随着物质运动的变化而变化的。广义相对论则进一步提出时空曲率和引力场、质量密度之间的关系，证明了时间和空间与物质之间的密切联系。爱因斯坦曾经指出："在广义相对论中，空间和时间的学说，即运动学，已不再表现为同物理学的其余部分根本无关的了。物体的几何性状和时钟的运行都是同引力场有关的，而引力场本身却又是由物质所产生的。"①广义相对论表明了，时间、空间和运动一样，都不过是物质本身的属性。总之，墨家学派虽然没有能够发现相对论，但是他们的时空观和相对论的时空观在强调时间、空间与物质运动之间的不可分割性这一点上是完全没有分别的。

墨家学派还讨论了时间和空间有限性与无限性的问题。他们把"有限"叫"有穷"，把"无限"叫"无穷"。

《墨子·经说下》篇说：

> 久：有穷，无穷。

时间既可以是有限的、有穷的，也可以是无限的、无穷的，是有限和无限、有穷和无穷的统一。

《墨子·经上》篇说：

> 穷，或②有前不容尺也。

《墨子·经说上》篇说：

> 或③不容尺有穷，莫不容尺无穷也。

空间既可以是有限的、有穷的，也可以是无限的、无穷的。有穷是空间区域不能再容纳一条线的情况。也就是说，空间区域前面不能再容纳一条线，称为有穷；要是没有不能容纳一条线的情况，就称为无穷。这说明，无穷是无数

---

① 《爱因斯坦文集》（第1卷），许良英、范岱年编译，商务印书馆1976年版，第112页。
② 或："域"的正字。从孙诒让说。
③ 或："域"的正字。从孙诒让说。

有穷的集合,无穷即存在于无数的有穷之中。时间和空间的有穷或者无穷的性质是互相联系、互相渗透、相辅相成的。墨家的时空理论与唯物辩证的时空观相吻合。在辩证的时空观看来,时间和空间是有限性和无限性的辩证统一。一方面,无限包含有限,无限是由有限构成的。无限的时间和空间,必定把具体的有限的时间和空间包含在自身之中,离开一个个有限的具体的时间和空间,时间和空间的无限性也就不存在了。所以,恩格斯说:"无限纯粹是由有限组成的,这已经是矛盾,可是事情就是这样。"①另一个方面,有限也包含着无限,体现出无限。任何具体的确定的事物在时间和空间上都有自己的界限,然而由于事物运动转化的本性,有限的界限又不断地被打破、被否定从而趋于无限。总之,有限是局部,是无限的必要环节;而无限则是全体,是有限的必然趋势。有限是有条件的、暂时的,因而有限是相对的;无限则是无条件的、永恒的,因而是绝对的。有限和无限之间既互相排斥,同时又互相贯通、互相统一。

第二节　感性与理性并重的认识论

哲学基本问题的另外一个方面,就是我们的思维能不能认识这个世界,如何认识这个世界的问题。恩格斯说:"思维和存在的关系问题还有另一个方面:我们关于我们周围世界的思想对这个世界本身的关系是怎样的?我们的思维能不能认识现实世界?我们能不能在我们关于现实世界的表象和概念中正确地反映现实?用哲学的语言来说,这个问题叫做思维和存在的同一性问题。"②

古希腊哲学家普遍重视的是对宇宙本质、本原的追问,不太重视对人自身的认识能力的思考。比如,德谟克里特,虽然他也注重研究认识论问题,将人的认识分为感性认识和理性认识两个阶段,但他着重探讨的还是关于自然的问题。他说道:"只找到一个原因的解释,也比成为波斯人的王还好。"③强调对万事万物的原因的挖掘。

---

① 《马克思恩格斯选集》(第3卷),人民出版社1972年版,第90页。
② 《马克思恩格斯选集》(第4卷),人民出版社1972年版,第221页。
③ 北京大学哲学系外国哲学史教研室编译:《古希腊罗马哲学》,生活·读书·新知三联书店1957年版,第103页。

哲学家苏格拉底特别喜欢探讨认识论问题,他对专注于探讨自然的哲学家提出过批评,"他并不像其他大多数哲学家那样,辩论事物的本性,推想智者们所称的宇宙是怎样产生的,天上所有的物体是通过什么必然规律而形成的。相反,他总是力图证明那些宁愿思考这类题目的人是愚蠢的"①。苏格拉底认为,许多哲学家们几乎忽视了人类的事务而只研究天上的事情,但天上的事情却是人的能力所不及的,所以,对自然的研究总是存在着人类自身不能解决的互相矛盾的认识。因此,苏格拉底提出了"认识你自己"的口号。所以,他着重考察了正义与非正义、美与丑、虔诚与非虔诚、国家及其政治等等问题。

与古希腊的哲学家相比,墨家学派既注重对自然和宇宙的本质的思考,同时也非常重视对人自身的认识能力和认识活动的探索,重视对有关人的科学的研究。

如所周知,西方哲学在其发展的过程中,于近代出现了认识论的转向,也就是由古代关于宇宙本质的追问转到了对人自身的认识能力的考察。具体来说,在英国出现了经验论,而在欧洲大陆则出现了唯理论。经验论特别重视经验,而唯理论则特别重视理性的思考。只有到了德国哲学家康德那里,才真正认识到经验和理论都是非常重要的。康德说道:"思想无内容则空,直观无概念则盲。"②"知性不能直观任何东西,而感官则不能思维任何东西。只有在它们的相互结合中才能产生出知识。"③只有将经验和理论结合起来,人们才能获得真正的知识。

墨家学派非常重视探讨认识主体本身,对人的认识能力和认识过程进行了很多的思考和研究。

《墨子·经上》篇说:

  知④,材也。

《墨子·经说上》篇对此解释道:

---

① 〔古希腊〕色诺芬:《回忆苏格拉底》,商务印书馆1984年版,第4页。
② 〔德〕伊曼努尔·康德:《纯粹理性批判》,李秋零译,中国人民大学出版社2004年版,第83页。
③ 〔德〕伊曼努尔·康德:《纯粹理性批判》,李秋零译,中国人民大学出版社2004年版,第84页。
④ 知:认识能力。

知也者,所以知①也,而必知。若明②。

"知材"的"知"指的是人的认识能力,它是人们之所以能够认识事物、获取知识的生理条件,同时也是必要条件。在墨家看来,具备了认识的生理条件也是必然能够使人们获得知识的。当代认识论非常重视开展对人的认识能力的研究,其中皮亚杰的发生认识论研究是最为令人瞩目的研究。他认为,人是认识的主体,认识主体具有以大脑为中心并且有以感觉器官为门户的统一的神经性生理结构,它们为人类摄取、加工、综合、改造各种复杂的信息,从而实现主体对于客体的相符性反应准备了充足的条件。而且,人的神经系统不仅是通过种系进化而形成的生物性结构,更重要的是它是人通过社会实践活动的内化而产生的人所特有的认知结构和图式。人所具有的认知结构和图式具有过滤、整理外界的刺激的作用,使之成为有条理的整体性认识。当代的认识论说明,墨家关于人的认知能力的认识无疑是十分正确的。

墨家认为,人们要获得正确的认识,还必须从事认识活动。

《墨子·经上》篇说:

虑③,求也。

《墨子·经说上》篇解释说:

虑也者,以其知④有求也,而不必得之,若睨⑤。

虑即思虑、思索,它是人们运用自己的认识能力从事认识活动,但从事认识活动却不一定就能够获得正确的认识,因为人的认识难免片面。墨家在这里所说的"虑",是人们运用自身所特有的认识能力,进行探寻求索的认知活动

---

① 知:认识。
② 明:眼睛。从姜宝昌说。
③ 虑:思考、谋虑、探求。
④ 知:认识能力。
⑤ 睨:斜视。

与状态,这是墨家强调人的主观能动性的体现。皮亚杰的发生认识论认为,人作为能动的主体,并不是被动地承受外部世界的信息的,而是以大脑中的信息性结构为认知和思维的定势,对来自外部世界的信息进行有组织的加工和分类等。墨家认为,即使人们有了求知的状态,也不一定能够获得认识,就像人只是用眼睛的一角斜着一瞥,如果不正面审视,不全面考察事物的话,人们也就不能看清楚事物的本来面目。因此,参加认识活动是人们获得认识的必要条件,如果人们不参加认识活动,则必定不能获得正确的认识。墨家的观点和辩证唯物论的认识论是一致的。因为客观事物的情况是多种多样的,所包含的信息也是复杂多样的,客观事物本身作为认识课题所包含的多种属性、结构、层次和关系,就会必然地制约着认识主体对于事物本身的认识。所以,认识主体对于客体的认识是不能一次性完成的。

所以,墨家认为,当人们的认识器官不处于认识活动的过程中,不进行认识时,就不会产生知识。例如,当人睡熟的时候,人的眼睛和视力虽然都在,但却并不参与认识活动,也就不能看见外物。

《墨子·经上》篇说:

卧,知①无知②也。
梦,卧③而以为然也。

人在睡眠的时候,人的认识能力也就不再发挥作用,这时,人的认识活动处于停止状态,也就不能产生知识。所以,做梦只是人处在睡眠状态、处在不进行认知的状态时的一种"以为"情况,它并不就是真实的情况。

墨家学派对于生理学、心理学、经济学、政治学、伦理学、法学等人文社会科学,都开展过广泛的研究。

墨家的认识论是一种感性和理性并重的认识论。

《墨子·经上》篇说:

---

① 知:认识能力。
② 知:认识活动。
③ 卧:睡觉、睡着。

知①,接也。

《墨子·经说上》篇解释道:

知也者,以其知②过物而能貌之③,若见。

在墨家看来,感性认识、经验知识就是人们通过与外界事物相接触、相过从,从而获得的关于事物的表面情况的认识。犹如人想看东西,就可以用自己的目光跟外物相接触,而在自己的视网膜上留下外物的形象一样。墨家的看法和当代认识活动论的观点是一致的,即人们的感性认识是在具有各种刺激信息的客体系统和主体的感知能力系统之间的互相作用中发生的,它具有直接性、具体性、形象性和生动性等特点。

《墨子·经上》篇说:

恕,明也。

《墨子·经说上》篇解释道:

恕④也者,以其知论⑤物而其知之也著,若明。

"恕"相当于理性认识。墨家为了表明理性认识需要通过心智来把握,所以他们特别地造了一个新字,即在"知"下加一个"心"字来表示,足见墨家学派在表达其新的思想时的良苦用心。在墨家看来,人们的理性认识具有清楚明白的基本特征,它反映的是事物的本质,它是人们运用自己的认识能力对事物情况进行分析、整理、抽象、思考和论证,从而把握事物的本质与规律性,从中

---

① 知:感性认识。
② 知:认识能力。
③ 貌之:摹写物象。
④ 恕:当作"恕",理性认识。
⑤ 论:分辨、说明。

得到深切显著而明确的认识的过程。在墨家看来,通过感性认识,人们只能把握事物的现象和表面联系,只有通过心智思维或理性认识,人们才能认识事物的本质、规律和内在联系。所以,理性认识比感性认识更显著,也更深刻。

墨家已经认识到,人的认识器官各有其自己的功能,是不能互相替代的。

《墨子·经下》篇说:

不能而不害,说在害①。

人们的每一种感觉器官都各有其自身的功能,同时没有别的功能,比如人的眼睛,它能够见物但却不能听到声音。所以,一种感觉器官虽然没有某一种功能但这并不妨碍它可以成为人的认识器官。

《墨子·经下》篇说:

知而不以五路,说在久。

人们有些知识的获得并不是通过五种感觉器官(眼、耳、鼻、舌、身)的,如人们对时间概念的认识。

《墨子·经说上》篇进一步解释说:

以目见而目见,以火见而火不见。惟以五路知久,不当以目见,若以火见。

眼睛是人们能够见物的器官,光线则是人们能够见物的条件。我们说,人们只有通过五种感觉器官才能够获得关于时间概念的认识,这其实是相当于光线对于见物的关系一样,而并不相当于眼睛对于见物的关系。也就是说,人的五种感觉器官并不是人们认识时间"久"这样的抽象概念的器官,而仅仅是人们获得认识时间这样的抽象概念的条件和中介。由于中国当时的解剖学还不发达,墨家认为认识时间概念的器官是"心",即心脏(思维器官)才是人从事认识活动和思维活动的器官。

---

① 害:当作"容"。从谭戒甫校改。

公孙龙曾经说：

> 于石，一也。坚白，二也，而在于石。故有知焉，有不知焉；有见焉，有不见焉。故知与不知相与离，见与不见相与藏。藏故，孰谓之不离？（《公孙龙子·坚白论》）

所在的石头，是一个，而在这块石头上的属性坚和白，却有两个。因而有摸得着的，有摸不着的；有看得见的，有看不见的。所以，摸得着的与摸不着的互相分离，看得见的与看不见的互相隐藏。藏起来了，谁能说是不相分离？主张人的感觉器官是互相分离的，是不能同时起作用的。公孙龙说：

> 视不得其所坚，而得其所白者，无坚也。抚不得其所白，而得其所坚者，无白也。①（《公孙龙子·坚白论》）

看的时候，看不到它的"坚"，只能看到它的"白"，那就是没有"坚"。摸的时候，摸不到它的"白"，只能摸到它的"坚"，那就是没有"白"了。② 在公孙龙看来，只要是人们的某种感觉器官所感觉不到的，那么这种东西就是不存在的。墨家有针对性地指出：

> 于一，有知焉，有不知焉，说在存。（《墨子·经下》）

在一块石头中，它的"坚"和"白"两种属性有时能感知，有时不能感知，理由在于这两种属性都存在于这块石头之中。

《墨子·经说下》篇说：

> 石一也，坚白二也，而在石。故有智焉，有不智焉，可。

---

① 参见庞朴：《公孙龙子研究》，中华书局1979年版，第46页。
② 参见庞朴：《公孙龙子研究》，中华书局1979年版，第44页。

石头是一个实体,"坚"和"白"是两种不同的属性,它们共同存在于石头这一实体中。因此,说对于一块石头,一时有能感知的有不能感知的,是可以的。

墨家认为,人的不同的感觉器官各自具有不同的功能或作用,可以各自认识事物的不同的属性,但是人的认识能力又是可以对这些不同的属性加以同时把握的,人的感觉器官是可以同时起作用的。

《墨子·经下》篇说:

> 有指于二,而不可逃。说在以二絫①。

"絫"即相互渗透,有一人抚石指谓坚,一人视石指谓白,对石头的坚白两种属性既然同时认识因而也就无所逃离,理由是用两人的认识来加以参验综合。

《墨子·经说下》篇说:

> 子智是,有②智是吾所先举,重则③。子智是,而不智吾所先举也,是一④。谓有智焉有不智焉,可。若智之,则当指之智告我,则我智之,兼指之以二也。衡指之,参直之也。若曰:"必独指吾所举,毋举⑤吾所不举",则二⑥者固不能独指,所欲相不传,意若未校⑦。且其所智是也,所不智是也,则是智是之不智也,恶得为一⑧? 谓而⑨"有智焉,有不智焉?"

假如你知道这块石头是白色的,又知道我先前所举的也是这石的白,那么我们同样知道白,这就是重。又假如你知道这石头的坚,却不知道我先前举的是什么,那么你知道石头的坚,就只知其一,不知其二。如此,你只知道一偏,说:"有知道的,有不知道的。"是可以的。你知道的,就当把你知道的告诉我,那么我就能

---

① 絫:参、参验、交互、参校。
② 有:通"又"。
③ 重则:当作"则重"。从高亨校乙。
④ 是一:只知其一。
⑤ 举:当作"指"。从高亨校改。
⑥ 二:《道藏》本中无此字,从张惠言校增。
⑦ 校:当作"交"。
⑧ 恶得为一:何能仅指一坚或一白。
⑨ 而:通"尔"。

全面认识,石头的坚和白两种属性就可以完全指认出来。衡量你我同时的指认,你指坚我指白,或你指白我指坚,就可参验出坚白相盈于石头之中。如果你说,"一定要单指我说的一性,不指我没说的另一性",这是不对的,因为坚白两性本来就充盈于石头中,不能分割,想要知道的事互不相传,两意才不交通。再说,你知道这一点,你不知道也是这一点,如此你知道的也就是你不知道的,明明坚白两性同存于石头中,怎能仅指一性,说你"有知道的,有不知道的"呢?

墨家一再强调,人的心智思维具有超越感觉的特殊作用。

《墨子·经上》篇说:

> 闻,耳之聪也。
> 循所闻而得其意,心之察也。
> 言,口之利也。
> 循所言而意得见,心之辩也。

语言的产生需要凭借人的健全的发音器官,人的语言的接受需要通过人的健全的听觉器官,而把握语言中的语义和思想,则需要依靠人的心智思维辨察和分析。墨家认为,人们通过感性认识只能把握事物的现象和表面,即事物的面貌和外部联系,只有通过心智思维人们才能把握事物的本质,才能认识事物的规律性和内部联系,所以,理性认识是比感性认识更深刻、更透彻的认识。墨家的这一思想非常符合辩证唯物论的认识论。毛泽东说:"感觉到了的东西,我们不能立刻理解它,只有理解了的东西才更深刻地感觉它。感觉只解决现象问题,理论才解决本质问题。"[①]

在墨家看来,人们的认识能力,人们参与认识活动,人们通过与外物相过从、相接触从而获得感性认识,通过分析事物从而获得理性认识,其中的每一个方面,都是人们获得正确认识的必要条件,都是人们获得科学知识的"小故",而如果将这些方面全都综合起来,则将构成人们能够获得正确认识的"大故"。也就是说,如果人们充分运用自己所具有的各种认识器官或认识能力参与到认识活动来,从而全面把握事物,最终是必然能够获得关于事物的本质的

[①] 《毛泽东选集》(第 1 卷),人民出版社 1991 年第 2 版,第 286 页。

正确认识的。所以,《墨子·经上》篇说:"故,所得而后成也。"理由就是有了它则可以得出结论的东西。

墨家根据知识的来源,将知识分为闻知、说知、亲知三类。

《墨子·经上》篇说:

> 知:闻、说、亲。

《墨子·经说上》篇解释说:

> 传授之,闻也。方不彰,说也。身观焉,亲也。

"亲知"是一种最直接的知识,相当于经验认识、感性认识;"闻知"是通过传授而得到的知识;"说知"是不受时间和空间的限制,而从已有的知识通过推理得来的知识。在墨家看来,"闻知"和"说知"这两种知识都属于间接知识,它们往往都经过了理性的思考,属于理性知识或理论。

墨家特别重视通过推理活动即通过"说"获得的知识。

《墨子·经下》篇说:

> 说,所以明也。

通过进行推理活动,人们不但可以知其然,同时还可以知其所以然。

《墨子·小取》篇说:

> 以说出故。

通过推理,人们可以将一个论断或结论之所以成立的理由表达出来。在墨家看来,在理由和推断、前提和结论之间,存在着"所得而后成""有之必然"的制约关系。墨家认为,"故、理、类"这三种条件,是能够推出结论的必然性依据,他们强调人们的推理必须符合"理"和"法"的要求,必须要根据"类"(同类相推,异类不比)的原则进行推论。墨家学派具体研究了"辟、侔、援、推"等各种推论形式。他们所创立的逻辑学说对后世具有全面而深刻的影响,是能够与西方逻辑和印度因明相媲美的世界上的三大逻辑源流之一。

如所周知,人们的认识要从经验上升到科学理论,离不开对归纳法和演绎法的应用。墨家学派虽然没有能够透过推论形式,研究其背后所隐含着的推理形式,即没有研究具体的演绎推理形式和归纳推理形式,但是墨家学派着重研究了类比推论。墨家学派所研究的类比推论比西方说的类比推理要复杂得多,内容要丰富得多,因为其中包含着演绎和归纳。正如沈有鼎先生所说:"古代中国人对于类比推论的要求比较高,这是因为在古代人的日常生活中类比推论有着极其广泛的应用。"①如墨家在阐述"止"这种类比推论时,说道:"彼举然者,以为此其然也"(《墨子·经说上》),即对方用某类中有某事物对象具有某种属性,推出这类事物都具有这种属性,这显然是在归纳;而说"彼以此其然也,说是其然也"(《墨子·经说下》),即对方用某类事物都具有某种属性,推出这类事物中的某一个事物具有这种属性,则属于演绎推理。不过,墨家并没有直言研究这些推理的结构形式。正如沈有鼎先生所说:"类比推论是推论的原始形式,在这形式中普遍规律只是隐含着没有说出。这里归纳和演绎也是隐含着没有明确地分化出来。"②墨家的类比推论是包含了演绎推理和归纳推理在内的独特推论形式。

墨家已经充分认识到人具有两种思维的抽象能力。一种是类的抽象能力,另一种是整体的抽象能力。

《墨子·经上》篇说:

　　同:重、体、合、类。

《墨子·经说上》篇解释说:

　　二名一实,重同也。不外于兼,体同也。俱处于室,合同也。有以同,类同也。

---

① 《沈有鼎文集》,人民出版社1992年版,第336页。
② 《沈有鼎文集》,人民出版社1992年版,第338页。

其中的"类同",是指同类事物所具有的相同性质或者相同属性。类包含着子类,从子类可以抽象到类。

《墨子·经上》篇说:

> 名:达、类、私。

概念分为外延最大的"达"名,外延最小的"私"名即单独概念,以及外延处于中间的"类"名或者类概念。在墨家看来,从"私"名可以抽象出"类"名,最高可抽象出"达"名。"体同",即部分相同,就是指若干部分同属于一个整体。墨家将这样的整体称为"兼""二"等。

比如,《墨子·经说下》篇说:

> 牛不二,马不二,而牛马二。则牛不非牛,马不非马,而牛马非牛非马。

单独地说牛和马,都是指的元素,但当合起来说"牛马"时则指的是集合。牛是牛,马是马,但"牛马"却非牛又非马,因为合起来说"牛马",已经构成了一个集合概念。类的抽象能力和整体的抽象能力,是人所能够具有的两种根本性思维能力,墨家学派能够充分地认识到它们,并开展深入的研究,这说明了墨家的认识论和逻辑学已经达到了一个比较高的程度。

第三节　理论和实践相结合的哲学思想

墨家将理论的作用称为"名"的功能,将实践的认识看成是"为之"或"行"。一般认为,中国哲学家所谈的"行"主要是一种道德践履,但墨家的"行"或"为之",却主要不是这样的道德践履,而是从事生产或者生活的实践活动。

《墨子·经上》篇说:

> 知:名、实、合、为。

《墨子·经说上》篇解释说：

　　所以谓，名也。所谓，实也。名实耦，合也。志行，为也。

　　这里的"名"相当于人们关于事物的概念或理论性认识，"实"就是客观存在的情况。"名知"相当于理论知识或者观念的知识，"实知"则相当于实际知识、经验认识，通常是人们通过亲知得来的知识。"合知"是主观和客观相一致，是经过人的认识能力做出了判断的正确认识。墨家关于命题的真和假的判定方法是和亚里士多德相一致的。亚里士多德认为，确定一个命题是否为真的是看它的断定与客观实际是否符合。他说："一方面，说存在者不存在或不存在者存在的人为假；另一方面，说存在者存在和不存在者不存在的人则为真。"[1]命题的真假，必须根据实际情况的存在与不存在来进行判断。墨家所说的"名实耦"，也就是说，名称概念或者思想，实际上也就是人们所作的断定，必须要和客观实际相符合。墨家学派与亚里士多德关于命题的真假认识是非常接近的。"志行，为也"中的"志"，指的是意志、志向，泛指人的思想意识。墨家所说的"为知"，就是指要在理论指导下进行有意志的行动或实践，它是已经过实践检验的正确认识。

　　墨家非常强调"为知"，即实践之知的重要性，可能是要反对只重视理论不注重实践，只注重知不注重行的空头理论家，认为有了正确的知识和理论，还必须用它来指导人们的行动和行为，只有实践之知才是最高类型的知识。

《墨子·经下》篇说：

　　知其所以[2]不知，说在以名取[3]。

《墨子·经说下》篇解释说：

---

[1] 苗力田主编：《亚里士多德全集》（第7卷），中国人民大学出版社1993年版，第106—107页。
[2] 以:章太炎、梁启超均主张应将"以"字作为衍文而删除，无据。
[3] 以名取："以名举实"的省略。

杂所知与所不知而问之，则必曰：'是所知也，是所不知也。'取去俱能之，是两知之也。

知识有两种类型，即概念的知识和在实践中通过选取概念所反映的事物的知识。比如，把对方所知道的东西和所不知道的东西都混杂在一起问他，如果他还能够说出"这个是我所知道的，这个是我所不知道的"，像这样的取舍如果都能够做到的话，才算是真正具有了两方面的知识。墨家这一"取去俱能之"的知识观，非常类似于辩证唯物论所主张的观点，从认识到实践的飞跃才是认识过程中意义更为重大的飞跃。针对儒家所提出来的"正名说"，墨家提出了自己的"取实予名"的主张，即根据事物的实际情况来给予相应的名称。

《墨子·贵义》篇说：

今瞽者曰："巨①者，白也；黔②者，黑也。"虽明目者无以易之。兼白黑，使瞽取焉，不能知也。故我曰："瞽不知白黑者，非以其名也，以其取也。……天下之士君子不知仁者，非以其名也，亦以其取也。"

盲人虽然和正常人一样，他们也能够区分开黑与白两种不同颜色的东西，但这只是在概念上而已，并不是在实际上就能够做到。同样，统治者虽然也说自己知道什么是"仁"，但这也只不过是在概念上而已，实际上并非如此。所以，我们不能只看统治者如何说，而是应该看他是如何做的。就像在日常生活中，有些人在口头上，在表面上看来，讲得头头是道，但体现在行动和行为上，却大干坏事和伤天害理的事情。在墨家看来，要真正地确定能否区分出黑白两色，必须要在实践活动或者行为中才能实现。所以，要真正地知道什么是"仁"，必须体现在行动上。实践和行动是区分真理还是谬误的试金石。

为了尽可能地保证言辞的合理性和正当性，避免胡说，墨家特别提出了"三表法"来做标准。

---

① 巨：当作"皑"，皑，白色。
② 黔：黑色。

《墨子·非命上》篇说：

> 言必有三表。何谓三表？子墨子言曰：有本之者，有原之者，有用之者。于何本之？上本之于古者圣王之事。于何原之？下原察百姓耳目之实。于何用之，废①以为刑政，观其中国家百姓人民之利。

这里的"古者圣王之事"是指可靠的根据，相当于间接知识。"百姓耳目之实"也是可靠的，这是直接知识，而且是来自广大人民群众的直接知识。"发以为刑政，观其中国家百姓人民之利"，相当于从政治实践和政治活动中所体现出来的实践真理和实践理性。墨家在这里用国家和人民群众的实际利益作为检验一个言论是否正确的重要标准，这真正地体现了实践对于真理的检验作用。

墨家讲"为知"，所针对的就是只重理论，不重实践，只重"知"，不重"行"的那些空头理论家。对此，墨家特别提出了批评。

《墨子·耕柱》篇说：

> 言足以复行②者常之，不足以举行者勿常。不足以举行③者而常之，是荡口④也。

真理必须是在实践中能够推行，能够指导人们实际行动的那些言论，如果在实践中不能推行，只停留在口头上、理论上的言论，都是不可信的。墨家在这里强调，有了正确的认识和理论，还必须用它来指导实践和行动，只有通过自觉实践获得的知识，才属于最高类型的最为可靠的知识。

重视实践是墨家认识论所具有的一个非常重要的特色。儒家虽然也讲"行"，讲实践，但主要说的是道德上的践行。比如，荀子说："学至于行而止矣。"（《荀子·劝学》）儒家说的"行"，主要就是指道德实践活动，即人的主观道德行为要符合社会道德原则和各种礼仪规范。墨家所说的"为"，则主要是

---

① 废：当作"发"。从王引之校改。
② 复行：履行。
③ 举行：付之实践。
④ 荡口：空口，徒费口舌。

指人们所从事的生产实践和社会实践、科学实践活动,是人们有意识、有计划,自觉改造世界的行动和实践。

《墨子·经上》篇说:

> 化,征易也。

变化是事物根本特征发生了改变。

《墨子·经说上》篇解释说:

> 若蛙为鹑。

就像蛤蟆变成了鹌鹑。《淮南子·齐俗训》说:"夫蛤蟆为鹑,唯圣人知其化。"

《墨子·经上》篇说:

> 为:存、亡、易、荡、治、化。

《墨子·经说上》篇解释说:

> 早①台,存也。病,亡也。买卖,易也。削尽,荡也。顺长,治也。蛙買②,化也。

这里所说的"存",比如制作铠甲、筑城台,是救亡图存的行为。"亡",比如治病除掉病根,是把病由"有"变"无"的行为。"易",比如买进卖出,是一种交易的行为。"荡",比如追剿来犯之敌,扫荡寇仇的行为。"治",比如遵循庄稼生长的规律耕作,是人们治理农事的行为。"化",比如蛤蟆变成鹌鹑的情况。这里,墨家所论及的活动,涉及农业、商业、医学、军事、生物进化等多个人类的

---

① 早:当作"甲"。从孙诒让校改。
② 買:当作"鼠",田鼠。从孙诒让校改。

实践领域。

总之,墨家的认识论是以实践为根本导向的理论与实践相融合的认识论。

第四节 "两而勿偏"的辩证思维方法

恩格斯曾经说:"古希腊的哲学家都是天生的自发的辩证论者。"①这一论断对墨家学者来说也是非常合适的。

墨家学派所提出的一个非常重要的辩证命题是"同异交得"。

《墨子·经上》篇说:

> 同异交得,放②有无。

同和异二者之间相互渗透,是可以同时把握的,就像"有"和"无"这对矛盾那样。墨家列举了十多个典型事例来说明这一矛盾。

《墨子·经说上》篇说:

> 于福③家良恕④,有无也。比度,多少也。兔蚓还园⑤,去就也。鸟折用桐,坚柔也。剑尤⑥早⑦,死生也。处室子、子母,长少也。两绝⑧胜,白黑也。中央,旁也。论行、行行、学实,是非也。难⑨宿,成未也。兄弟,俱适也。身处志往,存亡也。霍⑩,为姓故也。贾⑪宜,贵贱也。

---

① 《马克思恩格斯选集》(第3卷),人民出版社1972年版,第59页。
② 放:通"访"。
③ 福:通"富"。
④ 恕:当作"恕"。从孙诒让校改。
⑤ 兔蚓还园:当作"蛇蚓旋圆"。从孙诒让校改。
⑥ 尤:当作"犹"。从沈有鼎校改。
⑦ 早:当作"甲"。从孙诒让校改。
⑧ 绝:当作"色交"。从高亨校改。
⑨ 难:当作"鸡"。从高亨校改。
⑩ 霍:通"鹤"。从张之锐、高亨说。
⑪ 贾:通"价"。

比如,一个人家财万贯,但却学识贫乏;另一个人学识渊博,但却穷困潦倒。这就是"有富家"和"无良知",或者"有良知"和"无富家",两者一有一无,是"有无"两种属性共存于一人之身。一个数,在与不同的数相比较时,就会既多又少。比如,月收入 5000 元,比 3000 元多,但比 8000 元少,这就是既多又少。蛇和蚯蚓的蠕动,既离开又接近。鸟儿筑巢的时候,折取梧桐树枝,既坚实又柔软。剑的根本作用,在于消灭敌人,但是消灭敌人的目的也就是为了保存自己,所以,剑具有与保护生命的铠甲相同的作用。在一个家庭里,一个妇女,对女儿来说是母亲,对母亲来说又是女儿,既长一辈又少一辈。一个物体的颜色,比甲物淡却比乙物浓,这就是既白又黑。一个圆的圆心,可作为另一个圆的圆周,既是中央又是旁边。一个人的言论和行动、行动和行动、学问和实际之间,可以既有是又有非。母鸡孵雏,在小鸡将要出壳却又未出壳时,这就是既成又未成。在一个家庭里,排行老二的人,他会既是兄又是弟,所以,说兄或弟都合适。一个人,身处此地,但他的心志却跑到别处去了,这就是既存且亡。霍这个字,可以指一种动物鹤,也可指一个姓霍的人。因为在古代,"鹤"和"霍"二字通假,使得"霍"字存在歧义。一个合适的价格,对于卖方已经够贵的了,否则他就不会卖,但是对于买方来说却是够贱的了,不然他就不会买,这就是既贵且贱。

"同异交得"的"同",就是同一性,"异"就是差异性。

《墨子·经上》篇说:

> 同,异而俱于之一也。

就是说,"同"是相异的事物都具有的某种共同方面。墨家在这里用异来规定同。这与唯物辩证法的看法是一致的。因为同一无非是以差别和对立为前提的,是包含着差别和矛盾的具体的同一。换句话说,没有矛盾双方的互相对立、互相斗争,就谈不上它们之间的相互依存和相互贯通。

《墨子·大取》篇说:

> 有其异也,为其同也;为其同也异。

也就是说,事物都有其相异的方面,这恰恰就在于其具有相同的方面。所有的相异都生长于它们相同的根基之上。墨家通过同来规定异,这与唯物辩证法是大致相通的。因为差别和对立无非是事物内部的差别和对立,因而差别、矛盾、对立和斗争都必然和同一性相联系,为同一性所制约。墨家"同异交得"的意思,也就是说同一性和差异性是互相渗透的,是可以同时加以把握的,即差异对立的属性均存在于同一事物之中。墨家的观点非常类似于唯物辩证法的对立统一规律。当然,墨家在这里并没有能够提出矛盾的斗争性,更没有认识到矛盾的同一性是有条件的、绝对的,对立面的同一和斗争是事物运动、变化和发展的源泉和动力。这表明了墨家哲学尚属于古代哲学的范围,它具有朴素、直观的性质,具有其历史的局限性。墨家的"同异交得"法则的提出是有其针对性的。比如,与墨家同时代的公孙龙就坚持"离坚白"的形而上学命题,即坚和白是两种绝对排斥的属性。墨家针锋相对地提出了"坚白相盈"的命题。

《墨子·经说下》篇说:

> 无①坚得白,必相盈也。
> 石,一也。坚白,二也,而在石。

在同一块石头之中所存在的坚和白两种性质,是相互渗透和同时包含着的,可以同时加以把握。

《墨子·经下》篇说:

> 一少于二,而多于五,说在建住②。

《墨子·经说下》篇解释说:

---

① 无:当作"抚"。从梁启超、高亨校改。
② 建住:建立集合与住入元素,从沈有鼎、孙中原。孙诒让改"建"为"进",改"住"为"位"并属下一条,不确。曹耀湘、高亨不改"建",但改"住"为"位",姜宝昌同意这样的看法,或者将"建住"改为"进位",均不确。

五有一焉，一有五焉。十，二焉。

一比二少但却比五多，这显然是一个矛盾，但这个矛盾不是逻辑矛盾而是辩证矛盾。因为它是从"建"和"住"这两个不同的事物方面来说的。亚里士多德曾经指出，"关于同一事物的对立命题不能同时为真"[1]，也就是说，在同一条件下不能同时肯定两个互相矛盾的判断，否则就会自相矛盾。自相矛盾就是在同一条件下同时断定两个互相矛盾的判断为真。

《墨子·经说上》也说：

或[2]谓之牛，或谓之非牛，是争彼也。是不俱当。不俱当，必或不当，不若当犬。

一个人说"这是牛"，另一个人说"这不是牛"，这是围绕一个事物对象所进行的一对矛盾命题之争。他们所争论的两个命题不能同时都是真的，其中必然有一个是假的，这和犬的那个例子不同。但是，对于"一少于二而多于五"这样的命题，则是讲改变了条件的情况。"一多于五"是指，比如，五个手指头里，"一"总共有五个，而"五"却只有一个，可见"一"确实是比"五"多了。"建"的意思是指建立集合，"住"的意思是在集合里住进元素。这样，单纯地建立一个集合与单纯地建立两个集合的数量比起来，当然是前者少于后者。但是，如果是在一个集合里住进一个元素和同时住进五个元素的次数相比较起来，则是前者多于后者。所以，就"建"来说是"一少于二"，但如果是就"住"来说却是"一多于五"。"一"对于"五"来说，应分别"建"和"住"两个不同的方面，是既"少"又"多"的，是"同异交得"的，是"少"和"多"可以同时把握的。

墨家提出来的另外一个重要的辩证命题是"两而勿偏"。

《墨子·经说上》篇说：

仗[3]者两而勿偏。

---

[1] 苗力田主编：《亚里士多德全集》（第7卷），中国人民大学出版社1993年版，第252页。
[2] 或：有人。
[3] 仗：当作"权"。

《墨子·经上》篇说：

见：体、尽。

《墨子·经说上》篇说：

时①者,体也。二者,尽也。

权衡思考问题需要顾及两面而不是只顾一面。要全面地看问题而非片面看问题。《墨经》中的"体""特""或""偏"等范畴都表示一面、部分的意思,而"兼""俱""二""尽"等范畴,则表示全面、整体的意思。

《墨子·小取》篇说：

故言多方、殊类、异故,则不可偏观也。

就是说,人的言论有多方面的道理、不同的类别和理由,不能片面地观察和分析事物。墨家定义了许多对立范畴,比如体与兼、利与害、有穷与无穷、久与宇等,全面深入地论证了思维的全面性原则和整体性原则。当代西方的结构主义哲学强调事物的结构性和整体性研究,认为整体性结构规定着事物的各个组成部分的性质和意义,规定着事物的根本性质。这和墨家"两而勿偏"的原则所强调的必须整体把握事物这一点是一致的。但是,墨家所讲的整体地把握事物是要看到事物矛盾的两面乃至事物的各个方面,从而全面地整体地认识事物。而结构主义哲学却把事物的结构整体性看成是完全各自独立的,同其构成要素和部分是毫无联系的唯一存在,这完全是错误的认识。

总之,墨家的"两而勿偏"全面性原则和他们的"同异交得"的矛盾原则是一脉相承的。因为既然客观事物都是矛盾的统一体,那么人们在观察思考各种问题的时候,就应该具有全面性而不要片面,要顾及事物情况的两面和多面,而不要只顾一面。事物的辩证本性要求应用辩证的分析方法,事物的矛盾

---

① 时:当作"特"。从孙诒让校改。

性决定了认识的全面性,否则人们就难以正确地认识世界和改造世界。正如系统论的整体观所认为的,一方面我们必须把握事物的整体,同时另一个方面,我们还必须整体地来把握事物。随着当代科学发展的整体性、综合性、复杂性的日益加强,自然科学、社会科学本身的发展,内在地要求必须进行辩证的思维。系统论、控制论、信息论、耗散结构论、协同学等系统科学或复杂性科学的建立和发展,充分说明了辩证法和辩证思维的生命力之所在。墨家"同异交得""两而勿偏"的辩证思维法则的真理性必将越来越被显示出来。

第五章　墨家辩学及其当代价值

墨家有独到之辩学，即我们今天所称呼的逻辑学。墨子对辩学这门学问非常重视，把它叫作"谈辩"。《墨子·耕柱》篇说："能谈辩者谈辩，能说书者说书，能从事者从事，然后义事成也。"将谈辩作为做道义之事的三个部分之首。谈辩、说书、从事，"从事"强调实践性，"说书"强调知识传播，那为何还需"谈辩"呢？很可能在墨子看来，不管从事还是说书，都要有一个逻辑问题，即如何更有效率地说书与从事的问题。所以，谈辩被排了三件大事的首位。墨子还将谈辩看成是贤良之士的重要素养，他在《墨子·尚贤上》篇说："况又有贤良之士，厚乎德行，辩乎言谈，博乎道术者乎！此固国家之珍，而社稷之佐也。"将谈辩看成是仅次于德行之后的重要素养，可见墨子十分强调人才具有足够逻辑思维能力的重要性。《墨子·小取》篇中，墨家学者对辩学的对象、作用、原则和方法等做出了具体阐述。

第一节　墨家辩学的对象与性质

《墨子·小取》篇说：

> 夫辩者，将以明是非之分，审治乱之纪，明同异之处，察名实之理，处利害，决嫌疑。

辩学是用来说明是与非的分别，审察治理和混乱的原因，判明同和异的所在，考察名称和实际的道理，权衡利益与祸害，决断嫌疑的。沈有鼎认为，墨家在这里阐述了"辩"所具有的六个方面的作用，其中，"明是非之分"和"明同异之处"都是辩学的直接功用，即辩的目标，就认识方面说是"明是非"，就对象方面说是"明同异"，而为了达到辩的目标又常常需要一种辅助，就是"察名实之理",因为名实关系的理解是有助于认识现实事物、有助于辩论的顺利进行的,而辩的功用在实践方面小之是"处利害,决嫌疑",大之是"审治乱之纪"。①

根据沈有鼎的看法,《墨子·小取》中关于"辩"这门学问的对象,应该包含四个方面的基本内容:第一是"明是非之分",第二是"察名实之理",第三是"明同异之处",第四是"审治乱之纪,处利害,决嫌疑"。这第四个方面其实就是讲的实践层面,对实践而言,最重要的是政治实践,所以审治乱之纪是实践层面中最重要的一个方面。要做好政治方面(或实践方面)的事情,最关键的是"明是非之分"。那又该如何做到"明是非之分"呢?这就需要通过"察名实之理"和"明同异之处"来达成,最后才可能"审治乱之纪,处利害,决嫌疑"。

"明是非之分"是辩学的首要任务。什么叫"明是非之分"?实际上,今天我们还在讨论是非不分的现象,到底什么叫"是非之分"?墨子在《墨子·修身》篇讲到"辩是非不察者,不足与游"。这里的"游"不是"旅游",而是"交友"。对每个人来讲,交友非常重要,我们和哪些人交朋友,尤其是和谁谈恋爱或结婚,这是一个非常关键的问题。我们和哪些人做朋友,首先考虑他是否清楚是非,正所谓"是非不察者,不足与游"。换言之,对于是非不清的人,就不能和他们交往。所以,《墨子·所染》篇告诉我们说"近朱者赤、近墨者黑",这就是墨子一再强调的"是非不察者,不足与游"的道理。所以,明是非是交友最为重要的方面。人生最重要的事情有哪些?刚才讲一个是从事,即实践层面,另一个就是如何从事,和谁从事?实际上就是交友,所以交友也就是在明是非。墨子为什么能认识到明是非之分是辩学的首要任务?我们来看当时墨学所处的大背景。墨学与儒学在当时并称显学,《韩非子·显学》篇称:"世之显学,儒墨也。"为什么墨学能与儒学并立?在当时礼崩乐坏的大背景下,儒家主张维护周礼,道家等其他学派则主张"是非无定""辩无胜"等相对主义观点。墨家从自己小生产者的立场出发,高扬理性精神,主张一切思想或言行都要在理性基础上来接受检验。辩必有胜,要明是非之分。墨家特别提出"理"这一概念,它是是非中最重要的方面。墨家是如何讲"是非"的呢?《墨子·经下》篇中讲到"谓'辩无胜',必不当,说在辩"。"辩无胜"是庄子的观点(《庄子·齐物论》),庄子认为彼亦一是非,此亦一是非,主张没有胜败可言。墨家则认为这

---

① 参见《沈有鼎文集》,人民出版社 1992 年版,第 315 页。

种观点不对,理由在于,辩本身必定是有是非之分的,必定是有胜败可言的,就是因为是非能够决定胜败。

《墨子·经说下》篇进一步解读道:

> 所谓非同也,则异也。同则或谓之狗,其或谓之犬也;异则或谓之牛,其或谓之马。俱无胜,是不辩也。辩也者,或谓之是,或谓之非,当者胜也。

人与人之间存在差异,《墨子·经说上》篇在解释《墨子·经上》篇对"异"(差别、差异)的分类时,提出了一个命题,即"二必异",意思是任何二物必然有差异,《墨经》把这看成是一个必然的规律。墨家"二必异"这一思想正好和德国哲学家莱布尼茨(1646—1716)所提出的"相异律"相一致。莱布尼茨因此还提出了同一不可分辨性定理,此定理在莱布尼茨的哲学论证中有着极其重要的地位。这个定理说,如果两个东西是同一的,那么这两个东西一定是不能分辨的,即不能有任何差异。莱布尼茨认为,这样的东西在现实世界中是找不出来的,只能存在于我们的数学世界或者理想世界之中,所以,莱布尼茨认为"世界上没有两片完全相同的树叶""凡物莫不相异""天地间没有两个彼此完全相同的东西"。可以说,一棵树上可能会掉下几十万片树叶,但没有两片是完全一样的。

墨家的"二必异"思想,指出了任何两个东西一定是有差异的,但差异之中又一定会存在着共同点。所以,我们看待事物的时候,会看到非同则异,反之非异则同。什么是"同"?在墨家看来,最大的同就是"或谓之狗,其或谓之犬",意思是面对狗这种事物,有人说是狗,有人说是犬,他们的说法就叫"同",《墨经》称之为"二名一实",即同一类事物虽然叫法不一,但实际所指称的对象是一样的。为什么叫"二名一实"?"同则或谓之狗,其或谓之犬",狗长到一定程度,通常叫"犬",小犬就叫"狗"。狗和犬是没有区别的,比如现在叫小犬为狗,它终究还是犬,因为它会长大。从这个角度来讲,它的指称是一样的,但我们使用的语言表达不一样,这就是"同",从逻辑上看叫同一关系。墨子这里所讲的"同",很可能是指同一个概念有不同的表达,这就是我们通常所说的情况,如果世界上还存在"同"的话,应该指的就是这种同。

什么是"异"?异就是"则或谓之牛,牛或谓之马也"。比如这是一条狗,一人说这是牛,另一人说这是马,二者看法不一。墨子的论辩理论属于二人博弈理论,是一种二人博弈的论证。这里的二人言谈式的论辩属于最基本的二人博弈,两人都摆出自己的观点,一人说是牛,一人说是马,这时可能两人都不取胜,因为很可能这是一条狗,你说牛不对,我说马也不对,这种情况就是"俱无胜,是不辩也"。类似的,如果一人说是狗,一人说是犬,双方之间也没有取胜者。因为从辩论的角度来说,两方都对,就不能说哪方取胜。什么时候才叫辩?就是"辩也者,或谓之是,或谓之非,当者胜也"。一方说这是什么,另一方说这不是什么。主谓要一致,而且构成了对抗,这里的对抗实际上就是矛盾。"当者胜"是什么意思?"当"就是符合所说的、所断定的,与实际客观对象相吻合的这一方取胜。"当者胜"实际上就是所持观点是非之分正好是正确的。所以,认为辩论没有胜利所言是不对的,关键要弄清楚什么叫辩论。辩论是关于实际情况的是非之争,辩论中所持观点符合实际的一方取胜。这里就回到了《墨子·小取》篇所讲的辩是以是非之争为主要任务的观点。为何辩以是非之争为首要任务呢?因为"辩"这种争论,最后肯定要有一方观点取胜,取胜方所持观点一定是正确的。

《墨子·小取》篇说:

  以辞抒意。

《墨子·经说上》篇说:

  信。不以其言之当①也。

通常用语言或言辞、判断来表达思想。

《墨子·经上》篇说:

  信,言合于意②也。

---

① 当:语言符合事实。
② 言合于意:语言与心意相合。

讲诚信就是怎么想就怎么说。有时我们以为说真话才是讲诚信。实际上,说真话和讲诚信是两个不同的概念,讲诚信不一定就是说真话,他可以说假话,但他却是讲诚信的。即信言,也就是怎么想就怎么说就可以了。但是,讲诚信的话却不一定是正确的。因为我自己的想法不一定就是正确的,所以有时过分相信朋友也会上当,不是说朋友不行,他也是诚信的,但他不一定就真实地把握了真实情况。比如炒股,你请你的好朋友帮忙炒股,如果你全赔进去,你不能全怪你的朋友,不是因为他不诚信,而是因为他也不一定就能够把握住市场规律、掌握真理。这也就是说,信和当是有差别的,命题是表达思想的语句,把所想真实地表达出来,只是说了可信的话,即讲诚信,是不是真话还很难讲,因为所表达的思想要符合实际才是"当",才是真的。因此,"当"的要求比"信"要高。可见,关于诚信的看法,墨家比我们通常理解的诚信要高一个层次,通常我们说诚信做人或诚实做人,那只是说真话,但"说真话"不等于就说了"真"话,所以是不是能够取得胜利很难讲。真的要取得胜利,不但要做一个诚信的人,而且要做一个有能力的人,就是一个有正确认知水平的人。这就意味着"信"未必就真,也就未必能够取胜。所以,和有诚信的人做朋友,不一定你的人生就能取胜,只能说你可以这样去做。你失败了不能怪朋友,但"当"者一定会胜。所以,墨子强调,不仅诚信就行了,还要在这个基础上和朋友取得胜利,所以在辩论过程中明是非之分至关重要,这一点和儒学有所区别。前面讲到,墨家将德行放在贤者所具有的品质的第一位,将谈辩放在第二位,这体现出墨学与儒学的思想存在一致的方面但也存在着重要区别,就是墨家把追求胜利看得很重。在墨家看来,这个胜利不是靠弄虚作假或强辩诡辩来取胜,而是要靠对客观事实获得正确的把握和认识。从这个角度看,墨子的辩和逻辑是什么关系呢?亚里士多德在《工具论》里说:

  并非任何句子都是命题,只有那些自身或者是真实的或者是虚假的句子才是命题。[①]

命题是逻辑的重要研究对象,语句不一定是逻辑研究的对象,因为很多句

---

① 苗力田主编:《亚里士多德全集》(第1卷),中国人民大学出版社1990年版,第52页。

子不一定表达命题,所以逻辑要讨论的命题,一定是表达了某种具有真假的句子。德国逻辑学家弗雷格(1848—1925)也说到,就像"美"这个词为美学、"善"这个词为伦理学指引方向那样,"真"这个词为逻辑指引方向。① 由此可以看到,墨家强调明是非之分,强调"当"对于取胜而言是最根本的条件,从而使得他们的谈辩走向了逻辑这样一条道路。墨家认为,是非之争必有真假,当与不当一定要做出区分。从而,是非可分,真假可辩,胜败可论。胜败为何可论? 因为真假可辩。真假为何可辩? 因为是非可分。如何明是非之分? 这是墨家要进一步讨论的问题。

要做到明是非之分,首先要察名实之理,刚才讲到是非、真假、当与不当时,需考虑使用的语句或语言是否真实地反映了对象或实际。所以,名实关系非常重要,命题真不真,判断对不对,还需看所用的"名"所指如何? 各家各派都在讲名实关系,都有自己的"名":道家讲"无名",儒家讲"正名",墨家讲"实名",名实关系本身就是诸子讨论的重点。

墨家是如何讲"实名"的呢?

《墨子·经说下》篇指出:

或以名示人,或以实示人。

马克思说:"人的本质并不是单个人所固有的抽象物。在其现实性上,它是一切社会关系的总和。"②所以,人与人之间必须要进行交流与对话,那么,如何进行对话呢? 实际上就是用"名"来表达"实"。当然,最好的方式就是直接指称"实",即"以实示人"。比如,如果某个对象就在眼前,就直接指出来就可以了,但是,当这个对象不在眼前的时候,就需要用"名"来表达了,这是非常明确的。通常说,要眼见为实,《墨经》称之为"亲知",即"身观焉"而得来的知识。所谓"亲",便是"事属当前,感官直接"③。"亲知"须由人体各种感官的功能所获得,是无须借助第三方途径的第一手知识,即"人类感官直接感受者"④,

---

① 参见《弗雷格哲学论著选辑》,王路译,王炳文校,商务印书馆1994年版,第113页。
② 《马克思恩格斯选集》(第1卷),人民出版社1972年版,第18页。
③ 伍非百:《中国古名家言》(上),中国社会科学出版社1983年版,第78—79页。
④ 吴毓江:《墨子校注》(上),孙启治点校,中华书局1993年版,第517页。

具有"直接性和现实性"[1]及真切性。眼睛是心灵的窗口,我们看到了什么,这是非常真实的,这是"以实示人",是我们表达思想的一个最为重要的方面。但很多情况下,我们不能以"实"示人,比如现在讲过去的事情,因为现在已经不可能回到过去,每个人都无法再回到过去。

先秦时期是中国文化的轴心时期,根据德国思想家雅斯贝尔斯(1883—1969)在其1949年出版的《历史的起源与目标》一书中所言:在公元前800年到公元前200年之间,尤其是公元前600年至前300年间(这正好是中国的"先秦时代"春秋战国时期),是人类文明的"轴心时代"。为什么这个时期非常重要?正是因为这个时期提出了"名"的思想,发展出来了名学思潮。"以名示人"是中国人自己发展出来的一个重要思想,没有这种名就无法回顾过去、讨论过去、思考过去。事实上,如果无法讨论过去,那又如何能够讨论现在与将来?所以,"以名示人"是非常重要的。墨家虽讲"以实示人",但更强调"以名示人"。因为针对"谈辩"来讲,需要"以名示人"才讲得清楚。"以名示人"容易做到吗?

《墨子·小取》篇说:

以名举实。

即用概念来表达实际。表达过去的东西,只能用概念了。同时,还有空间问题,就是对于那些不在我们身边,不在眼前的事物,我们也只能用名称和概念来进行表达。

《墨子·经说下》篇说:

举友富商也,是以名示人也。

说自己的某个朋友是富商,这个朋友不在眼前,而是在远处,所以,只能以名示人。"名"这个字,上"夕"下"口",说的就是晚上看不见了,只能用口说出

---

[1] 孙中原:《墨学通论》,辽宁教育出版社1993年版,第75页;参见孙中原主编:《墨学与现代文化》,中国广播电视出版社1998年版,第132页。

来,实际上就是用语言、用概念来表达。那么,用语言和概念真的能讲清楚过去和远处的东西吗？所以,《墨子·小取》篇说"以名举实",这里的"举"指的"拟",即它只能模拟事物的实际。

《墨子·经上》篇说：

举,拟实也。

《墨子·经说上》篇说：

名若画虎也。

用概念表达实际的对象,是一种摹拟,也就是一种描述,就像画老虎那样,带上了认知主体的痕迹。所以,"名"和"实"是否相符,是一个非常重要的问题。

察名实之理是一个非常重要的问题。墨家主张,必须根据"实"来决定"名"。给大家讲个小故事,有一家小孩和另一家的小孩进行争论,分别叫张家和李家,张家孩子说一天吃三餐,李家孩子说一天吃两餐,两人争执不休甚至打架,后来两家家长来处理这件事,发现双方都是对的,因为吃两餐的李家根本没吃早餐。因为双方的实不一样,所以"导致"双方的名也不一样。对于张家的孩子而言,"吃三餐"这句话是真理,反映了他的实；而李家"吃两餐"亦反映了他的实,所以造成两小孩的争执。可见,有一些真理需要认知主体来确定,要建立在"认知主体"这个视角才能看清楚,所以我们每个人对自己的过去只有自己知道得最清楚。

墨子以"实"决定"名",但可能因为认知主体本身的"实"就不一样,这样确认出来的名就有差别。墨子特别强调名与实的对应性。

《墨子·经说下》篇说：

有之实也,而后谓之；无之实也,则无谓也。

有实才有相对应的名,无其实则无其名。

《墨子·经下》篇说：

    或过名也，说在实。

《墨子·经说下》篇说：

    知是之非此也，有①知是之不在此也，然而谓此南、北，过而以为然也。始也谓此南方，故今也谓此南方。

有时名称的使用会出现错误，就是因为实际已经发生了变化，这时名称就要做出相应的改变。

比如，针对"我到那儿去"这样一个句子，它是根据我这个主体的时空状况，从而决定我的行为和判断。当实已经发生变化时，名就要做出相应的改变。时间会带来名的变化，空间也会带来名的变化，"刻舟求剑"就是一个很好的例子，里面讲到的错误实际上也是一种"过名"，即概念错误。名本身要表达过去，问题是过去本身已经过去，如何由实来决定名？这个问题非常复杂。墨子特别强调，在辩论或论证时可能会出现"过名"情况，所以一定要注意"通意后对"。

《墨子·经下》篇说：

    通意后对，说在不知其孰谓也。

通意后对就是弄清楚对方的意思，然后再来应对。

《墨子·经说下》篇说：

    问者曰："子知羁乎？"应之曰："羁何谓也？"彼曰："羁旅。"则知之。若不问"羁何谓"，径应以"弗知"，则过。且应必应问之时而应焉，应有深浅、天常中在兵人长②。

----

① 有：又。
② 天常中在兵人长：当作"大小，不中，在长人长"。从曹耀湘校改。他说："人长曰长，物长亦曰长。深浅者草木之长。大小者鸟兽之长也，无以异于长人之长与？"

对方问"你知道羁是什么吗?"这时我方就可以问:"你讲的羁指的是什么?"当对方说羁就是羁旅,这时我方就知道了。如果当对方发问时我方不问"羁"指什么,就直接说不知道则是错误的。一词多义是常见的现象,"羁"可以指马龙头,也可以指羁旅,即旅客。针对这种多义现象,如果能够先问清楚其具体所指,然后再做应答,则可以避免误会,从而提高交际效率。所以,弄清楚对方的意思再做应答,这是因为不如此就不清楚对方所讲的究竟是什么,就容易出现思想交流中文不对题、答非所问的错误。而且回答必须考虑对方所问的时机来回答,像应答"长",用深浅、大小应答,那就不切中问题,因为他问的是长人的长。

因此,墨家认为,名称概念必须有其所确定指称的对象。

《墨子·经说下》篇说:

> 正名者:彼此。彼此可:彼彼止于彼,此此止于此。彼此不可:彼且此也。彼此亦可:彼此止于彼此。若是而彼此也,则彼亦且此此也。

"彼"之名必须确定指称彼之实,"此"之名必须确定指称此之实,"彼此"之名必须确定地指称彼此之实,"彼此"之名不能既指称彼之实又指称此之实。这里的"彼"或"此"均可代表任一单独概念或普遍概念,如"牛"或"马";"彼此"则代表一个集合概念,如"牛马"。

《墨子·经说下》篇说:

> 牛不非牛,马不非马,牛马非牛非马,无难。

牛是牛,马是马,但"牛马"不是牛也不是马,"牛马"不能指称"牛",也不能指称"马"。"牛马"本身不是牛马,而是由"牛"和"马"这两个不同类所组成的整体概念,所以,整体和非整体是不一样的。墨家特别强调要区分好整体和非整体,若二者不加区分,将会造成逻辑上的诸多错误。

除"名实"之外,影响是非之分的还有"同异"。先秦时期有名实之辩,也有同异之辩。明是非之分必须明同异之处。我们知道,判断有肯定和否定的区分,这反映了现实事物的同和异。同异之辩是如何影响是非之分的?又该如何来明同异之处？这也是墨辩中一个非常重要的问题。

什么叫"同异"？

《墨子·经上》篇说：

> 同，重、体、合、类。

什么叫"重同"？

《墨子·经说上》篇说：

> 二名一实，重同也。不外于兼，体同也。俱处于室，合同也。有以同，类同也。

《墨子·经上》篇说：

> 异：二、不体、不合、不类。

"重同"只是名不一样，但实际所指称的对象完全一样。为何会有这种情况？这就是语言的复杂性与丰富性。"不外于兼，体同也。"体同就是不存在于一个整体之外的部分与部分的同。比如说我的脚和手都在我的身体之内，我的脚和手本身构成了我本人这样一个整体。"兼"即整体，"体"即部分，"兼"与"体"之间是整体与部分的关系。"俱处于室，合同也。"合同和体同有什么区别？体同所反映的是整体中的部分与部分的关系，合同则是指某个总体中个体和个体的关系。具有合同关系的个体是可列的，即可枚举的，具有体同关系的部分则不可列、不可枚举。比如说，我们大家同处一个房间内，每个个体都是可以分离于房间的，这是合同。但我们的脚和手同处于我们的身体内，各个部分是不可分离于身体这个整体的，一旦离开了人体就谈不上手和脚。墨子已经将体同与合同做了严格的区分。"有以同，类同也。"类同和刚才的三种"同"都不一样，任何两种东西都有其相同之处，就是因为"类同"，比如我们都是有理性的人，因为我们有共同之处。不同类的事物组成不同的情况，比如男的一类，女的一类，40岁以上的一类，40岁以下又是一类，还可以做出各种各样的区分。概括来说,"重同"属于一词多义的现象,"体同"即同属于一个整体中的不同部分之间的关系,合同指共同存于一个整体中的不同个体之间的关系,类同是指所有那些有某种共同属性的不同对象之间的关系。

墨家将"同"定义为"异而俱于之一也"。(《墨子·经上》)在墨家看来,异比同更基本,所以,他们在异的基础上来定义"同"。不同的东西总有其共同的方面,我们把共同的方面就叫"同"。思维学里特别强调,最重要的不是在同中见同,而是在异中见同,最重要的不是在异中见异,而是在同中见异,这才是我们科学研究探讨中最重要的问题。所以,墨家这里正好体现了异中见同的思维方法,这是他们的高明之处。同异之分为什么对墨家逻辑来说非常重要?我们可以发现,墨家在区分同异之后,主张在推论过程中必须要坚持"同类相推""异类不比"的原则。

《墨子·小取》篇说:

以类取,以类予。有诸①己不非诸人,无诸己不求诸人。

无论证明(取)还是反驳(予),都必须根据类同类异的原则来进行。类同原则就是要坚持"同类相推",也就是要根据类同的原则进行证明和反驳,尤其是在反驳的过程中必须坚持"有诸己不非诸人,无诸己不求诸人"。关于某个问题,我自己有这样的观点,我自己坚持或同意这种观点,我自己就不能反对别人也持有这样的观点,同样,倘若自己没有或不坚持这样的观点,就不能强求别人也坚持这样的观点,这是墨家所主张"同类相推""异类不比"的原则。为什么要"异类不比"?

《墨子·经下》篇说:

异类不吡②,说在量。

严格来说,没有什么是不可比的,但如果这种东西原则上是不同类的话,

---

① 诸:之于。
② 吡:"比"的繁文。

确实不能从根本上进行类比或推理。

《墨子·经说下》篇给出例证：

> 木与夜孰长？智与粟孰多？爵、亲、行、贾①，四者孰贵？麋与霍②孰高？蚓③与瑟孰瑟？

所以，如果要将不可比的事物进行比较，就容易出现"不当类比"的错误。这是我们在进行反驳或推理过程中要注意的。实际上，我们所面对的东西有同有异，如果能把同异区分开，在反驳或论证的过程中，就能够很好地应对，这就是"明同异之处"为何那么重要的原因。

墨子是如何"明同异之处"的？他又是如何通过明同异之处来明是非之分的呢？墨子举了很多实例。

《墨子·兼爱中》篇记载：

> 然而今天下之士君子曰："然！乃若兼则善矣；虽然，不可行之物也。譬若挈④太山、越河济⑤也。"子墨子曰："是非其譬也。夫挈太山而越河济，可谓毕劫⑥有力矣。自古及今，未有能行之者也。况乎兼相爱、交相利，则与此异，古者圣王行之。"

敌方认为兼爱虽好，但又认为是不可行的事情，兼爱就像挈太山、越河济那样难，就是说，你墨子所提倡的兼爱，就像越过泰山、黄河、济水那么难。敌方通过类比，对墨子的兼爱思想展开了质疑。如所周知，兼爱是墨家思想学说的核心，针对论敌的这种质疑，墨家不进行反驳是不行的。墨子反驳道，论敌的这种推理完全是错误的，因为挈太山而跨越黄河、济水，这是自古以来都未发生的事情，而兼相爱、交相利则与此完全不同，兼相爱、交相利是历史上曾经出

---

① 贾：同"价"。
② 霍：当作"鹤"。从李渔叔校改。
③ 当作"蚓"。从孙诒让校改。
④ 挈：提举。
⑤ 河：黄河。济：济水。
⑥ 毕：快速。劫：当作"劲"，即强有力。

现过的情况。比如,大禹治水,文王治理西土等,实行的都是兼相爱、交相利,这说明兼爱是可以推行的。墨子指出,论敌在做"譬"式推论时,犯了"非其譬也",即不当类比的错误。也就是说论敌在进行类比时的两个对象不存在可比性。通常来说,你在推理时,你所进行类推的两个对象是可比较的吗?是在一个层次上吗?日常论证中大量靠"譬"式推论来论证,一定要注意避免"非其譬也"的异类不比的情况。

除《墨子·兼爱》篇外,《墨子》的很多篇目都在讲这个问题。

《墨子·非攻下》篇载:

> 今逮①夫好攻伐之君,又饰其说,以非墨子曰:"以攻伐之为不义,非利物欤?昔者禹攻有苗,汤伐桀,武王伐纣,此皆立为圣王,是何故也?"子墨子曰:"子未察吾言之类,未明其故者也。彼非所谓'攻',谓'诛'也。"

论敌认为,既然你墨子主张攻伐之战都不义,那么,禹攻有苗也属于不义。墨子则认为,战争并非都是不正义的,还有属于正义之战的情况,即禹攻有苗不属于攻伐战争这一类,即战争并非都是攻伐战争。墨子将正义之战和非正义之战区分开来,就叫"异类不比"。从这里看,墨子对他自己提出的这种"譬"式推论的逻辑应用得非常到位。

《墨子·尚贤中》篇批评王公大人"明小物而不明大物",《墨子·尚贤下》篇批评王公大人"明于小而不明于大",《墨子·非攻上》篇批评统治者"不知非",《墨子·鲁问》篇批评世俗之君子"知小物而不知大物",《墨子·公输》篇指责公输般"不知类"等,都表明了墨家对推论过程中"类"的重要性具有高度的认识。

《墨子·耕柱》篇载:

> 子夏之徒问墨子说:"君子有斗乎?"
> 墨子回答说:"君子无斗。"
> 子夏之徒又问:"狗猪犹有斗,恶有士而无斗矣?"

---

① 逮:及也。

墨子回答道:"伤矣哉!言则称汤文,行则譬于狗猪,伤矣哉!"

这里,子夏之徒做了一个类比,认为既然狗猪都有斗争,为何君子不能打架?根据狗猪有斗,推出人就应该有斗,这显然是荒唐的,因为它违背了"异类不比"的推论原则。所以,墨子指出对方违反异类不比的原则,犯了不当类比的错误。今天我们也会遇到类似的问题,比如某某欺负你了,或者我们教育小孩,他打你你也打他,谁骂你你也骂他。再如,狗咬你,你是不是也去咬狗?这肯定不可以。在我们人生过程中,关键在于做好自己,正如"走自己的路,让别人去说"。如果狗咬你,你又去咬狗,咬你的狗越多,那你也变成了"狗"。实际上,墨家在这里提出了一个重要的问题,就是不要去和狗斗,因为你和狗是不同的类。我们在辩论或争论的时候,我们做任何事情前,一定要看我们是在哪一个类上,从哪个类上来做,这个问题对我们为人处世非常重要。我们怎样从事和言论,从"类"的原则来看,墨家也给我们提出了一个很重要的问题。

第二节　故、理、类"三物"逻辑

墨家在"察明实之理""明同异之处"的基础上,提出了他的逻辑学说——"故""理""类"三物逻辑。这种逻辑是一种怎样的科学体系,这种体系对我们的思维有何指导意义?

《墨子·大取》篇中说:

夫辞①以故生,以理长,以类行者也。三物必具,然后(辞)足以生。立辞而不明于其所生,忘②也。今人非道无所行,唯③有强股肱而不明于其道,其困也,可立而待也。夫辞以类行也者,立辞而不明于其类,则必困矣。

---

① 夫辞:《道藏》本无此二字,据孙诒让校增。
② 忘:通"妄",虚妄、荒诞。
③ 唯:通"雖"(虽)。

我们说话甚至做事,一定要有"故""理""类",这三者是进行有效推论的必要条件,这三种东西一旦具备,我们的言论就可以成立。为什么这三种东西必须具备?首先是"故",即理由,"立辞而不明于其所生,妄也",如果我们要做出一个论断,我们没有理由,那是很虚妄的言辞。所以,说什么或做什么一定要有理由。比如写一篇文章,通常而言,一篇文章要写什么样的主题,首先要弄清楚的就是这个主题是一个什么样的主题?你想清楚了没有?如何来明确这个主题?或者说你有什么基本的理由,这是我们首先要考虑的。如果你没有理由,那你写什么?所以必须要有理由。"理"是什么?"今人非道无所行,虽有强股肱而不明于其道,其困也,可立而待也。"这里的"道"就是"理",就是"道理"。如果说话或做事没有"道"或"理",没有一个出发点或根据,那就会没法实践,没法走路。所以,一定要有"道",即有一个最基本的方向指引,就像写文章一样,一定要有一个方向去思考怎样去写、怎样去论证这个主题,要有一个主要的思想指引。什么是"类"呢?墨家认为:"夫辞以类行也者,立辞而不明于其类,则必困矣。"我们无论言论还是从事,都要按"类"的原则进行。《墨子·小取》篇在讲了"以说出故"的"故"之后,又着重来讲"类"(以类取,以类予)和效"法"(即"理"或"道")。

在墨家看来,"故""理""类"是进行有效推论的三个必要条件。"类"的问题,如前所述,就是要把握好同类异类原则。"理"与"道""方""法""仪""表"等,可以互训。《墨子·非命》篇中提出"三表(仪、法)",即历史证据、经验证据和实践经验证据,其中的"表(仪、法)",就是"理"或"道",是一切言论或推论的根据或依据。"理"在《墨子·小取》篇中被称为"法":"效者,为之法也。所效者,所以为之法也。故中效,则是也;不中效,则非也。"是否与"法"或"理"相符合,是衡量一切言论是否有效的根本性标准。荀子说的"言之成理"(《荀子·非十二子》)的"理",就是墨家所说的"理"或"法"。批判性思维特别强调的一个标准,就是"法"或"理"。中效就是符合标准,就是"是";不中效就是不符合标准,就是"非"。这样便可区分是和非。所以,"理""法"是衡量一切言论是否有效的根本性标准。我们应该做什么,不该做什么,首先得看"理""法"是什么,就像国家政治也是一样,比如要坚持一种合理性,但很可能这个合理性不合法,那就意味着这个"理""法"不统一。根据"理""法"来考虑推论,"理""法"排在第一位,墨家特别强调理法的重要性。

现代逻辑衡量一个推理或论证是否正确或有效,有两个基本方法。第一种方法,是看"这个推理的方式有没有可能从真前提推导出错误的结论?"如果会导出假结论,推理肯定不对,推论肯定有问题。通常把这种方法叫"反证法",就是说它的反证不可能,所以它就是对的。什么东西没有问题,它一定是对的、合理的,我们往往要看它的反面,作反面思考,这也叫反思。你的反面有没有可能?反驳对方是这样,自我质疑、自我批判也应该是这样来加以考虑。比如,写文章时,为什么要阐述这样的观点?那我们就要想想反面的观点如何?如果反面观点不成立,就要坚持正面的观点,即要证明的观点。所以,写论文时既要阐述正方观点,更重要的是要质疑与我们不同的观点。通过质疑,进而得出我方为什么要坚持这样的观点的理由。所以,反证法是一个非常重要的论证方法,是能够保证逻辑推理是否有效的根本性方法。第二种方法是看"它的推理形式是不是有效的形式",即如果推理具有这样的有效的推理形式,那么它就是有效的。也就是说,如果我们所坚持的这个推理形式是有效的,则根据它来做的推理也就没有问题。墨家所言的"理"或"法",类似于第二种方法。

接下来,我们再看"故"为什么重要?

《墨子·经上》篇说:

故,所得而后成也。

荀子说"持之有故",我们说话做事一定要有理由,不能胡来。

《墨子·经说上》篇说:

小故,有之不必然,无之必不然,体也,若有端[1]。大故,有之必无然[2],若见之成见也。

"故"即推论的前提或理由、根据等。"小故"是一个论证成立的必要条件、

---

[1] 有端:当作"尺有端"。从伍非百校增。尺:线。端:点。
[2] 有之必无然:当作"有之必然,无之必不然"。从孙诒让校改。

部分条件,就像几何学上的点是构成线的部分一样,有点未必就有线,但没有点就没有线。"大故"是一个论证成立的充分必要条件、全体条件,就像具有了必要的视力、必要的光线和必要的距离而能够看到事物一样。这里,墨家举几何学和认识论的情况,就是为了说明逻辑论证的情况,即前提或理由是一个论证得以成立的"大故",有了它,结论就必然能够成立,一定可以为真。必要条件共同组成了充分条件,这也叫充要条件。我们写文章怎么写,实际上就是要找到论点成立的各种必要条件,在把必要条件全都找到以后,然后构成一个"有之必然""所得而后成"的条件,那么文章就写成功了。如何做到这一点?可以通过研读墨子的文章来学习。

墨家为了论证某个观点,总是首先论证这个观点的必要性,然后形成充分性,进而论证自己的观点得以成立,显示了墨家逻辑的实际应用价值。比如,墨子在论证自己的核心主张"兼爱"时,先是指出兼爱是实现天下大治的必要条件,即如果不兼爱,就会导致天下大乱。

《墨子·兼爱上》篇说:

> 圣人以治天下为事者也,不可不察乱之所自起。当①察乱何自起?起不相爱。臣子之不孝君父,所谓乱也。子自爱不爱父,故亏父而自利;弟自爱不爱兄,故亏兄而自利;臣自爱不爱君,故亏君而自利,此所谓乱也。虽②父之不慈子,兄之不慈弟,君之不慈臣,此亦天下之所谓乱也。父自爱也不爱子,故亏子而自利;兄自爱也不爱弟,故亏弟而自利;君自爱也不爱臣,故亏臣而自利。是何也?皆起不相爱。

为什么要实现兼爱?是为了天下大治。兼爱是天下大治的必要条件,不兼爱天下则大乱。"臣子之不孝君父,所谓乱也。"天下之所以会乱,正是因为君臣之间不相爱造成的。如果天下的人都兼相爱、交相利,则天下大治、社会太平。所以,兼爱是实现社会大治的既充分又必要的条件。

《墨子·兼爱上》篇说:

---

① 当:当作"尝",试也。从孙诒让说。
② 虽:即使。

若使天下兼相爱,爱人若爱其身,犹有不孝者乎? 视父兄与君若其身,恶施不孝? 犹有不慈者乎? 视弟子与臣若其身,恶施不慈? 故不孝不慈亡有。犹有盗贼乎? 故视人之室若其室,谁窃? 视人身若其身,谁贼? 故盗贼亡有。犹有大夫之相乱家、诸侯之相攻国者乎? 视人家若其家,谁乱? 视人国若其国,谁攻? 故大夫之相乱家,诸侯之相攻国者亡有。若使天下兼相爱,国与国不相攻,家与家不相乱,盗贼无有,君臣父子皆能孝慈,若此则天下治。故圣人以治天下为事者,恶得不禁恶而劝爱? 故天下兼相爱则治,交相恶则乱。

此外,墨子在论证"尚贤""尚同""非命"等核心观点时,同样也是通过如何实现从小故到大故,从必要条件到充分条件来展开论证的,我们的写作未尝又不是这样? 或者成功的写作又未尝不是这样? 我们会发现,很多写得好的文章都应该是这样来考虑的。不只是写文章这样,做事情也是这样。比如我们要举办一个学术会议,首先要考虑这个学术会议的必要条件是什么? 哪些条件不具备,这个会议肯定开不成。把会议的所有的必要条件都做好了,最后一定会成功,做其他事情亦如此。每件事情的重要性,就是要从必要性来论证,首先把必要条件找充分了,事情肯定就能做成。现在很多年轻人往往不清楚什么东西重要,实际上主要就是因为不明白什么东西对自己来说是必要的,为什么要这样做? 为什么不那样做? 自己的理由不清楚。所以,墨子告诉我们,应该如何从"小故"到"大故"。从这一点来看,墨子的逻辑智慧值得我们很好地去思考、去学习。

第三节 "说"和"辩"的基本论式

我们在推论过程中,应该如何将墨家"故""理""类"的"三物"逻辑贯彻到实际的说理论事过程中? 这就是"说"和"辩"的具体方式。刚才我们举了一些例子,现在我们将此问题再上升到一个高度来看。

"故""理""类"这"三物"的逻辑到底是一种什么逻辑? 关于逻辑的研究对象,虽然存在各种说法,但通常认可美国逻辑学家皮尔士的看法,即逻辑从根本上是要研究推理或论证。墨家把推理或论证称为"说"或者"辩"。什么是"说"？

《墨子·经上》篇说：

> 说，所以明也。

通过"说"，我们可以达到更明白、更清楚的认识。很多事情如果不推理、不论证，是不清楚的。前面讲到，我们做事说话，可以通过从寻找必要条件到充分条件，这本身就是一种"说"。

《墨子·经说上》篇说：

> 方不障，说也。

这里谈的"说"即推理的功能或作用，阐述了推理的本质。"方"就是一种范围或一种框架，它不受某种时间或空间的限制，可以超出既定的框架进行推论。"方"可能是时间上的限制，也可能是空间上的限制。回到刚才我们所讲，如何去认识我们的过去，它不受时间控制，也就是说，我们可以通过推论去认识我们的过去。墨家认为，"说"即推理，是从已知得出新知的过程。

《墨子·经下》篇说：

> 闻所不知若所知，则两知之，说在告。

听到我们所不知道的正如所知道的一样，知道的和不知道的就都知道了，推论的理由在于有人告知。

《墨子·经说下》篇说：

> 或曰：在外者所知也，在室者所不知也。在室者之色若是其色。是所不智若所智也。犹白若黑也，谁胜？是若其色也。若白者必白。今也智其色之若白也，故智其白也。夫名以所明正所不智，不以所不智疑所明。若以尺度所不智长。外，亲智也。室中，说智也。

墨家认为,通过亲知室外之物的颜色,同时又闻知室内之物的颜色和室外之物的颜色一样,就可以推出室内之物的颜色。室内之物的颜色究竟是白色还是黑色的呢?这要看和它的颜色一样的室外之物的颜色是白色还是黑色。现在既然知道和室内之物的颜色一样的室外之物的颜色是白色的,我们就可以推出室内之物的颜色也一定是白色的。在墨家看来,推论的实质,就是用已知的前提作标准,去衡量未知的东西,这时未知即结论就转化为已知。

《墨子·非攻中》篇说:

谋而不得,则以往知来,以见知隐,谋若此,可得而知矣。

墨子强调,推理具有"以见知隐""以往知来"的巨大作用。

为什么墨子认为推理如此重要?

《墨子·鲁问》篇记载:

墨子的一个弟子彭生子说:"往者可知,但来者不可知。"

墨子说:"假如你知道自己的母亲得了疾病,而你又急于赶回去探望。现在有两辆马车,一辆好的,能够快速到达。另一辆不太好,要很久才能达到。请问你到底希望乘哪一辆车去呢?"

彭生子回答说:"那当然是要乘快的那一辆了。"

墨子说:"看来,未来的事情也还是可以知道的啊。"

上述推理可以整理如下:"如果乘好车,就能快速到达目的地。如果乘坏车就不能快速到达目的地。请问,需要增加怎样的前提才能够推出可以快速到达目的地的结论呢?"显然,应该增加的前提是:"乘好车。"在墨家看来,推理确实可以超越时间的限制,可以通过过去和现在来推测未来。

墨家非常重视推理的作用。《墨子·小取》篇说:"以说出故。"在墨家看来,通过推理就能够把论证的理由揭示出来。那么,推理究竟有哪些基本形式呢?对此,墨家提出了"辟、侔、援、推"等具体论证形式。

首先,我们来看看墨家"譬"式推论的理论和具体做法。

《墨子·小取》篇说:

> 辟也者,举也①物而以明之也。

"譬"就是用同类的他物来说明此物的推理。当然,所列举的他物情况必须与所要说明的此物同类。这里,特别需要注意的是,"譬"不是一般的比喻,而是一种论证或推理。一个"譬"的方式到底仅仅是一般的比喻,还是一个推理或论证呢?我们得看它究竟是不是着重用来证明某个论断的成立。如果确实是为了论证某一个论断为是或为非,那它就是一种论证或证明。② "辟"和今天讲的类比有很大的区别。如沈有鼎所言,"辟"比类比推理更丰富,它是把演绎和归纳全部纳入其中。③ 所以,墨家的类比推理有其非常深刻的意义。

比如,墨子曾经说:

> 圣人以治天下为事者,必乱之所自起,焉④能治之。不知乱之所自起,则不能治之。譬之如医之攻⑤人之疾者然。必知疾之所自起,焉能攻之。不知疾之所自起,则弗能攻。(《墨子·兼爱上》)

统治者必须知道产生祸乱的原因是什么,才能平息祸乱,从而实现天下大治。这就像医生医治病人的疾病一样,必须知道导致疾病的原因是什么,才能治愈病人。

这里,"治理天下"和"治病救人"是两类对象,但它们所揭示出的道理是一样的,因此,可以进行有效的类比推论。该推理的结构式,可以表示如下:

> 对象 B 具有必要条件 C,
> 对象 A 与对象 B 的情况类似,
> 所以,对象 A 也具有必要条件 C。

---

① 也:当作"他"。从毕沅校改。
② 参见斯蒂芬·雷曼:《逻辑的力量》,杨武金译,中国人民大学出版社 2010 年版,第 35—38 页。
③ 参见《沈有鼎文集》,人民出版社 1992 年版,第 336 页。
④ 焉:乃。下同。
⑤ 攻:治疗。下同。

接下来,我们具体来看《墨子·所染》篇是如何运用"譬"式推理的,即如何通过"譬"式推论来"出故"的呢?

> 子墨子言①见染丝者而叹曰:"染于苍则苍,染于黄则黄,所入者变,其色亦变,五入必②而已,则为五色矣。"(《墨子·所染》)

就是说,同样的丝,仅仅因为放在五种不同的染缸,结果染出来的丝的颜色就完全不同。由此,墨子就把这样一个现实的事物情况作为类比对象,直接上升到了国家治理的层面来做结论,也就是说从染丝手工业出发,直接上升到关于国家治理的层面的结论:"非独染丝然也,国亦有染。"这里可以看到,染丝和治国,两者虽然属于完全不同的领域,但是在道理上却是一致的,是同类,因此,就可以在它们之间进行推理。而且,墨子不但将这个道理推到国家的层面,而且还将之推到每一个个人的层面,它是与每一个人的实际密切相关的道理:"非独国有染也,士亦有染。"具体到每一个人,都有一个"染"的问题,关键是"染"上好的还是"染"上坏的问题,即和谁交朋友的问题。大家可以想一下,一般能够做大事情的人都是在和"谁"交朋友呢?是在和有问题的小人交朋友吗?显然不是。而墨子在这里,是直接列举了尧、舜、禹、齐桓公等,他们是和哪些人交朋友的?相反,桀、纣、幽、厉又是和谁交朋友的,等等,都将之一一列举出来。《墨子·所染》篇总共运用了两个类比推理,就达到了"以说出故"的效果,具有很强的论证性和逻辑说服力。

我们再来看一下,墨子在《墨子·公输》篇里面所进行的另外一个"譬"式推理的情况。

> 子墨子见王,曰:"今有人于此,舍其文轩③,邻有敝舆④,而欲窃之;舍其锦绣,邻有短褐,而欲窃之;舍其粱肉,邻有糠糟,而欲窃之。此为何若人?"

---

① 言:衍字。
② 必:通"毕"。五入毕:染过五次。
③ 文轩:指漆有美丽文饰的车子。
④ 敝舆:破车。

楚王回答说：

必为窃疾矣。

也就是犯了盗窃病。结果，墨子马上以此为"譬"的对象，直接类推到正在论证中的主体楚王，也就是楚王本人也是这样：

荆之地，方五千里，宋之地，方五百里，此犹文轩之与敝舆也。

最后，墨子得出结论说：

臣以三事①之攻宋也，为与此同类，臣见大王之必伤义而不得。

墨子最终逼迫楚王不得不说："善哉。虽然，公输般为我为云梯，必取宋。"墨子在这里通过推理，要求楚王必须"同类相推"，楚王本人在思维上已经完全被控制了。因此，他必须做出"自己是窃贼"的这个对自己十分不利的结论，从而在逻辑上已经完全站不住脚了。

其次，我们来看"侔"式推论。

《说文解字》中说："侔。齐等也。"②侔是齐等的意思。《墨子·小取》篇说：

侔也者，比辞而俱行也。

"侔"式推论是在原有命题的主项和谓项前，分别附加上意义相同的成分，从而构成新命题做结论的推理形式。"侔"式推论可用公式表示为"如果 A 是 B，那么，CA 是 CB"。其中，A、B 分别表示主项和谓项，C 表示给主项和谓项附加上的同一成分或属性。③ 这里，"A 是 B"中的"是"（"……者，……也"句）在

---

① 三事：周代大臣，一般指司徒、司马、司空。
② 许慎：《说文解字》，徐铉校定，王宏源新勘，社会科学文献出版社 2006 年版，第 430 页。
③ 参见孙中原：《中国逻辑史》（先秦），中国人民大学出版社 1987 年版，第 247—248 页。

不同情况下有不同的含义。

当"是"在前提和结论中所表达的都是一种"重同"即等同关系时,墨家认为这时的"侔"式推论成立。①《墨子·经下》篇说:

> 狗,犬也,而杀狗非杀犬也不可,说在重。

《墨子·经说下》篇说:

> 狗,犬也,谓之杀犬,可。

《墨子·经下》篇说:

> 知狗而自谓不知犬,过也,说在重。

《墨子·经说下》篇说:

> 知狗重智犬,则过,不重则不过。
> 狗,犬也;杀狗,杀犬也。

上述两个语句是可以同时成立的。同样,"狗是犬""知道狗是知道犬"这两个语句也是可以同时成立的。因为,"狗"和"犬"是二名一实的"重同",陈述"狗,犬也"是对的。所以,在它们前边附加上"杀"或"知"之后,陈述"杀狗,杀犬也"仍然可以是对的,陈述"知道狗就是知道犬"也是对的,即"狗是犬,故杀狗是杀犬"能够成立,"狗是犬,所以知道狗是知道犬"也能够成立。

上述"侔"式推论所说的情况,其前提陈述中主项和谓项之间是"重同"关系,在主项和谓项同时附加上同一属性之后,所得结论中的主项和谓项之间仍然为"重同"关系。用公式来表示应该是:

---

① 参见杨武金:《作辩经以立名本——墨家辩学与逻辑学》,杨国荣主编:《思想与文化》(第17辑),华东师范大学出版社2015年版,第116页。

$A = B$，所以，$CA = CB$。

其中，等号"="表示两个概念或项之间为重同关系。[①]

"侔"式推论在真包含于关系或属于关系下，也是成立的。

《墨子·小取》篇说：

白马，马也；乘白马，乘马也。骊马，马也；乘骊马，乘马也。获[②]，人也；爱获，爱人也。臧[③]，人也；爱臧，爱人也。此乃是而然也。

臧、获，都是指的奴隶。

墨家在这里，共列举了四种可以进行"侔"式推论的情况：

白马是马，所以，乘白马就是乘马；
黑马是马，所以，乘黑马就是乘马；
获是人，所以，爱获就是爱人；
臧是人，所以，爱臧就是爱人。

上述这四个关于"是而然"的情况，都是"侔"式推论有效，即能够成立的情况。"是而然"的意思是说，肯定的前提是正确的，肯定的结论也是正确的。"是"就相当于肯定的前提，"然"就相当于肯定的结论。事物"是而然"的情况，可以使"侔"式推论成为正确的推理。[④]

具体来说，在上述情况（1）和（2）的推论中，前提中主项和谓项之间，为子类和类之间的真包含于关系"⊂"，附加上"乘"这个成分或属性后，结论中的主项和谓项之间仍然存在这种关系。用公式可以表示为："如果 $A \subset B$，但附加属性 C 后不改变 A 与 B 之间的关系，那么 $CA \subset CB$。"其中，⊂ 表示"两个概念或

[①] 参见杨武金：《作辩经以立名本——墨家辩学与逻辑学》，杨国荣主编：《思想与文化》（第17辑），华东师范大学出版社2015年版，第116页。
[②] 获：婢奴的贱称。
[③] 臧：婢奴的贱称。
[④] 参见《沈有鼎文集》，人民出版社1992年版，第350页。

对象之间为真包含于关系"。在情况(3)和(4)的推论中,前提中主项和谓项之间为个体和类之间的属于关系"∈",在附加上"爱"这个成分或属性后,主项和谓项之间仍然存在这种关系。用公式来表示就是:"如果 A∈B,并且在附加属性 C 后不改变 A 与 B 之间的关系,那么 CA∈CB。"其中,A 表示"臧""获"这样的个体,∈ 表示"个体与类之间的属于关系"。①

《墨子·小取》篇说:

获之亲,人也;获事其亲,非事人也;其弟,美人也;爱弟,非爱美人也。车,木也;乘车,非乘木也。船,木也;入②船,非入木也。盗人,人也;多盗,非多人也;无盗,非无人也。奚以明之,恶多盗,非恶多人;欲无盗,非欲无人也。世相与共是之。若③若④是,则虽盗人,人也;爱盗,非爱人也;不爱盗,非不爱人也;杀盗人,非杀人也,无难⑤矣。此与彼同类,世有彼而不自非也,墨者有此而非之,无故也⑥焉,所谓内胶⑦外闭⑧,与心毋空乎内,胶而不解也。此乃是而不然者也。

墨家在这里,列出了九种"是而不然"的情况:

获的父母亲是人,但是,获事奉(孝敬)他的父母亲,并不就是事奉(伺候)人;

获的弟弟是美人,但是,获爱(爱护)他的弟弟并不就是爱(爱慕)美人;

车是木(木头造的),但是,乘车并不就是乘木头;

船是木(木头造的),但是,入船(上船)并不就是入木(进入木头);

---

① 参见杨武金:《作辩经以立名本——墨家辩学与逻辑学》,杨国荣主编:《思想与文化》(第17辑),华东师范大学出版社2015年版,第117页。
② 入:《道藏》本作"人"。从苏时学、孙诒让校改。
③ 若:如果。
④ 若:这个。
⑤ 难:《道藏》本中此字后有"盗无难"三字,当删除。从孙诒让校删。
⑥ 故也:当作"他故"。从王引之、孙诒让校改。
⑦ 胶:固执。
⑧ 闭:闭塞。

盗是人,但是,盗多并不就是人多,因为,厌恶盗多并不就是厌恶人多;
盗是人,但是,无盗并不就是无人,因为,希望无盗并不就是希望无人;
盗是人,但是,爱盗并不就是爱人;
盗是人,但是,不爱强盗并不就是不爱人;
盗是人,但是,杀强盗并不就是杀人。

"是而不然"的意思是说,肯定的前提是正确的,但肯定的结论则是错误的,即所进行的侔式推论都是错误的。所以,墨家在结论的主项和谓项之间,插入了一个"非"字,这样就把原来错误的肯定结论,改成了正确的否定判断,同时把原来错误的"侔"式推论关系给取消了。① 这就是说,在前提中主项和谓项之间为类同关系,但在附加上某种属性之后,在结论中主项和谓项之间不再是类同关系的时候,则侔式推论关系不能成立,但在否定了这个侔式推论的结论之后的推论则是成立的。用公式来表示就是:"如果 A⊂B,但附加属性 C 后改变了 A 与 B 之间的关系,那么并非 CA⊂CB。"其中,⊂ 表示"两个概念或对象之间为类同关系"。②

具体来说,在上述情况(1)和(2)中,"获的父母亲"与"人"之间,是子类和类的关系,"获的弟弟"和"美人"之间,也是子类和类的关系。但对子类和类所附加上的语词"事"或"爱",它们在含义上却并不相同,所以,如果做出肯定的结论,则都是错误的。在情况(3)和(4)中,车是木头造的,但车和木头却已经是属于不同的类了,所以,乘车当然也并不是"乘木头"了。船是木头造的,但船和木头却是不同的类了,当然"入船"和"入木头"也并不是一回事了,所以,如果做出肯定的结论,也都是错误的。在情况(5)、(6)、(7)、(8)和(9)中,强盗和人之间是子类和类的关系,但是,对子类和类所附加上的语词在含义上却并不相同(出现了歧义),比如,"盗多"和"人多"中的"多"字的含义就不同(判断某地的盗是多还是少,与判断当地的人是多还是少所用的尺度不同,即相对概率不同),"无盗"和"无人"中的"无"的含义不同,"爱盗"和"爱人"中的"爱"的含义不同,"杀盗"和"杀人"中的"杀"的含义也不同(杀盗不是杀在

---

① 参见《沈有鼎文集》,人民出版社 1992 年版,第 352—353 页。
② 参见杨武金:《作辩经以立名本——墨家辩学与逻辑学》,杨国荣主编:《思想与文化》(第 17 辑),华东师范大学出版社 2015 年版,第 118 页。

"人"上而是杀在"盗"上)。所以,如果我们在结论中做出肯定性的判定,只能是错误的。

如果要对上述这样的推论做更深入的考察,就要进一步深入到道义推论或道义逻辑的层次。我们可单独以上述情况(9)为例,做一些讨论。先将这个推理转化成西方最经典的亚氏三段论,如下:

1. 所有的盗贼都是人;
2. 被杀死的是盗贼;
3. 所以,被杀死的不是人。

转换成西方亚氏三段论以后,我们可以很轻易地看出来这些话的矛盾之所在,即结论和大前提是矛盾的。那么,如果要让这个三段论得以成立,则结论3应该替换为:"3. 被杀死的是人。"为什么会出现这样的矛盾呢?这就是墨家逻辑在逻辑认识之中更加注重逻辑的内涵:"'盗'虽然在外延上属于人,但在内涵上却不只是人,即'盗'还具有'非人'的本质属性。"①在此基础之上,我们从墨家的道德语境来看,就会发现这正是墨家逻辑中"取"的体现,墨家在其思想中所提倡的是"不应该杀人",而对于偷盗则是"不允许偷盗",从言语效力上来说,不允许的程度远远高于不应该,也就是说,犯了不允许做的事情所生成的"恶"应当远远高于做了不应该做的事情,此为一"取";"杀盗"虽然是杀了一个人,但是与"盗人"不被杀对国家法律和社会安定带来的破坏相比,却算是"小恶"了,此为二"取";此外,"盗人"之"人"与"非杀人"之"人"在语用程度上存在内涵上的不同,"盗人"之"人"所指应该更类似于广义范围上的人,而"非杀人"的人应该主要指公民层面的人,所以在这层意思上可能存在一定的误差;从道德层面上来看,"盗"在任何国家的道德体系中都不是作为一个道德行为而存在的,我们也可以这样来认为,"盗"是作为一个不道德的事实而存在的,而墨家逻辑通过"取"的实际运用成功地将"盗"作为非道德行为与正常的、符合道德式的"人"区分开来。正是墨家逻辑通过"取"对道德事实的正确认识,才得出了"杀盗非杀人"的结论。

---

① 杨武金:《墨家逻辑产生的历史文化背景》,《职大学报》2015年第5期。

《墨子·大取》篇中说：

> 知是世之有盗也，尽爱是世；知是室之有盗也，不尽恶①是室也。知其一人之盗也，不尽恶是二人；虽其一人之盗，苟不知其所在，不②尽恶其弱③也。

这就是说，虽然知道世界上有盗，还是要尽爱世人；知道房间里有盗，不能厌恶房间里所有人。知道两个人中有一个是盗，也不能同时厌恶两个人；知道其中一个人是盗，但是不知道是谁，也不能同时厌恶他们。

这一段话初看起来，与《墨子·小取》篇所说"杀盗非杀人"中蕴含的对"盗人"的厌恶相互矛盾，又要厌恶他，又要尽爱他，但实际上还是墨家逻辑中的"取"的问题。在"世之有盗也"这一个前提之下，盗其实是作为广义的"人"的集合中的一员，正是符合了墨家"兼相爱"的思想政治目的，同时，墨家思想中所提倡的是应该兼爱世人，同时又并非不允许爱盗人，所以，在并不冲突的情况下，不爱世人所带来的害，远远大于兼爱少量的盗人所带来的害。"取"害之小者，应当兼爱世人，这也正是墨家的"取"符合道德实在性的体现，由于道德事实本身并非一个先验的概念，而是通过探求和辩论在人类群体中不断变化而形成后验道德概念的一个过程，具有跨越种族和文化的实体性，基于这些特点，墨家得出"尽爱是世"的道德判断结论，恰恰是符合道德事实的。在这里出现了两个道德观念的冲突，即"尽爱是世"和"恶盗人"，但符合道德事实的道德判断却始终只有一个，所以墨家经过"取"这一过程，对两种看似矛盾的道德观念进行讨论分析，最后得出了一个"尽爱世人"的道德事实，反观整个世界，不论是西方的"博爱"还是墨家的"兼爱"，都体现了对于所有人的"爱"这一道德事实，也从侧面证明了墨家逻辑"取"的结果最终是符合道德事实的。④

另外，如果将上述情况（1）、（2）、（3）、（4）、（5）和（6）作为前提，而把情况（7）、（8）、（9）作为结论来考虑论证，墨家在这里又使用了"援"式反驳。如果

---

① 恶：《道藏》本无此字。从孙诒让校增。
② 不：《道藏》本无此字。从王赞源校增。
③ 弱：当作"朋"。从孙诒让校改。
④ 参见何新宇：《墨家逻辑的道义取向》，《职大学报》2018年第6期。

再考虑"此与彼同类,世有彼而不自非也,墨者有此而非之,无他故焉,所谓内胶外闭,与心无空乎内,胶而不解也"这句话,则墨家在上述论证中同时也使用了"推"式反驳。

《墨子·小取》篇说:

> 夫且读书,非读书也;好读书,好书也①。且斗鸡,非斗鸡②也;好斗鸡,好鸡也。且入井,非入井也;止且入井,止入井也。且出门,非出门也;止且出门,止出门也。世相与共是之。若若是,且夭,非夭也;寿且夭③,寿夭也。(执)有命,非命也;非执有命,非命也,无难矣。此与彼同类④,世有彼而不自非也,墨者有此而罪⑤非之,无也⑥故焉,所谓内胶外闭,与心无空乎内,胶而不解也。此乃不⑦是而然者也。

墨家在这里,列举了"不是而然"的六种情况:

"将读书"并不是就"在读书",但是,"好读书"却是"好书";

"将斗鸡"并不是就"在斗鸡",但是,"好斗鸡"却是"好鸡";

"将要入井"并不是就"入井",但是,"阻止将要入井"却是"阻止入井";

"将要出门"并不是就"出门",但是,"阻止将要出门"却是"阻止出门";

"将要夭折"并不是就"夭折",但是,"阻止将要夭折"(救命)却是"阻止夭折";

主张"有命"并不是真的"有命这东西存在",但是,"反对主张有命"却是反对"有命这东西存在"。

---

① 夫且读书,非读书也;好读书,好书也:《道藏》本为"且夫读书,非好书也"。从孙诒让校改。
② 斗鸡:《道藏》本作"鸡"。从李渔叔校增。
③ 寿且夭:《道藏》本无此三字。从吴毓江、沈有鼎校增。
④ 类:《道藏》本无此字。依上下文义增。
⑤ 罪:衍字。
⑥ 也:当作"他"。
⑦ 不:《道藏》本无此字。根据上下文义增。

沈有鼎认为,"不是而然"的意思是:否定的前提是正确的,否定的结论则是错误的。所以,墨家在结论的主项和谓项中间,删掉了一个"非"字,这样就把原来错误的否定结论,改为了正确的肯定判断,同时也把原来错误的"侔"式推理关系给取消掉了。[1]

具体地说,在上述情况(1)、(2)、(3)、(4)和(5)中,"且"是"将要"的意思,是指向未来的模态词。现实是将来的实现,但将来不一定就是实然的现实。例如,"且读书"是将要读书,但现在并没有读书,而"好读书"表示的是一种兴趣爱好,与"且"不同,是不同类的问题,不是指向未来的模态词。类似地,"且出门"是将要出门,但现在还没有出门,而"阻止出门"却是阻止了任何出门的可能性,当然也就阻止了出门的现实性,因为没有将来的可能性,也就谈不上有任何的现实性。在情况(6)中,主张"有命"是一种主观上的认识,并不一定就是客观的存在,但是,反对主张有命这种做法,却一定是反对了"命"这种东西在客观上的存在,也就是它的现实性的存在。因为一种观点,虽然只有一种可能性,但是如果没有这种可能性,其客观的现实性也就不存在。基于上述理由,如果我们从否定性的前提出发,在结论中就做出否定性的判断,这只能是错误的。

《墨子·小取》篇说:

爱人,待周爱人,而后为爱人;不爱人,不待周不爱人,不[2]周爱,因为不爱人矣。乘马,不[3]待周乘马,然后为乘马也。有乘于马,因为乘马矣。逮至不乘马,待周不乘马,而后为不乘马[4]。此一周而一不周者也。

这段话,区分了两种不同类型的推论:

爱人,只有爱所有的人,才能称为是爱人。但是,不爱人,并不需要不爱所有的人,只要有一个人不爱,就可以称为是"不爱人"。

乘马,不需要乘所有的马,才能称为是乘马,只需要乘一匹马就可以称为

---

[1] 参见《沈有鼎文集》,人民出版社1992年版,第354页。
[2] 不:《道藏》本在此字后有"失"字,当删除。从俞樾、孙诒让校删。
[3] 不:《道藏》本无此字。从孙诒让校增。
[4] 马:《道藏》本在此字后有"而后不乘马",当删除。从孙诒让校删。

是乘马。但是,不乘马,需要所有的马都不乘,才能称为是"不乘马"。

在墨家看来,"爱人"需要遍及所有的人,"乘马"却不需要遍及所有的马,因为它们是属于不同类的问题,"爱人"处理的是人与人之间的关系问题,"乘马"处理的却是人与物之间的关系问题。这里,涉及了墨家的政治伦理思想。墨家提倡兼爱,强调人和人之间要普遍地、平等地相爱互助,应该无差别地爱所有的人才是真正的"爱人",因此,反映到墨家的逻辑思想上,就很自然地认为:只有爱所有的人,才能称为是"爱人"。从这一点来说,我们可以认为,墨家逻辑并不是纯形式的,不是从纯粹形式逻辑的意义上来推论问题的,而是需要涉及其政治伦理思想等内涵问题。

《墨子·小取》篇说:

> 居于国,则为居国;有一宅于国,而不为有国。桃之实,桃也;棘之实,非棘也。问人之病,问人也;恶人之病,非恶人也。人之鬼,非人也;兄之鬼,兄也。祭人之鬼,非祭人也;祭兄之鬼,乃祭兄也。之马之目眇①,则为之马眇;之马之目大,而不谓之马大。之牛之毛黄,则谓之牛黄;之牛之毛众,而不谓之牛众。一马,马也②。马四足者,一马而四足也,非两马而四足也。马或白③者,二马而或白也,非一马而或白。此乃一是而一非者也。

墨家在这里,列举了九种"一是而一非"的情况:

居住在某一国内,可以说是住在某一国,但是,有一住宅在某一国内,却不能说有某一国。

桃树的果实称为桃,但是,棘树的果实却不称为棘(应该称为枣)。

探问别人的病,可以说是探问人,但是,讨厌别人的病,却不能说是讨厌人。

人的鬼魂并不能叫人,但是,兄长的鬼魂却可以叫兄长。

祭人的鬼魂不能说是祭人,但是,祭兄长的鬼魂却可以说是祭兄长。

这匹马的眼睛瞎,可以说是这匹马瞎,但是,这匹马的眼睛大,却不能说这匹马大。

---

① 盼:当为"眇"。瞎。从顾千里、孙诒让校改。下同。
② 一马,马也:当作"一马,马也;二马,马也"。从胡适、吴毓江、沈有鼎校增。
③ 自:当作"白"。从孙诒让校改。

这头牛的毛黄,可以说这头牛黄,但是,这头牛的毛多,却不能说这头牛多。

一匹马是马,两匹马也是马,但是,一匹马有四只脚,却不能说是两匹马有四只脚。

"有的"马是白色的,是说两匹马中有一匹是白色的,而不是说一匹马有白色的。

沈有鼎认为,"一是而一非"的意思就是,肯定的前提是正确的,但肯定的结论却是错误的;或者否定的前提是正确的,但否定的结论却是错误的。所以,墨家就在结论的主词和谓词之间,插入了一个"非"字,这样就把原来错误的结论改成了正确的判断,同时把原来错误的推理关系给取消了。①

具体地说,上述情况可以分为两类,一类是(4)和(5),情况为否定的前提是正确的,而否定的结论却是错误的。另一类是(1)、(2)、(3)、(6)、(7)、(8)和(9),它们的情况都是肯定的前提是正确的,而肯定的结论却是错误的。

就(1)来说,《庄子·天下》篇载,辩者有"郢有天下"的论题。"郢"仅仅是当时楚国的一个县城而已,怎么会"有天下"呢?上述的(1),就是针对这样一个论题来进行驳斥的,"居于国"可以叫做"居国"(住在一个国家里),但是"有一宅于国"却不能叫做"有国"(领有一个国家)。再就(6)和(7)来说,《庄子·天下》篇载,辩者有"白狗黑"的论题。沈有鼎认为,辩者的说法在逻辑上也是正确的,他说:"称此狗为白狗,是因为它的毛是白的。它的眼球却确切是黑的,为什么不因此称它为黑狗呢?两种叫法,显然在逻辑上有同等理由,所以同等正确。"②沈有鼎的这个看法,可能来自司马彪关于这个问题的解释。③《经典释文》引司马彪注"白狗黑"说:"狗之目眇,谓之眇狗。狗之目大,不曰大狗。此乃一是一非。然则白狗黑目,亦可为黑狗。"狗的眼睛眇了,称之为狗眇;但狗的眼睛大,却不能说是大狗。这就是"一是而一非"的情况。然而,一条白狗但眼睛却是黑色的,也可以称之为"黑狗"。

此解释道出了辩者"白狗黑"这一悖论的由来。不过,日常语言的用法,并不是只考虑逻辑上的理由,还需要考虑有关的用法是否简单、是否方便等

---

① 参见《沈有鼎文集》,人民出版社1992年版,第356—357页。
② 《沈有鼎文集》,人民出版社1992年版,第209页。
③ 参见郭庆藩辑:《庄子集释》,王孝鱼点校,中华书局1961年版,第1111页。

因素。① 上述(6)和(7),就是针对这个论题来加以驳斥的,即马瞎不瞎是根据马的眼睛来判断的,但马大不大却不是根据马的眼睛来判断的;牛黄不黄是根据牛的毛色来判断的,但牛多不多却不是根据毛色来判断的。因此,狗白不白,当然也不是根据狗的眼睛的颜色来判断的,而应该是根据狗的毛色来加以判断的。

《墨子·大取》篇中,也有多处论述了"一是而一非"的情况。

《墨子·大取》篇说:

以臧为其亲也而爱之,爱②其亲也;以臧为其亲也而利之,非利其亲也。

因为误认臧为父亲而爱他,这还是爱父亲的表现,但误认臧为父亲而给他实际利益,那所利的就只是臧而不是父亲了。这属于沈有鼎所说的"肯定的前提是正确的,但肯定的结论却是错误的"的"一是而一非"的情况。

《墨子·大取》篇说:

故一人指,非一人也,是一人之指,乃是一人也。方之一面,非方也,方木之面,方木也。

一个人的手指头并不就是一个人;这里有一个人的手指头,是可以说这里有一个人的。看到方形物的一面,不能确定是方形物;看到方形木的一面,却知道是方形木。这属于沈有鼎所说的"否定的前提是正确的,但否定的结论却是错误的"的"一是而一非"的情况。

古汉语因语言的影响,容易使人们自然考虑可以做"侔"这样的推论。实际上,中国的语言影响思维的情况是非常多的,比如,《论语》中就说:"名不正则言不顺,言不顺则事不成,事不成则礼乐不兴,礼乐不兴则刑罚不中,刑罚不中则民不知措手足。"《大学》里面也有类似的推导,这些推导大都是因语言的

---

① 叶锦明:《悖论十七条——论沈有鼎教授的手稿 A,B,C》,《摹物求比——沈有鼎及其治学之路》,社会科学文献出版社 2000 年版,第 303 页。

② 爱:《道藏》本在此字前有"非"字。从孙诒让校删。

语义层面而引起的，但是却未必存在必然性，而只是具有一般性而已。比如，《大学》里面推断说"格物而后知至，知至而后意诚，意诚而后心正，心正而后身修，身修而后家齐，家齐而后国治，国治而后天下平"。这里的"格物而后知至"，难道通过"格物"就一定能够"致知"吗？不一定，其间只是具有一般性的关系。墨家所追求的"侔"式推论，却是要求具有必然性的，那么这是一种什么样的必然性呢？显然，这应该是一种"有之必然"的逻辑推论的必然性。

"援"式推论是一种什么样的情况呢？这种推论主要是用于反驳的情况，即在辩论的时候是对方先说话，我方通常该怎么样来应对呢？一般来说，如果觉得对方正确，我方就认可他、同意他，就说我同意、没有问题。但是，假如对方说的话存在问题，则我方的论证该如何来进行呢？对此，墨家就提出了"援"这样一种反驳方式。

《墨子·小取》篇说：

援也者，曰："子然，我奚独不可以然也？"

"援"就是通过援引对方的主张，作为所进行的类比推论的前提，从而引申出我方同样的主张，即"你可以那样，我为什么偏偏不能那样呢？"即我方也可以根据你方思考问题的方式，来进行和你方同样方式的论证。

"援"式推论可用下列公式来表示：

被反驳的论题为：非 A
证明：
（1）设 B 是成立的；
（2）A 与 B 为同类；
（3）所以，A 成立；
（4）所以，非 A 不成立。

我方的观点是 A，对方否定我方的观点也就是"非 A"。对方赞成的观点是 B，既然 A 和 B 是属于同类，所以，如果 B 真则 A 也真，即如果赞成 B，那么也应该赞成 A。这样，对方就陷入了"非 A 且 A"的自相矛盾的状况。这样的推论方式为什么是可以的呢？因为你方说要这么做，你方是有理由的，即你方是因为什么什么所以要这样做的；那么，我方也可以说因为什么什么要这样做，即我方也能不能这样考虑，如果我方也可以这样考虑，我方就可以说服你。这实际上，也就是要坚持《墨子·小取》篇中所说的"有诸己不非诸人"的"同类相推"原则，自己赞成某种观点，不能因此反对别人可以赞成同样的观点。

关于"援"式推论，墨家曾经在论证自己思想的过程中有过很多运用。《墨子·鲁问》篇中，讲了这样一个故事。当时，鲁阳文君即将攻打郑国，墨子听说之后立马就前去阻止，并对鲁阳文君说："今使鲁四境之内，大都攻其小都，大家伐其小家，杀其人民，取其牛羊、狗豕、布帛、米粟、货财，则若何？"假如说，在你鲁阳文君的国内出现让大家互相不兼爱、互相攻伐的做法，你觉得应该怎么办？鲁阳文君当然是不能容忍这种做法的，所以，他说"鲁四境之内，皆寡人之臣也。今大都攻其小都，大家攻其小家，夺之货财，则寡人必将厚罚之"。在墨子看来，既然你鲁阳文君可以这样说话，那么我墨子也就可以在范围虽然更大但却是同类的事情上来说话："夫天之兼有天下，亦犹君之兼有四境之内也。今举兵将以攻郑，天诛其不至乎？"墨子用鲁阳文君自己所同意的观点，和鲁阳文君所不同意的观点进行对比，即既然你鲁阳文君同意那个，那么你鲁阳文君也得同意这个。我们可以从中看到：墨子的论证，揭露了鲁阳文君的错误做法，充分地说服了鲁阳文君。所以，"援"式论证在人们的反驳过程中具有非常重要的作用。

《墨子·公输》篇中，墨子关于"援"式推论展示出了精彩的应用。其中，《墨子·公输》篇里关于"譬"式推论的应用，如前所述，墨子通过应用"譬"式推论，让楚王承认自己犯了错，承认自己辩论失败，从而逼迫楚王和公输般不得不用实力来进行较量，这个时候墨子就只能硬碰硬："公输般九设攻城之机变，子墨子九距之。公输般之攻械尽，子墨子之守圉有余。"这个时候，论辩双方都是凭借实力比战略、策略与技术。通过实力较量，迫使公输般"诎"。这时，公输般只能拿出最后一招："吾知所以距子矣，吾不言。"也就是要杀死墨子。这时，墨子也说："吾知子之所以距我，吾不言。"这样的对话搞得楚王莫名其妙了。公输般当然就是想直接杀掉墨子，而墨子也早已经做好了足够准备。在这最后一轮的对话中，墨子使用了什么样的逻辑呢？其实就是"援"式推论的应用：我知道怎么战胜你，但我不想说。"你公输般既然可以这么说，我墨子为什么就不可以这样说呢?"由此,我们看到:就是一个短短的《墨子·公输》篇,也能展现墨家进行论证的方式方法具有非常强的逻辑性和论证力。

"推"式论证比"援"式论证要复杂一些。虽然它们都是在反驳,但"推"式论证还要求将对方的观点明确地摆出来。在做"援"式论证的时候,自己赞成的观点不必明确地表达出来,只要就对方的意思来说同样的话就可以了。总的来讲,"譬"和"侔"两种论式都主要用于证明,而"援"和"推"两种论式则主要用于反驳。"推"式论证在整个墨家论式里面是最为全面、最有说服力的。

那么,《墨子·小取》篇是怎么样来定义"推"的呢?《墨子·小取》篇说:

> 推也者,以其所不取之,同于其所取者,予之也。

"推"这种论式,是我方为了反驳对方的命题,先是选择一个与对方的命题属于同类,但却又是荒谬的、连对方也不可能接受的命题,从而证明对方的命题是不能成立的。"推式"推论可用下列公式来表示:

被反驳的论题为:A
证明:
(1) 设 A 成立;
(2) A 与 B 为同类;
(3) 非 B 真;
(4) 所以,A 不成立。

对方"所取"的是 A,对方"所不取"的是 B,也就是取"非 B"。既然 B 与 A 是同类的东西,显然,如果 A 成立则 B 也应该成立,即如果取 A 则也应该取 B。但是,B 却是对方"所不取"的,这样就使得对方陷入了"应该取而不能取"的自相矛盾状况,从而反驳了对方。

在《墨子·尚贤下》篇中,墨子曾经说:"而今天下之士君子,居处言语皆尚贤;逮至其临众发政而治民,莫知尚贤而使能。我以此知天下之士君子,明于小而不明大也。"而今天下的士君子,平时居住言谈都知道尚贤,可是他们面对民众发布政令以治理人民的时候,就不知道尚贤使能了。我由此知道天下的士君子，只明白小道理却不明白大道理。那么，什么是明于小而不明于大呢？"今王公大人有一牛羊之财不能杀，必索良宰。"如果有一头牛或一只羊不会杀，则知道找会杀的人来杀。"有一衣裳之财不能制，必索良工。"如果自己不会做衣服，就知道找裁缝来做。"有一罢马不能治，必索良医。"如果有一匹病马自己不会治，就知道找良医来医治。"有一危弓不能张，必索良弓。"如果有一张弓有问题不能张开，就知道要找有经验、有能力的人来做。但是，非常奇怪的是，一到管理国家统治者就不一样了，管理国家为什么就不一样了呢？这个时候统治者不是找有经验、有能力、有水平的人来管理，那找什么样的人呢？他们找骨肉之亲、无故富贵、面目美好者。这里，管理国家和杀牛、制衣、给马治病、修弓等，都属于一类事物，而在这一类事物里面，管理国家显然比其他情况要重要得多，但是统治者虽然在小的方面，在不太重要的事情上面知道尚贤，而在大的方面，在最为重要的事情上面却不知道尚贤。所以，墨子说，统治者把治理国家看得还不如制衣杀牛更重要。这里，对方"所不取"的就是治理国家时要尚贤，对方"所取"的是在小事情上知道尚贤。通过这样的推论，就可以把对方"所不取"的和对方"所取"的进行对照，从而达到反驳对方的目的。有时，我们把墨家所总结出来的这种"推"式论证，叫做以小推大，小与大是"类同"，"同类"当然就可以"相推"。

  墨子应用"推"式论证的地方非常多。《墨子·非攻上》篇说道："今有一人，入人园圃，窃其桃李。"这里所列举的行为，只是偷别人的水果，统治者知道这是一种侵犯人家的行为。然后又列举"攘人犬豕鸡豚者，其不义又甚入人园圃窃桃李。是何故也？以亏人愈多，其不仁兹甚，罪益厚"。偷鸡摸猪的事情，偷窃别人驯养的动物，统治者也还是知道这是一种侵犯别人的行为。然后又列举"入人栏厩，取人马牛者，其不义又甚攘人犬豕鸡豚"。牛马却是劳动工具，偷窃人家的牛马就属于更严重的侵害他人的行为了。然后再列举"杀不辜人也，拖其衣裳，取戈剑者，其不义又甚入人栏厩取人牛马"。人命关天，取人性命已经构成犯罪。墨子在这里加以总结道："当此，天下之君皆知而非之，谓之不义。"即统治者在上面的情况下都还能头脑清醒，能够认识到这些行为都是不义的，因而都知道要将相关的责任人抓起来，并谴责这些行为，给相应的责任人定罪。可是，"今至大为攻国，则弗知非，从而誉之，谓之义"，即到了国家与国家之间的攻伐之战，这时统治者就不能认识到这些攻伐战争的非正义性了。这里,墨子用了"推"这样一种方法,验证了"非攻"这样一个主题。

墨子在《墨子·公输》篇中,也采用了"推"式论证。墨子是如何与公输般进行论战的呢? 当时,公输般看到墨子来了,老朋友见面,马上就上前问:"夫子何命焉为?"墨子回答说:"北方有侮臣,愿借子杀之!"墨子要老朋友公输般帮助自己去杀人。我们看公输般怎么来进行回应的呢? 他说:我这个人从来都是讲义气的,怎么可以杀人呢?! 墨子这时候说:"吾从北方,闻子为梯,将以攻宋。宋何罪之有? 荆国有余于地,而不足于民,杀所不足,而争所有余,不可谓智。宋无罪而攻之,不可谓仁。知而不争,不可谓忠。争而不得,不可谓强。义不杀少而杀众,不可谓知类。"墨子这样一个论证,使得公输般不得不服。所以,"推"式论证是一种非常高明的论辩方法,它能够使对方陷入自相矛盾的泥潭之中而不能自拔。

墨家还具体探讨了"推"式论证用于反驳("止")的基本情况。在《墨经》文本中,"止"主要有两种含义。一种含义是指物理学意义上的"停止",如《墨子·经上》篇所说:"止,以久也。"物体的静止可以用时间来衡量。另一种含义则是指逻辑学意义上的反驳,即止住、不许他那样说的意思。墨家主要总结了两种重要的反驳方式"止"。

《墨子·经上》篇说:

  止,因以别道。

"因以"就是用来的意思,"别"就是指分别、限制的意思,"道"指的是一般性的道或理。

《墨子·经说上》篇说:

  彼举然者,以为此其然也,则举不然者而问之。若"圣人有非而不非"。

"止"就是用来驳斥那些一般性陈述的"道"或"理"的推论。在论辩过程中,如果对方通过列举一些事物情况是这样(正面事例),就想当然地推出这一类事物情况都是这样,这时,我方就可以通过列举不是这样的事物情况(反面事例)来加以质疑。例如,当对方通过列举一些圣人不批评别人的错误的事例,就得出结论说:"所有圣人都不是批评别人的错误的",这时,我方就可以通过列举另外一些圣人却是批评别人的错误的事例来质疑对方。墨家这里所阐述的反驳方式"止",是当对方在进行归纳推理时,我方所应该采取的反驳方式。

与上述情况不同的是,墨家认为,如果对方是在进行演绎论证时,我方却应该采取如下的反驳方式。

《墨子·经下》篇说:

> 止,类以行之,说在同。

这里的"之"字,在《道藏》本中为"人"字,孙诒让疑为"之"。墨家认为,反驳应该根据"类"的原则来进行,理由就在于"同类"可以相推。

《墨子·经说下》篇说:

> 彼以此其然也,说是其然也;我以此其不然也,疑是其然也。

如果对方通过指出这一类事物情况都是这样,就必然地推导出某一个具体事物的情况是这样。这时,我方就可以通过指出这一类事物情况并不是这样,从而怀疑对方所推出的结论。比如说,《墨子·公输》篇中载,墨子先是要求公输般帮助自己去杀死一个人,公输般通过表明自己因为讲义气绝对不杀任何人,从而推出(意味着)自己不会去杀墨子所要求去杀的那个人。这时,墨子就通过指出公输般并不会因为讲义气绝对不杀任何人,从而使得公输般推论的大前提遭受到了质疑,进而使得公输班在论战中遭到毁灭性的失败。

"譬、侔、援、推"各种论式,既有着本质区别,又存在着密切联系。上述"推"式论证实例,也可以看成是包含了"譬、侔、援"诸论式于其中的论式。如所包含的"辟"可以构造为:统治者在处理治理国家大事时应该尚贤,譬如统治者在处理有衣裳自己不能缝制的时候,就会请求优秀的裁缝来缝制。所包含的"侔"式推论可以构造为:统治者在处理有衣裳自己不能缝制的时候,就会请求优秀的裁缝来缝制;因此,统治者在处理国家治理这种大事的时候,更应该请有贤德的人来做。所包含的"援"式推论可以构造为:既然统治者在处理有衣裳自己不能缝制这种小事的时候,就会请求优秀的裁缝来缝制;那为什么我就不能要求统治者在处理国家这种大事的时候,更应该请贤德的人来从事呢?可以说,"辟""侔""援"三种论式可以互相转换来使用。当然,"辟""侔""援"三种论式之间,也存在一定差异。"侔"式推论主要用于推理;"援"主要用于回应对方,即用来反驳对方的观点或者论证;"辟"式推论从其定义来看,就是要用他物来明此物,着重于推理和证明。"譬、侔、援"三种论式,可以统一运用于"推"式论证的整个过程之中。①

第四节　墨家辩学的当代价值

墨家辩学是人们认识真理的重要工具,具有行诸百世而不悖的普遍性和真理性。通过研究墨家辩学,弘扬中国传统文化,可以为进一步接纳西方逻辑、发展现代逻辑发挥重要作用。同时,我们也应该看到,墨家辩学具有自身的特殊性质,墨家辩学不像西方逻辑那样"纯",更没有建立起像西方逻辑那样的纯逻辑。墨家辩学和中国的哲学一样,都印上了中国文化和中国所固有的"情景",逻辑学的内容被许多哲学思想的内容所包裹着,正是这种特殊性使得墨家辩学具有它独到的价值和魅力。墨家辩学对当代世界逻辑的发展具有重要意义和实际价值。

首先,墨家辩学可以为西方形式逻辑的发展提供重要补充。逻辑学有三个重要的发源地,即中国先秦的名辩学、古代印度的因明学和产生于古希腊的逻辑学。沈有鼎说:"和古代希腊、印度一样,古代中国的逻辑学是首先作为辩论术而发展起来的。"②论辩活动是古代逻辑得以产生的重要原因之一。当然,影响逻辑学产生和发展的因素,除了论辩活动之外,就是科学研究尤其是数学的发展,还有语言因素的影响等。所以,西方逻辑、印度因明学和中国的墨辩,它们虽然在许多问题上相通,比如都认识到了不矛盾律和充足理由律的重要性等,但却也存在着很多各自的特点。西方逻辑着重从推理形式和推理规则

---
① 参见杨武金:《墨家逻辑:在墨经与墨论之间诠释》,《职大学报》2021年第2期。
② 《沈有鼎文集》,人民出版社1992年版,第311页。

上来研究,甚至构造出公理系统;中国的名辩学则主要研究概念、判断、推理、论证和论辩,尤其是在概念和论辩的研究上非常深刻。[1] 西方逻辑着重于研究各种推理形式,尤其是研究有效推理形式和无效推理形式;中国名辩学则着重研究各种论证方式和论证模式,特别地,墨家辩学关于"侔"式推论的研究,实质上是对动词的逻辑力量问题以及语用逻辑问题进行了大量深入思考并开展了大量的研究。墨家辩学关于"理"(法)的研究,实质上是要追求类似西方逻辑那样的有效推理形式,墨家辩学关于"故"(原因、理由)的研究,主要是关于论证理论及其应用的研究,但又是建立在因果理论的基础上的,墨家是反对强加因果的,因而墨家的论证理论具有非常深刻的含义。此外,墨家关于类与整体关系的认识,关于权衡取舍的讨论,都非常重要。总之,墨家辩学思想对于当代逻辑的发展和研究具有重要价值,值得开展深入讨论。

其次,墨家辩学可以为当代非形式逻辑和批判性思维学科的发展提供许多理论和应用上的根据与实际案例,从而更好地发挥逻辑和批判性思维对于培养人的逻辑与批判性思维能力的作用。自20世纪70年代末、80年代初以来,在西方兴起的非形式逻辑和批判性思维,主要就是为了克服西方形式逻辑存在的一些局限性,从而更多地关注人们日常思维和科学推理的逻辑学科,其主旨就是要培养人的创造性思维能力和理性思维能力。我们可以通过比较研究发现,这种非形式逻辑或批判性思维实际上就是一种应用逻辑,就是要将高度抽象的逻辑形式还原到日常的推理实例。与西方形式逻辑相比,墨家辩学由于更多关注社会政治实践,更多地注重逻辑为论证服务,所以,其主要研究了类比推论,而"归纳和演绎也是隐含着没有明确分化出来",但是"古代中国人对类比推论的要求比较高,这是因为在古代人的日常生活中类比推论有着极其广泛的应用"。为此,墨家提出了"同类相推""异类不比"的推论原则,提出了"辟""侔""援""推"等各种用于证明和反驳的论证形式。比如,《墨子·经说上》篇说:"止:彼举然者,以为此其然也,则举不然者而问之。"当对方列举一个正面事例,就得出这类事物都是这样的一个全称命题,这时我方就可以通过列举反面事例来驳难。墨家将这种反驳方式称为"止"式推论,即使对方停止、止住的意思,属于"推"式论证的一种具体形式。我们在日常论证和思维实

---

[1] 参见杨武金:《中西逻辑比较》,《哲学与文化》2010年第8期。

践中,大量应用这样的推论方式,而且常常能够取得很好的论证效果。墨家文本的论证结构体系大量体现出批判性思维的基本精神。批判性思维强调,提出问题要有针对性。墨家提出兼爱观点,针对的就是现实中的不兼爱。兼爱的基本含义有二:一是广泛性,二是平等性。现实中的亲亲,就是墨家所针对的对象。现实中人与人之间的不平等,就是墨家兼爱思想需要改变的。墨家在论证其基本观点的时候,常常将这个观点在现实中或者将来有可能存在的不同看法,以及可能遭到的反驳,呈现出来加以分析和回应。比如,《墨子·兼爱下》篇中,在论证兼爱思想的合理性时,就曾对那些可能认为兼爱是不可能实现的和实现起来非常困难的观点进行过回应。针对当时有人说兼爱很好但实现起来很难的观点,墨子指出了真正难的事情是上战场打仗,这是要死人的事情,但也只要统治者号召,人们还是愿意去做。反之,爱人者人必从而爱之,兼爱本身是很好实现的,不是什么难事,更不是什么难以实现的幻想。再如,针对当时有人将兼爱说成是像携泰山而跨越黄河、济水那样是不可能的事情,墨子指出,这在逻辑上是一种错误类比,因为后者是人们从未做过的事情而兼爱则是前人实现过的,比如大禹治水、周文王治理西土等。总之,墨家辩学完全可以为当今的非形式逻辑或批判性思维的研究和发展提供有用素材和实际借鉴。①

最后,墨家辩学可以在当代人工智能语义学的研究和发展中发挥重要作用。内涵问题是当今世界逻辑研究中一个重要的课题。西方逻辑自弗雷格以来,甩掉内涵,专注外延,现代逻辑基本上都发展成了外延逻辑,现代计算机成了外延机。随着计算机人工智能的进一步发展,人们越来越认识到注重内涵问题的重要性。偏重内涵问题的墨家辩学可以在当代人工智能语义学的研究和发展中发挥重要作用。②

语用语法的结构与逻辑形式结构的关联性和差异性,是当代人工智能语义学研究的敏感课题,也是目前智能语义学的瓶颈问题。人工智能领域要处理大量常识推理。比如:

(1) 哥哥不是弟弟,所以哥哥的妻子不是弟弟的妻子。

---

① 参见杨武金、尹嘉:《墨家逻辑与批判性思维》,《山西科技报》2022年1月20日,A6版。
② 参见杨武金:《墨家逻辑的科学地位和当代价值》,《武汉大学学报》(人文科学版)2013年第5期。

（2）哥哥不是弟弟，所以哥哥的母亲不是弟弟的母亲。

上述两个常识推理在语用语法上具有完全相同的结构，但在知识表示的符号形式语法上，它们的结构或形式是否相同就值得研究了。假设一：认为前、后语句的形式语法和结构相同，那就要面对：直观上前者是正确推理，后者却荒谬。若遵照"解释能证明形式无效"的经典观点，上述推理形式无效，那么机器学习、人机交流就必然受到限制，太多的常识推理不能由智能机合法推出，这个代价太大了。假设二：认为两者形式不同（尽管文学上语法一致），怎么证明后者形式无效（非定理），前者形式有效（定理）呢？这就需要一个在智能语义理论支持下的能行方法，依法证明"前者有效，后者无效"。这样的理论才能准确辨析、刻画逻辑思维轨迹，或拉近自然语言与形式语言的距离。①

墨家辩学对上述类似的问题做了许多考虑。《墨子·小取》篇说："白马，马也；乘白马，乘马也。"但又说："盗，人也；杀盗，非杀人也。"前者为"是而然"，后者则为"是而不然"。为什么呢？主要是因为前一个推理中的关键性动词"乘"，和后一个推理中的关键性动词"杀"的"逻辑力量"不同。"白马"在外延上属于"马"，"乘白马"还是乘在"马"上，而并没有乘在"白"上，"马"这个概念的内涵没有发生变化。"盗"这个概念虽然在外延上属于"人"，但是"杀盗"则是杀在"盗"上，而不是杀在"人"上，"人"这个概念的内涵发生了变化。这说明，语法结构相同的命题，由于动词的"逻辑力量"不同，关联事物之间的逻辑联系也就会非常不同。这一点告诉我们，如果完全按照语用语法的结构来类推逻辑形式结构的路是走不通的。

众所周知，自然语言具有极大的复杂性。由于表述语词有歧义，还由于"隐含"所形成的模糊，以及"量化"的模糊，都导致了语义"所指"的模糊，这是人工智能语义学必须面对的、客观存在的复杂性。人工智能语义学是形式语言或知识（常识）表示所必需的基础理论。这些理论，需要考察活生生的语言现象。通过现象透析本质，为机器学习、机器推理、人机交流和提高机器智能找到更一般的路径。重视内涵分析的墨家辩学所提出来的大量活生生的案例，对当代人工智能语义研究具有重要的警示作用。

---

① 参见傅连奎：《墨经逻辑研究的科学视野》，《职大学报》2008 年第 3 期。

第六章　墨家的科学思想和科学精神

墨家不仅具有非常丰富的科学思想,而且具有正确合理的科学精神。墨子是中国古代伟大的科学家,主张并经常鼓励学生"从事",他曾经发明过一种类似风筝的飞行器,飞行了一天时间才落下来。《韩非子·外储说左上》说:"墨子为木鸢,三年而成,飞一日而败。"① 墨子的弟子中也有许多是能工巧匠,他们能制作很多用于防御战的军事器械(《墨子·备城门》以下诸篇有记载)。墨家学者擅长科学技术的应用,同时也对科学理论进行了一定的研究和总结。墨家集团的学者们通过把他们在工作中所总结出来的技术经验加以升华提高②,既知其然,又知其所以然,总结出了一系列的科学理论。如葛瑞汉所言:"《墨经》的科学内容由一系列几何学定义与一系列光学、机械学和经济学命题组成。"③ 墨家学者所著的《墨经》,是一部包含了数学、几何学、光学、力学、生理学、心理学、经济学、法学等诸多学科内容的微型"百科全书"。

第一节　墨家在几何学上的贡献

在几何学上,墨家首先对点、线、面、体等概念进行了定义,并对它们之间的关系进行了考察。

《墨子·经上》篇说:

> 端,体之无序④而最前者也。

---

① [清]王先慎:《韩非子集解》,钟哲点校,中华书局1998年版,第266页。
② 孙中原:《墨学通论》,辽宁教育出版社1991年版,第194页。
③ [英]葛瑞汉:《论道者:中国古代哲学论辩》,张海晏译,中国社会科学出版社2003年版,第188页。
④ 无序:无可取代。

端点，就是处于线的最前面而其他部分均无可取代的部分。

《墨子·经上》篇说：

> 体，分于兼也。

《墨子·经说上》篇说：

> 若二之一、尺之端也。

其中，"兼"即整体，"体"即部分。比如，"二"是兼，是整体，"二"中的"一"就是部分。"尺"即线，"尺"是整体，其中所包含的"端"就是部分。墨家在这里认为，整体被分解为许许多多的部分。在这些部分中，那种没有厚度，也没有长度和宽度，而又处于物体最前部分的东西，就叫做"端"。[①] 墨家这一关于"点"的定义，与欧几里得在《几何原本》中所说的"点是没有部分的"相一致。

《墨子·经说上》篇说：

> 尺前于区穴而后于端。

"区"即平面，"穴"是平面被挖掉一部分后所留下的空穴。墨家认为，由"点"组成"线"，再由"线"组成"面"或"穴"，"点"是构成"线"的必要条件，同时，"线"又是构成"面"或"穴"的必要条件。所以，没有"点"就没有"线"，没有"线"就没有"面"或"穴"。

《墨子·经上》篇说：

> 厚，有所大也。

"厚"即体积，它占有一定大小的空间。

[①] 参见孙中原：《墨学通论》，辽宁教育出版社1991年版，第202—203页。

《墨子·经说上》篇说：

> 惟无厚①无所大。

只有没有体积的东西才无所大，才不占有空间。惠施曾经说："无厚不可积也，其大千里。"（《庄子·天下》）认为没有体积的东西也有所大，也可以占有空间，惠施这是在进行哲学思辨。

墨家还对方、圆、相交、相切等几何学概念进行了界定，并对它们之间的关系展开了研究。

《墨子·经上》篇说：

> 方，柱隅四讙②也。

长方形就是四边相等并且四角也相等的平面几何图形。

《墨子·经说上》篇说：

> 方，矩见攴③也。

用矩尺画相交线就可以得到矩形。

《墨子·经上》篇说：

> 圜④，一中同长也。

圆就是由同一个圆心到圆周上的任意一点的距离都相等的几何图形。

《墨子·经说上》篇说：

---

① 无厚：《道藏》本无此二字，据高亨校增。
② 柱：边。隅：角。讙：通"权"，相等，从栾调甫、高亨说。
③ 攴：当作"交"。从高亨校改。于鬯以"攴"为"之"的误字。
④ 圜：同"圆"。

圜,规写攴①也。

用圆规画相交曲线就可以得到圆。
《墨子·经上》篇说:

中,同长也。

圆心到圆周上的每一点都具有相同的长度。
《墨子·经说上》篇说:

心中②,自是往相若③也。

圆心是指从它出发到圆周上的每一点的距离都相等。
《墨子·天志上》篇说:

我有天志,譬如轮人之有规④,匠人之有矩⑤。轮、匠执其规、矩,以度⑥天下之方员⑦。

我有了天志,就好像制造车轮的有了圆规,做木匠的有了矩尺。轮人和木匠拿着他们的圆规和矩尺来度量天下的方和圆。墨家的这段话说明,当时的人们已经学会了熟练地掌握运用规来画圆,运用矩来画方。墨家关于方和圆的定义,正好就是对当时人们关于方和圆的大量实际经验运用所进行的理论概括和总结,也是对中国古代的辩者学派关于"矩不方""规不可以为圆"(《庄子·天下》)等观点的回应。

---

① 攴:当作"交"。从高亨校改。于鬯以"攴"为"之"的误字。
② 心中:当作"中心"。据谭戒甫、詹剑峰乙正。
③ 相若:相等。
④ 规:圆规。
⑤ 矩:矩尺,直角尺。
⑥ 度(duó):衡量。
⑦ 员:同"圆"。

《墨子·法仪》篇说：

> 百工①为方以矩②，为圆以规③，直以绳，正以县④，平以水⑤。无⑥巧工不巧工，皆以此五者为法。巧者能中之⑦，不巧者虽不能中，放依⑧以从事，犹逾己⑨。故百工从事，皆有法所度⑩。

墨家在这里指出了，手工业工匠制造方物、圆物、取直线、取垂直线、取水平线等操作中的标准和方法。正是在这样的基础上，墨家学派才得以给出"方"和"圆"等几何概念的定义。

墨家对点和线的相交关系做了考察。

《墨子·经上》篇说：

> 撄⑪，相得⑫也。

"撄"就是两物相交。

《墨子·经说上》篇说：

> 尺与尺俱不尽。端与端俱尽。尺与端⑬或尽或不尽。坚白之撄相尽。体⑭撄不相尽。

---

① 百工：各种手工劳动。
② 矩：矩尺，直角尺。
③ 规：圆规。
④ 县：同"悬"，即用线悬物，以测定垂直度。
⑤ 平以水：《道藏》本无此三字，从孙诒让校增。
⑥ 无：无论。
⑦ 中：符合。之：指前面说的几种法规。
⑧ 放：同"访"。依：依照。
⑨ 逾己：胜过自己的眼力或直觉。
⑩ 度（duó）：衡量。
⑪ 撄：相交。
⑫ 相得：相互占有对方至少一部分。
⑬ 端：《道藏》本中"端"字窜入句末，从孙诒让校移。
⑭ 体：物体。

线与线相交,无论相交点在哪里,彼此都不会全部契合。因为线与线相交,只是交于某一个点,所以,从两条线来说,是"俱不尽"。点与点相交,则双方完全重合。因为"点"被想象为没有长、宽、高而有确定位置的几何单位。所以,两点一旦相交,则双方彼此完全占有对方,没有剩余的部分,两者契合无间,这被称为"端与端俱尽"[①]。线与点相交,无论这"点"与"线"上哪个点相交,从"点"来说,已经是完全重合了,但从"线"来说,则是不完全重合,所以叫"或尽或不尽",实际上就是"点"尽"线"不尽。坚(硬度)和白(颜色)两种属性相交,为契合无间,即重合在一起。两个物体相交,则不会契合无间,即不会完全重合。

墨家对两线之间的相交与不相交,也给予了非常合理的解释。

《墨子·经上》篇说:

仳[②],有以相撄,有不相撄也。

"仳"即比,比较的意思,两条线之间的比较,有相交和不相交两种不同情况。

《墨子·经说上》篇说:

仳,两有端而后可。

无论是相交还是不相交的两条线之间的比较,都必须以其一端作为基准,才可以进行比较。

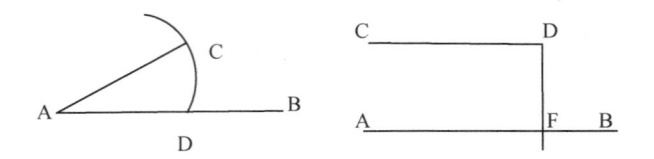

图 6-1　两条线之间的相交与不相交

[①] 参见孙中原:《墨学通论》,辽宁教育出版社1993年版,第204页。
[②] 似:当作"仳"。从王引之、孙诒让说校改。

如上图所示,左边为两线相交的情况。AB 比较长,AC 比较短。以它们的相交点 A 为圆心,以 AC 为半径作圆与 AB 相交于 D,则 AC=AD,而 DB 为 AB 长于 AC 的部分。右边为两线不相交(平行)的情况。AB 比较长,CD 比较短。以 A、C 两端对齐,又从 D 引垂线与 AB 相交于 F,则 CD=AF,而 FB 为 AB 长于 CD 的部分。①

墨家对图形的相切问题有了非常科学的认识。

《墨子·经上》篇说:"次②,无间而不撄③撄也。"《墨子·经说上》篇说:"次,无厚而厚④可。""次"即相切,两形相切是指它们之间没有空隙并且不相交,而且无厚的图形和有厚的物体都是可以相切的。"间"即空隙,"无间"就是没有空隙。"不相撄"即不相交。"厚"即体积,"无厚"就是没有体积的图形,"有厚"就是有体积的物体。几何学上的相切(如下图),通常是指直线与圆相切(左图),还有圆与圆相切(右图)。

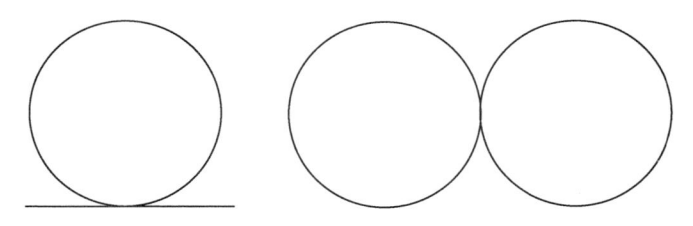

图 6-2　直线与圆相切,圆与圆相切

总之,墨家既有了对于"点""线""面""体""方""圆"等几何概念的定义,又有了对"方""圆"等几何概念的正确认识,还有关于物体之间或者图形之间的相交和相切的解释。可以说,墨家关于几何学的研究对象,已经基本具备了。葛瑞汉特别肯定墨家在几何学上关于圆的定义,通过对比古希腊人的几何学,认为墨家是把几何学作为知识之典范来看待的,他说:

> 墨家在几何学方面的最大成就是确定"员"(圆)为"先验"的一组定义。

---

① 参见孙中原:《墨学通论》,辽宁教育出版社 1993 年版,第 205 页。
② 次:比次,两形相切。
③ 撄:当作"相"。从孙诒让校改。
④ 厚:毕沅改为"后",张惠言、孙诒让等从之,均误。据杨俊光、王讚源改正。

墨家的两段文字,看起来有点像古希腊人那样把几何学尊之为精确知识的典范。①

墨家对上述几何学概念所给出的科学定义,是非常正确而合理的,比如他们关于圆的定义就是对各种具体的圆的抽象概括,并将之作为精确而正确的知识加以科学的总结。

第二节 墨家在力学上的贡献

在力学上,墨家给出了"力"的定义,基本上认识到了杠杆原理。
《墨子·经上》篇说:

　　力,刑之所以奋也。

《墨子·经说上》篇说:

　　力:重之谓,下举②重,奋③也。

这里的"刑"通"形",指的是物体,奋即运动。力就是物体之所以运动的原因,如从下往上举起某个重物,就是力在发挥作用。这里,墨家把"力"与"重"联系起来,认为"重"也是"力"的一种,"力"加之于"物"而后物动,但是"力"却不可见,必由"物"之"重"而后见。④

墨家学派关于力和物质运动及其关系的认识,和近代英国物理学家牛顿的观点非常接近。1687年,牛顿发表了他关于物体运动的定律,其第一运动定

---

① [英]葛瑞汉:《论道者:中国古代哲学论辩》,张海晏译,中国社会科学出版社2003年版,第188页。
② 举:《道藏》本作"与",从高亨校改。
③ 奋:《道藏》本作"旧",从孙中原据《经》校改。
④ 参见谭家健:《墨子研究》,贵州教育出版社1993年版,第283—284页。

律这样写道:"在不受外力作用的情况下,任何物体总保持静止或匀速直线运动状态。"这一定律意味着,任何物体如果要保持(非匀速的)运动状态,都必须接受外力的作用,所以,力是任何物体能够运动的根本性原因。

如所周知,牛顿第二定律的内容是:力这个物理量所表示的,是一个物体对另一个物体的作用,它使物体的运动状态发生变化,这种运动状态的变化所表示的,是物体离开静止状态或匀速直线运动状态。与牛顿关于"力"的定义相比,墨家对"力"的定义虽然显得有些粗糙,但毕竟已经比牛顿早了两千多年。

对此,李约瑟感叹说:"然而最令人惊讶的是,我们在公元前4世纪到前3世纪的《墨经》中也发现了一些论述,其观点和牛顿的运动定律极为相近。"[①]

公元前3世纪的时候,古希腊的科学家阿基米德曾经说:"给我一个支点,我就能撬起整个地球!"这句话,说的就是杠杆原理。阿基米德曾经在《论平面图形的平衡》一书中,将一系列的经验知识当作是不证自明的公理,由此推论出杠杆原理。这一系列不证自明的公理如下:

(1)在无重量的杆的两端离支点相等的距离处,挂上相等的重量,它们将保持平衡。

(2)在无重量的杆的两端离支点相等的距离处,挂上不相等的重量,重的一端将会下垂。

(3)在无重量的杆的两端离支点不相等距离处,挂上相等的重量,距离远的一端将会下垂。

(4)一个重物的作用,可以用几个均匀分布的重物的作用来代替,只要重心的位置保持不变。相反,几个均匀分布的重物,可以用一个悬挂在它们的重心处的重物来代替。

(5)相似图形的重心以相似的方式来分布。

阿基米德从上述公理出发,并在"重心"理论的基础上发现了杠杆原理,也

[①] [英]李约瑟原著,[英]柯林·罗南改编:《中华科学文明史》,江晓原主持,上海交通大学科学史系译,上海人民出版社2014年版,第502页。

就是"当二重物平衡时,它们离支点的距离与重量成反比"。

墨家则从桔槔机起重的力学原理中,揭示出了"举之则轻,废之则重"的力学规律性。

《墨子·经下》篇说:

> 举之则轻,废①之则重,若石、羽,非有力也。

当使用桔槔机举起重物的时候,似乎显得很轻,就像举起一根羽毛似的,毫不费力,而当把重物放下的时候,反而显得非常沉重,就像放下一块大石头一样。墨家认为,这并不是由于驾驭桔槔机的人的力量有多大,而是因为机械的作用与力学的功能的结果。桔槔机的构造原理如下:

用一横杆 AB 系在一立柱上端(支点为 O)。墨家通过反复实验,知道用桔槔机起重之所以能够省力,是因为负重(P)的 AO 端(本)与作用力(F)的 BO 端(标)相比要短。如下图所示:

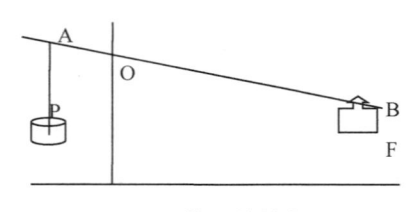

图 6-3　桔槔机的基本原理

《墨子·经下》篇对此总结说:

> 贞②而不挠,说在胜。

物体负重而能够不倾斜,是因为它可以胜任重量。

《墨子·经说下》篇说:

---

① 废:置。《小尔雅·广言》:"废,置也。"
② 贞:当作"负"。从吴汝纶校改。

衡木加①重焉而不挠,极胜重也。右校交绳,无加焉而挠,极不胜重也。衡,加重于其一旁,必捶,权重相若也。相衡则本短标长,两加焉重相若,则标必下,标得权也。

横木增加重量之所以能够不倾斜,是因为它可以胜任重量。在横木上方左右移动支点,没有加重但却倾斜了,那是因为失去了重心从而不能胜任重量了。在横木的一边加上重量,这一边将必定下垂,因为权和称物的重量是成正比的。如果横木平衡,则本方(AO)短而标方(BO)长,也就是动力臂将大于阻力臂,这时如果在两边同时加上相等的重量,则标方必定下垂,这是因为标方得到了秤锤加重的力。②

墨家关于秤杆平衡原理的探究结果,与阿基米德所阐述的杠杆原理,可以说是异曲同工。

墨家认为,物理的必然性在于其势的均等。

《墨子·经下》篇说:

均之绝否③,说在所均。

均匀的东西会断还是不会断,关键在于均匀的程度。

《墨子·经说下》篇说:

发均,县④轻重⑤。而发绝,不均也。均,其绝也莫绝。

发丝均匀,则可以悬挂或轻或重的物体,发丝如果断绝了,那是因为发丝在结构上不均匀,发丝如果结构均匀,那么就不会断绝。《列子·仲尼》曾引辩者公孙龙说:"发引千钧。"又引公子牟说:"发引千钧,势至等也。"即一根头发

---

① 加:当作"如"。从毕沅校改。
② 参见孙中原:《墨学通论》,辽宁教育出版社1993年版,第216页。
③ 否:《道藏》本作"不",吴抄本作"否"。
④ 县:同"悬"。
⑤ 重:《道藏》本无此字,据毕沅、孙诒让校增。

丝能够牵引三万斤的重量,因为其各个部分的受力状况都完全相等。这一违反常识的论题,在今天看来应该属于弹性力学和分子物理学的奇想。乍看违反常识,仔细思考却有某种道理,并非完全胡说。墨家学派关于这一问题的思考曾受辩者们的影响,并为辩者的论题做出新的论证,这是中国古代思想家在百家争鸣中不同学派之间相反相成、相互渗透的一个典型例证。① 对此,李约瑟认为,墨家学派关于点和时间的瞬间定义,把绳索在拉力作用下断裂的现象归结为连续性的不完善,"在中国,他们,也只有他们,才能从抽象的角度来考虑物体的运动"②,充分肯定了墨家学派关于科学概念的抽象把握。

墨家学派发现了滑轮与轮轴的规律性。

《墨子·经下》篇说:

挈③与收④仮⑤,说在薄⑥。

《墨子·经说下》篇说:

挈有力也,引无力也。不止⑦所挈之止于施⑧也,绳制挈之也,若以锥刺之。挈,长重者下,短轻者上;上者愈得,下者愈亡。绳直权重相若,则止矣。收,上者愈丧,下者愈得,上者权重尽则遂。

用滑轮升降物体,提挈与收取的动作是相反的,因为系权绳端与系物绳端相互牵制迫使重物升降。"挈"是用力提升物体,"引"是不用力提升物体。要提升重物,不必限于只用斜面,也可以用绳子在滑轮的牵挈作用下提升它,这就像用锥刺物般的省力。滑轮提升重物,权端较重则逐渐下降,悬绳愈增愈

---

① 参见孙中原:《墨学通论》,辽宁教育出版社1993年版,第226页。
② [英]李约瑟原著,[英]柯林·罗南改编:《中华科学文明史》,江晓原主持,上海交通大学科学史系译,上海人民出版社2014年版,第503页。
③ 挈:《道藏》本作"契",从张惠言校改。
④ 收:《道藏》本作"枝",从张惠言校改。
⑤ 仮:《道藏》本作"板",反,形近而误,从孙诒让校改。
⑥ 薄:迫使。《小尔雅·广言》:"薄,迫也。"
⑦ 止:《道藏》本作"心",从王闿运、张之锐校改。
⑧ 施:同"迤",邪,斜,从孙诒让校改。

长,物端较轻缓缓上升,悬绳愈缩短,物体愈升愈接近目的地,权锤愈降愈失去迫使作用,使重物一直升到设定高处,达成任务。如果系权与系物的绳等长,权物重量也相等,这时权物静止不动,既不上升也不下降,形成"引"的状态。"收"就是下降重物,较轻的"权"愈升愈失去迫使重物下降的作用,较重的物体愈下降愈接近目的地,使物体一直下降到设定的低处,这时升到高处的权重作用已尽,那么就完成了下降重物的任务。

关于斜面原理,墨家也有发现。

《墨子·经下》篇说:

> 倚者不可正,说在梯①。

斜面活动不能像垂直那样,比如车梯就是一种斜面活动的情况。

《墨子·经说下》篇说:

> 倍、拒、坚、射②,倚焉则不正③。挈,两轮高,两轮为輲④,车梯也。重其前,弦其前,载弦其前,载弦其轵,而县重于其前。是梯挈,且挈则行。凡重,上弗挈,下弗收,旁弗劫,则下直。掩,或害之也,流。梯者不得流,直也。今也废石⑤于平地,重不下,无旁⑥也。若夫绳之引轵也,是犹自舟中引横也。

人在做背负、抵拒、牵引、射箭等活动时,身体都处于偏斜不正的情况。提升重物的车梯也应用斜面原理,其构造是:前面的两个轮子高,后面两个无辐的低轮,并在轮轴上铺装长板,重心摆在前面,用一条绳子的两端系在车的前端,再用一条绳子的两端系在车轴,都像弓弦一般,以便牵引,而把重物悬挂在

---

① 梯:《道藏》本作"剃",从孙诒让校改。
② 射:《道藏》本作"䠭",从谭戒甫校改。
③ 倍、拒、坚、射,倚焉则不正:此十字原在此段文末"引横也"之下,从曹耀湘、梁启超校移。倍:同"背";坚:与"挈""牵"互通,从孙诒让。
④ 輲(轻 quán):无辐的低矮车轮。
⑤ 石:《道藏》本作"尺",从孙诒让校改。
⑥ 旁:《道藏》本作"足旁",从孙诒让校改。

前头。这种车梯提挈重物,一边提拉绳子,一边重物逐渐升高。凡是重物,上面不用力提拉,下面不用力扯收,旁边不用力胁迫,则物体一定垂直落下。如果斜向下落,一定有外力阻碍,使下落方向改变。车梯上的重物下滑时,沿着斜板直下,不会转变方向,因为木板是直的。现在放一块石头在平地上,就是重也不会流动,因为没有旁力影响。至于用绳子拉着车轴,使车梯移动,正如用绳子拉着横木,使舟船前行一样。

墨家还阐述了堆砌土石方的基本原理。

《墨子·经下》篇说:

堆①之必拄②,说在废③材。

"废材"即置材,也就是摆放建筑材料。这里是说,堆砌一定要有所支撑,理由在于放置建筑材料需要遵循一定的原则。

《墨子·经说下》篇说:

堆④,并石累石耳,夹寝者法也。方石去地尺,关⑤石于其下,县丝于其上,使适至方石。不下,柱也。胶⑥丝去石,挈也。丝绝,引也。未变而石⑦易,收也。

堆砌就是排列石块和叠置石块。东西夹室和中间居室都是利用这一方法营造出来的。选一块方形石头,用绳索将它悬挂在离地面一尺的高度处,砌另一石头连贯在它的下面,使它们上下相靠。绳索的长度正好是从悬挂点到方形石头上表面的距离。这时,上面的方形石头不下落,是受到下面石头的支撑力。如果系紧上面的方形石头以后,抽去下面的石头,上面的方形石

---

① 堆:《道藏》本作"推",堆砌,从谭戒甫校改。
② 拄:《道藏》本作"往",支撑,从徐克明校改。
③ 废:放置。
④ 堆:《道藏》本作"谁"。
⑤ 关:通"贯",关联、连贯。
⑥ 胶:黏接、固结。
⑦ 石:《道藏》本作"名",从曹耀湘、梁启超校改。

头被悬挂空中,这是绳索的提挈力所致;如果抽去下面的石头,绳索断绝而方形石头落地,这是地心引力所致。同样的绳索系紧上面的方形石头而抽去下面的石头的情况,后者方形石头落地而改变位置,显然是受到下方收扯力的结果。

第三节　墨家在光学上的贡献

在光学研究上,墨家做出了巨大的贡献。

首先,墨家发现光是沿直线传播的。

关于单影的生成原因,《墨子·经下》篇说:

> 景①不徙,说在改为。

《墨子·经说下》篇说:

> 光至景亡,若在,尽古息②。

"景"即影。墨家认为,我们通常所看到的影子迁徙,是因为光源和物体的相对位置发生改变的缘故。影子是由于物体遮蔽光线才形成的。所以,如果物体不动而光源移动,或者光源不动而物体移动,则这时光线就会照到原先物体蔽光成影的地方,这时候影子就会消失。如果光源、物体和影屏的相对位置永久不变,则影子也就永久不变。中国古代的辩者曾经说:"飞鸟之景未尝动也。"(《庄子·天下》)认为飞鸟的影子是从来不动的。辩者在这里是取运动的一个瞬间,认为这一瞬间里曾经"在一个地方",连它的影子也静止在那里,从未动过。辩者命题的合理性,在于表达了运动的间断性,但是辩者却做出了一个违反常识的判断:"飞鸟的影子是从来不动的。"在墨家看来,影子本身虽然

---

① 景:同"影","影"的正字。下同。
② 尽古息:终古生息不绝。

不会移动,但因为影子受光和物体的移动而发生连续改变,已经从旧影不断变换为新影了。辩者的错误在于歪曲了"影动"的通常含义①。

墨家对光的反射现象作了解释。

《墨子·经下》篇说:

>　　景迎日②,说在抟③。

《墨子·经说下》篇说:

>　　日之光反烛④人,则景在日与人之间。

人的影子迎着太阳,是因为光线被反射,当太阳的光线通过平面镜反射到人的身上时,则影子就形成于太阳和人之间。

墨家发现了光的本影和副影之间的关系。

《墨子·经下》篇说:

>　　景二,说在重。

《墨子·经说下》篇说:

>　　二光夹一光,一光者景也。

如果一个光体发出的光线被不透光的物体遮住了,则会形成本影和副影,原因就在于影子的重复。这说明,由于发光体包含着许多发光点,光线又是沿着直线传播的,自然就生成了多重物影。这些物影的相重和相差,便形成了浓

---

① 参见中国社会科学院哲学研究所逻辑室编:《摹物求比——沈有鼎及其治学之路》,社会科学文献出版社 2000 年版,第 308 页。
② 曰:当作"日"。
③ 抟(tuán):反射。《说文》:"抟,圜转也。"
④ 烛:同"照"。《玉篇》:"烛,照也。"

黑的本影和模糊的副影,这就是所谓的"影二"。李约瑟说,墨家关于光与影的关系,关于光的本影和副影的关系的发现,说明墨家已经清楚地认识到了光的直线传播现象。①

墨家对于在光之直线传播条件下物影变化的规律进行了探究。

《墨子·经下》篇说:

> 景之小大,说在柂②缶③、远近。

光源照射到物体上所形成的影子,有大小的不同,因为物体的斜正、光线的远近不同。

《墨子·经说下》篇说:

> 木柂④,景短大;木正,景长小。光⑤小于木,则景大于木。非独小也,远近。

木头斜放,则影子就短大。木头正放,则影子就长而且小。光源小于木头,则影子大于木头。反之,光源大于木头,则影子小于木头。而且,当光源距离木头远时,影子就小;当光源距离木头近时,影子就大。

其次,墨家发现了小孔成像原理。

《墨子·经下》篇说:

> 景倒⑥,在午⑦有端与景长⑧,说在端。

---

① 参见[英]李约瑟原著,[英]柯林·罗南改编:《中华科学文明史》,江晓原主持,上海交通大学科学史译系,上海人民出版社 2014 年版,第 509 页。
② 柂:《道藏》本作"地",同"迤",邪,斜,从孙诒让校改。《广韵》:"邪,不正也。"《玉篇》:"斜,不正也。"
③ 缶:同"正"。
④ 柂:同"迤",邪,斜。从孙诒让说。
⑤ 光:《道藏》本作"大"。
⑥ 倒:《道藏》本作"到",形近而误。
⑦ 午:交错,即光线的焦点。
⑧ 景长:影帐,也就是受影的帐幔。

《墨子·经说下》篇说：

> 光之人，照①若射。下者之人也高，高者之人也下。足蔽下光，故成景于上。首蔽上光，故成景于下。在远近有端与于光，故景库②内也。

墨家认为，要形成倒影，就必须在光线交叉点处有一个小孔与受像的帐幔，理由就在于光线穿过小孔而形成光束。光线照到人身上如阳光四射，直行似箭。从下面照到人的身体上，成像在人的上部；从高处照到人身，成像在人的下部。脚遮住了下面的光，所以成像就在上方，头遮住了上面的光，所以成像就在下方。人站在适当的远近处时，由人身上反射的光线都集中穿过交点，因此，光线射入影帐中而形成倒影。

墨家通过物影生成、小孔成像等例子，说明光是沿直线传播的。"光沿直线传播"的这种规律性，在西方是由古希腊时代的欧几里得所记述的，但欧氏的记载只是一种在理论上的叙述，并没有通过科学实验来加以验证，而且也比墨家的发现至少晚了一百多年，这充分说明墨家在光学上的成就十分巨大。李约瑟曾经指出：

> 和他的几何原理一样，欧几里得的光学包括五十八条定理，以四个定义为基础。而事实上，这四个定义早已为墨家所认识。……公元100年左右亚历山大里亚城的赫伦发表了他的光学著作，这是欧洲最早的光学专著。因此，我们所掌握的墨家的光学研究著作远比希腊人的早。③

李约瑟充分肯定了墨家学派在光学上的成就。

墨家还研究了各种各样的镜子，从平面镜到多个平面镜的组合，以及由此而产生的物像反演现象，同时还做了凹面镜和凸面镜的实验，并对实验做出了

---

① 照：《道藏》本作"煦"。
② 景库：影库，即暗箱。
③ ［英］李约瑟原著，［英］柯林·罗南改编：《中华科学文明史》，江晓原主持，上海交通大学科学史系译，上海人民出版社2014年版，第510页。

比较合理的解释。①

墨家探究了球面镜成像的规律性。

《墨子·经下》篇说：

> 临鉴而立，景倒②。多而若少，说在寡区。

《墨子·经说下》篇说：

> 正鉴，景多③寡、貌能④、白黑、远近、柂⑤正，异于光。鉴景当俱，就、去亦⑥当俱，俱用北⑦。鉴者之臭，于鉴无所不鉴。景之臭无数，而必过正。故同处，其体俱然鉴分。

当人站在一个球面镜前面形成倒立的像，这是凹透镜成像的特殊规律。而形成缩小的像，这是凸透镜成像的特殊规律，因为镜面是一个不大的区域。当人正立在一个球面镜前面，球面镜成像的范围大小、状貌形态、明暗程度、距离远近、位置正倒都会同物体有所区别。如果在镜中成像，镜和像同时存在，则物体和像接近或离开镜面的运动也同时发生，并且物体和像的运动方向总是相反的。物体的容貌在镜中都会有所反映。镜像的容貌多种多样，而且跟原物总有所区别。所以，物体与镜面同在一处，物体在镜面的不同部分会形成不同的像，就像物体被镜面分开了一样。

关于凹透镜成像的规律性，墨家做出了系统的探讨。

《墨子·经下》篇说：

---

① 参见［英］李约瑟原著，［英］柯林·罗南改编：《中华科学文明史》，江晓原主持，上海交通大学科学史系译，上海人民出版社2014年版，第509页。
② 倒：《道藏》本作"到"，形近而误。
③ 多：《道藏》本无此字，从孙诒让校增。
④ 能："态"。
⑤ 柂：同"迤"，邪，斜，从孙诒让。
⑥ 亦：《道藏》本作"尒"。
⑦ 北：通"背"。

鉴洼①,景②一小而易③,一大而缶④,说在中之外内。

《墨子·经说下》篇说:

中之内,鉴者近中,则所鉴大,景亦大;远中,则所鉴小,景亦小,而必正;起于中缘正而长其直也。中之外,鉴者近中,则所鉴大,景亦大;远中,则所鉴小,景亦小,而必易;合于中⑤而长其直也。

凹面镜成像有两种情形:一为物体置于焦点以外,生成比物体小而倒立的实像;二为物体置于焦点以内,生成比物体大而正立的虚像。关键在于物体置于焦点以外还是焦点以内。物体置于凹面镜焦点以内:如果物体靠近焦点,则物体大,成像也大;如果物体远离焦点,则物体小,成像也小;而且无论是靠近焦点还是远离焦点,都一定生成正立虚像,因为光线从焦点出发,于镜面正交,并向镜后延长相交而成像。物体置于凹面镜的焦点以外:如果物体靠近焦点,则物体大,成像也大;如果物体远离焦点,则物体小,成像也小;而且无论靠近还是远离焦点,都一定生成倒立实像,因为光线会合于焦点并延长相交而成像的结果。

墨家深入探究了凸透镜成像的基本原理。

《墨子·经下》篇说:

鉴团,景一天⑥,而必正,说在得。

凸面镜成像有两种情况:一是当物体置于离镜面较远的地方时,生成较小的正立虚像;二是当物体置于离镜面较近的地方时,生成较大的正立虚像。但

---

① 洼:《道藏》本作"位",通"凹",从张之锐校改。
② 景:《道藏》本作"量",影,从王引之校改。
③ 易:倒像。
④ 缶:"正"。
⑤ 中:《道藏》本无此字,从王引之校增。
⑥ 一天:当作"一小一大","小"字旧脱。从高亨说。

无论物体与镜面的距离较远还是较近,都一定生成正立的虚像,关键在于物体与镜面的距离必须得当。

《墨子·经说下》篇说:

> 鉴者近,则所鉴大,景亦大;亓①远,所鉴小,景亦小,而必正。景过正,故招②。

当物体距镜面近,镜面所受物体发射或反射光线的面积就较大,生成的虚像也较大;当物体距镜面远时,镜面所受物体发射或反射光线的面积较小,生成的虚像也较小;但无论物体与镜面的距离远还是近,都一定生成正立虚像。当物像从正立变为倒立时,像就会动摇恍惚看不清楚。

第四节 墨家的社会科学思想

《墨经》中的社会科学思想包括经济学、政治学、法学、伦理学、生理学和心理学等等各个方面。

在经济学方面,墨家研究了货币与商品价格的关系。

《墨子·经下》篇说:

> 买③无贵,说在仮④其贾⑤。

物价不会昂贵,因为有方法让它恢复到一定的行情。钱和粮食可以互为升降。"仮其贾"即反复原价。

《墨子·经说下》篇说:

---

① 亓:"其"。
② 招:摇动,模糊不清。
③ 买:买卖,物价。
④ 仮:同"反"。
⑤ 贾:今作"价"。下同。

刀①籴②相为贾。刀轻则籴不贵,刀重则籴不易。王刀无变,籴有变。岁变籴,则岁变刀。若鬻子。

币值与物价互为涨跌。当钱不值钱时,市场上就会有更多粮食出售,所以粮食价格不贵;当钱值钱时,市场上的粮食交易就会减少。国家的钱币数量没有变化,是因为粮食销售量在发生变化。根据每年粮食销售量的变化,国家增减不同钱币的数量,比如卖小钱。"鬻"就是卖的意思。

《墨子·经下》篇说:

贾宜则雠③,说在尽④。

价格适宜的时候货物就出售,因为能够卖完存货。

《墨子·经说下》篇说:

尽也者,尽去其以不雠也。其以⑤不雠去,则雠。正,贾也,宜不宜正欲不欲。若败邦鬻室嫁子。

能卖掉那些没有出售的货物,这样倾售的价格就是正价。价格适不适宜,正要看买者想不想要货物。货物的倾售,就像战败的国家、出售的房子、出嫁的女儿一样。

在政治学方面,如前所述,墨家为了实践他们所主张的兼爱理想,提出了尚贤、尚同这两个方面的"为政之本",即关于行政中的人和制度应该如何的根本性思想。在《墨经》之中,墨家进一步阐述了政治实践中的一些理论和具体做法的基本思想主张。

---

① 刀:钱、货币。
② 籴:粮食。
③ 雠:今作"售",出售。下同。
④ 尽:卖完所有的存货。
⑤ 以:当作"所以"。从孙诒让校改。

首先,墨家认为,作为领导者或统治者,身体力行是能够令人做事的必要条件。

《墨子·经上》篇说:

令,不为,所作也。

命令是自己不做,却是自己所发出的。

《墨子·经说上》篇说:

所令,非身弗行。

所发出的命令,要是自己不亲自做,就难以推行。国家的政治治理和社会治理,是领导者通过努力做事就可以达成的,领导者或统治者努力做事是实现社会治理的必要条件。墨家认为,"令"(指使)是对有责任者发出来的一种命令,不管他做的勤不勤、好不好。

《墨子·经下》篇说:

使殷美,说在使。

指使人做事,有殷勤和美善的不同,关键在于被指使的事情是必须要有人来做的。

《墨子·经说下》篇说:

令,使也。戍①使戍②,戍③不使④,亦使戍⑤。殷⑥使殷,不美,亦使殷。

---

① 戍:《道藏》本作"我",防守,从高亨校改。
② 戍:《道藏》本作"我",防守,从高亨校改。
③ 戍:《道藏》本作"我",防守,从高亨校改。
④ 使:《道藏》本作"殷",从高亨校改。
⑤ 戍:《道藏》本作"我",防守,从高亨校改。
⑥ 殷:殷后,《道藏》本"殷"后衍"戈亦"二字,从高亨校删。

指使就是命令某人做某事。某人应该戍守,则指令他戍守。即使他对戍守的事情做得不殷勤,也要指使他戍守。某人应该殿后,则指令他殿后。即使他对殿后的事情做得不美善,也要指使他殿后。

《墨子·经上》篇说:

治,求得也。

社会治理作为政治事务只要我们努力去做,事情就可以完美达成。

《墨子·经说上》篇说:

吾事治矣,人有①治,南北②。

如果我做这件事情已经达成,人家却又来搞一套的话,这就会矛盾。比如,美国在经过2008年的次贷危机之后,奥巴马逐渐实现了美国的社会治理,情况得到逐渐恢复,但在2016年之后,由于特朗普、蓬佩奥等政客的胡作非为等,在2020年的疫情发生之后,各种社会矛盾出现总爆发,整个美国社会呈现出各种混乱现象。关于国家政治中统治者和老百姓之间的关系,墨家也有所阐述。

《墨子·经上》篇说:

君,臣萌③通约也。

"君"就是统治臣民的人。

《墨子·经说上》篇说:

君:以若民者也。

---

① 有:通"又"。
② 南北:抵牾,争攘。
③ 萌:通"民"。

君必须以爱利人民为自己的根本职责。

在墨家看来,"上同下效"是实现国家治理的根本性保障。

梁启超曾经指出,墨家上述所表达的政治思想与西方近世类似的民约论,即民主思想相类似。他说,墨家这里"言国家之起源,由于人民相约置君,乃命臣。与西方近世民约说颇相类"①。梁氏同时引用《墨子·尚同中》篇的话作为理由:

> 明乎民之无正长以一同天下之义,而天下乱也。是故选择天下贤良、圣知、辩慧之人,立以为天子,使从事乎一同天下之义。天子既已立矣,以为唯其耳目之情,不能独一同天下之义,是故选择天下赞阅、贤良、圣知、辩慧之人,置以为三公,与从事乎一同天下之义。天子、三公既已立矣,以为天下博大,山林远土之民,不可得而一也。是故靡分天下,设以为万诸侯国君,使从事乎一同其国之义。国君既已立矣,又以为唯其耳目之情,不能一同其国之义,是故择其国之贤者,置以为左右将军大夫,以远至乎乡里之长,与从事乎一同其国之义。②

在这里,问题的关键就是"是故选择天下贤良"之士,是如何来进行的。梁启超认为是人民主动选择和选举君主,但从墨家的具体论述来看,老百姓主要是起到向上推荐和举荐的作用,最终还是得由上级和统治者进行任命。所以,梁启超的观点虽然有其合理的地方,但是又从中加上了很多他自己的想法进去,然后就得到了自己的一厢情愿的看法。

墨家认为,在行政过程中,称誉和批评都是非常必要的。

《墨子·经上》篇说:

> 誉,明美也。

称誉就是表扬美善的行为。

---

① 梁启超:《墨经校释》,载任继愈、李广星主编:《墨子大全》(第 26 册),北京图书馆出版社 2004 年版,第 278 页。
② 梁启超:《墨经校释》,载任继愈、李广星主编:《墨子大全》(第 26 册),北京图书馆出版社 2004 年版,第 287—288 页。

《墨子·经说上》篇说：

必①其行也，其言之忻，使人督之。

称誉一定是针对人们行为的善良之处，称誉的话使人高兴，也使人受到督促。批评是要指出缺陷或不足。

《墨子·经上》篇说：

诽②，明恶也。

批评就是要指明对方的缺点或丑恶之处。

《墨子·经说上》篇说：

必其行也，其言之怍③。

批评一定是针对人们行为的丑恶之处，批评会使人感到惭愧。

《墨子·经上》篇说：

功，利民也。

"功"就是做对老百姓有好处的事。

《墨子·经说上》篇说：

不待时，若衣裘。

做对老百姓有好处的事情不能等待，就像制夏衣或冬裘都必须提前准备那样。

---

① 必：《道藏》本"必"之前衍"之"字，从高亨校删。
② 诽：批评。
③ 怍：《道藏》本作"忻"，从高亨校改。

《墨子·经上》篇说：

> 赏，上报下之功也。

"赏"是上级对下级所做的好事进行奖励。
《墨子·经上》篇说：

> 罚，上报下之罪也。

"罚"是上级对下级所犯罪的处理。
墨家的法思想十分丰富。
《墨子·经上》篇说：

> 法，所若而然也。

"法"就是按照它去做就能这样，这里的"法"，指的是某种标准、法则或根据的意思，这是"法"的一般性含义。墨家也在法律、法令或法规的含义上使用"法"这个词。

《墨子·辞过》篇说：

> 古之民未知为舟车时，重任①不移，远道不至。故圣王作为舟车，以便民之事。其为舟车也，全固轻利②，可以任③重致远，其为用财④少，而为利多，是以民乐⑤而利之。法令不急而行，民不劳不上足用⑥，故民归之。当今之主，其为舟车与此异矣。全固轻利皆已具，必厚作敛于百姓，以饰舟车，饰车以文采，饰舟以刻镂。女子废其纺织而修文采，故民寒，男子离其

---

① 重任：重物。
② 全：完整。固：牢固。轻：轻捷。利：便利。
③ 任：运载。
④ 用财：花费。
⑤ 乐：喜欢。
⑥ 民不劳不上足用：当作"民不劳而上足用"。

耕稼而修刻镂,故民饥。人君为舟车若此,故左右象之,是以其民饥寒并至,故为奸邪。奸邪多则刑罚深,刑罚深则国乱。君实欲天下之治而恶其乱,当为舟车不可不节。

其中,所说的"法令"是"法"的具体表现形式,"刑罚"则是指刑律上的惩罚措施。

墨家的刑法思想即使在今天来看,也是非常重要的。比如,在墨家看来,人的违法行为是不是犯罪行为,关键就是要看这种行为是否在法律所禁止的范围之内。

《墨子·经上》篇说:

罪,犯禁也。

"罪"就是做了违反法律、法令所禁止做的事情。

《墨子·经说上》篇说:

罪不在禁,惟①害无罪,殆姑。

高亨所作的注释是:"人之有罪,只限于犯禁;设其所为,不在法禁,虽害于人,亦无罪。"②如果某种行为不在法律禁止的范围内,则该种行为虽然有害但却是无罪的。高亨把"殆姑"校勘为"若殆",即"若诒"③,就像欺侮人一样,虽然有害于人,但却不在禁内,所以是无罪的。高亨的校注,得到普遍认可。孙诒让的注释则是:"罪不必犯禁,惟害无罪,则及罪也。"④即犯罪不一定必须要做违反法律禁止的事,所以,有时祸害了无罪的人,也相当于犯罪了。其中,将"殆姑"校改为"及辜"。孙诒让的校注,因为和《墨子·经上》篇中该条目的意思不一致,并没有得到认可。

---

① 惟:通"虽(雖)"。
② 高亨:《墨经校诠》,科学出版社1958年版,第51页。
③ 《广雅·释诂》:"诒,欺也。"
④ [清]孙诒让:《墨子间诂》,孙启治点校,中华书局2001年版,第339页。

墨家主张"非命""尚力",即人们通过主观努力,发挥自己的主观能动作用,就能摆脱命运的摆布,其实也就是说,人们能够通过制定各种"法"或者"法令",来实现社会治理,建设和谐社会。

《墨子·非命上》篇说:

然而今天下之士君子,或以命为有。盖①尝尚观于先王之书,先王之书,所以出②国家,布施百姓者,宪③也。先王之宪,亦尝有曰"福不可请,而祸不可讳④,敬无益,暴无伤"者乎?所以听狱制罪者,刑也。先王之刑亦尝有曰"福不可请,祸不可讳,敬无益,暴无伤"者乎?所以整设师旅,进退师徒者,誓也。先王之誓亦尝有曰"福不可请,祸不可讳,敬无益,暴无伤"者乎?是故子墨子言曰:"吾当未尽监⑤数天下之良书,不可尽计数,大方⑥论数,而五者⑦是也。今虽毋⑧求执有命者之言,不必得,不亦可错⑨乎?今用执有命者之言,是覆天下之义。覆⑩天下之义者,是立命者也,百姓之谇⑪也。说⑫百姓之谇者,是灭天下之人也。"

在墨家看来,"先王之书""先王之宪""先王之刑""先王之誓"等等都是"法",即法令、法规或法律,它们对人们的行为或行动具有规范与约束作用。

不过,墨家心目中最高的法律是"以天为法"。墨家强调,任何人都不能无法无天,都必须顺天意才得赏,否则就会受到上天的处罚。

《墨子·尚同上》篇说:

---

① 盖:同"盍",何不。
② 出:当作"用"。
③ 宪:法律。
④ 讳:避。
⑤ 监:当作"尽"。从毕沅校改。
⑥ 大方:大概。
⑦ 五者:当作"三者"。
⑧ 虽毋:唯毋,语助词。
⑨ 错:放在一边。
⑩ 覆:败坏。
⑪ 谇(suì):忧。
⑫ 说(yuè):喜欢。

天下之百姓皆上同于天子,而不上同于天,则菑①犹未去也。今若天②飘风苦雨溱溱而至者②,此天之所以罚百姓之不上同于天者也。是故,子墨子言曰:"古者圣王为五刑,请③以治其民。譬若丝缕之有纪④,罔罟之有纲⑤,所以⑥连收⑦天下之百姓不尚同其上者也。"

天下的老百姓都向上统一于天子。如果不向上统一于天,那么灾难就还是没有能够去掉。现在如果天刮着大风,频频而来,这就是天用来惩罚老百姓中不向上统一于天的人。所以,古代的圣王制定五种刑罚用来治理人民,就像是丝线有纪、网有纲一样,是用来控制天下那些不向上统一的老百姓的。当然,天的意志就是"兼爱交利",也就是要求人世间的事情也必须要兼相爱,凡是在人世间行兼爱交利的人,也就是体现了天的意志的人。所以,墨家"以天为法"的思想实际上也就是要以兼爱为法。

墨家也有非常丰富的社会伦理思想。墨家所提出的核心思想就是兼爱非攻的社会伦理思想。除此之外,《墨经》中对社会伦理的许多方面也提出了独到的观点,并展开了论证。墨家认为,"有用"不是"仁"或"爱"的必要条件。

《墨子·经上》篇说:

仁,体爱也。

仁是兼爱的具体表现。

《墨子·经说上》篇说:

爱己⑧者,非为用己也,不若爱马。

---

① 菑:灾,灾害。
② 天:当作"夫"。飘风:暴风。溱溱:频频,不断。
③ 请:衍文。从俞樾说。
④ 丝缕:成缕的丝线。纪:把丝一绺一绺分开来的总绳。
⑤ 罔:同"网"。罟:网。纲:网上的总绳。
⑥ 以:《道藏》本无此子,从俞樾校增。
⑦ 连收:控制。
⑧ 己:自己。《大取》:"爱人不外己,己在所爱之中""爱人非为誉也"。下同。

爱自己并不是为了利用自己,不像爱马那样是为了利用马。在墨家看来,实际产生效果或者发生作用,并不是衡量是否"义"的必要条件。

《墨子·经上》篇说:

> 义,利也。

道义就是决心做对天下有好处的事情。

《墨子·经说上》篇说:

> 志以天下为芬①,而能②能③利之,不必用。

把利天下作为自己的职分,而其才能又能利天下,但这种才能不一定能实际发生作用。墨家对儒家所谓"仁内义外"的悖谬性观点给予了驳斥。

《墨子·经下》篇说:

> 仁义之为内外也内④,说在仵颜。

把仁和义说成是有内外的区分,是悖谬的,这就如同把人的面部器官的作用搞乱了。

《墨子·经说下》篇说:

> 仁,爱也。义,利也。爱利,此也。所爱所利,彼也。爱利不相为内外,所爱利亦不相为外内。其为仁内也,义外也,举爱与所利也,是狂举也。若左目出,右目入。

仁的实质是爱人。义的实质是利人。爱人之心和利人之心,是主观的东

---

① 芬:"分"的繁文,职分、责任。据王闿运、高亨说。
② 能:才能。据张之锐、高亨说。
③ 能:能够。从高亨说。
④ 内:当作"悖"。从沈有鼎校改。

西。所爱的对象和所利的对象,是客观的东西。既然爱利之心不能分为外在和内在的,那么所爱的对象和所利的对象,也不能分为外在的和内在的。对方说仁是内在的而义是外在的,这是将爱的主观方面和利的客观方面相提并论,犯了"狂举"的错误。就好像说左眼是管输出形象的,而右眼是管输入形象的一样荒谬。

墨家认为,"贵"或者地位高并不是对之讲"礼"的必要条件。

《墨子·经上》篇说:

  礼,敬也。

礼是用来表示尊敬的。
《墨子·经说上》篇说:

  贵者公,贱者名①,而俱有敬僈②焉,等异论也③。

贵者称为公,贱者呼其名,然而都有尊敬与轻慢的分别,齐一、贵贱、等差之意。在墨家看来,"不善名"是品行好的必要条件。

《墨子·经上》篇说:

  行,为也。

品行就是为人处事。
《墨子·经说上》篇说:

  所为不善④名,行也。所为善名,巧⑤也,若为盗。

---

① 贵者公,贱者名:高贵者称呼其为公,低贱者则直呼其名字。《通志》云"贱者有名无氏"。有氏则称之"某公",无氏则直呼其名。
② 僈:"慢"的异体字。《礼记·缁衣》:"可敬不可慢。"
③ 等异论也:贵贱之礼,各有其大小、高下、文质之别。等:级次。异:不同。论:理。
④ 善:擅长,擅自。
⑤ 巧:巧诈。《说文》:"巧,技也。"《广韵》:"巧,伪也。"

不是为了某种名声的作为称作行。为了某种名声的作为叫做巧诈,就像盗贼取巧得物那样。墨家认为,努力做对对方有利的事情是一个人忠诚于对方的充要条件。

《墨子·经上》篇说:

忠,以为利而强低①也。

"忠"就是以为对对方有好处从而努力去达成。

《墨子·经说上》篇说:

不利,弱子亥②足将入井③,止容④。

对对方没有好处的事情,比如小孩即将沉溺于水中,这时就会立刻停止笑容。在墨家看来,以孝敬父母为职分的忠心,并不以其实际上得到报答为必要条件。

《墨子·经上》篇说:

孝,利亲也。

"孝"就是做对父母有好处的事。

《墨子·经说上》篇说:

以亲为芬,而能能利亲,不必得。

对父母的孝敬,就是把孝敬父母作为自己的职分,而自己的能力又能做对父母有好处的事,不过做这种好事,父母不一定就能够得到好处。墨家认为,

---

① 低:氐、抵。张惠言:"低当作氐。"
② 子亥:当作"孩"。从曹耀湘、张之锐校改。
③ 入井,《道藏》本作"人"。从高亨、孙中原校增。
④ 止:停止。

损己利人是任侠的充要条件。如果一个人情愿去做即使会损害自己但却对爱人有好处的事情,那么他就可以被称为是任侠,即侠义之士了。

《墨子·经上》篇说:

> 任①,士损己而益所为也。

"任"就是士人做虽损害自己但对他的行为有好处的事情。

《墨子·经说上》篇说:

> 为身之所恶,以成人之所急。

"任"就是做自己本身所厌恶,但却可以成就他人所急需的事情。

《墨子·经上》篇说:

> 勇,志之所以敢也。

"勇"是具有某种志气从而敢于做某事。而且,敢于做甲事情并不是某人敢于做乙事情的必要条件。

《墨子·经说上》篇说:

> 以其敢于是也命之,不以其不敢于彼也害之。

以敢于做这件事而说他勇敢,并不因为他不敢做那件事而妨害说他勇敢。

第五节 墨家的科学精神

科学的英文名称 science,来源于拉丁文 scientia,指的是知识或者学问的意

---

① 任:责任、担当。《说文》:"任,保也。"

思。通常意义上的科学,指的是自然科学,说的是人们从实践经验和应用技术的活动中,注意对经验进行总结和抽象描述,从中发现事物的规律性。广义的科学也包括社会科学和人文科学。《墨子》一书中,《经上》篇100条阐述的基本上是关于各门科学的范畴和简单命题,《经说上》篇是对应《经上》篇各条的说明和解释;《经下》篇82条,基本上是关于科学定理和论证的关键性提示,《经说下》篇是对应《经下》篇各条的解释、说明和论证。总的来说,整部《墨经》表达了古代哲学、逻辑学、自然科学和人文社会科学的范畴、定理,并对这些定理加以说明、解释和论证。《墨经》可以说是一部微型百科全书,包括数学、几何学、力学、物理学、光学、生理学、心理学、教育学、经济学、政治学、法学、伦理学、管理学等等诸多学科,它们基本上都是墨家关于当时手工业技术的升华和生产经验的总结,是墨家集团集体智慧的结晶。

墨家在科学技术的探究上之所以能够取得如此多的重要成果,这与他们所具有的强烈的科学精神密不可分。墨家非常重视对事物原因的探求,强调要"摹略万物之然"(《墨子·小取》),即要探究万事万物的本质是什么,以及它们为什么会是这个样子的。不但要知其然,还要知其所以然。

《墨子·小取》篇说:

> 其然也,有所以然也。其然也①同,其所以然不必同。其取之也,有所以取之。其取之也同,其所以取之不必同。

事物是这样的情形,自有其之所以是这样的原因。这样的情形虽然相同,而造成这样的原因却不一定相同。断定某一个观点,必定有其断定的理由。所断定的观点相同,而所断定的理由却不一定相同。

《墨子·经下》篇说:

> 物之所以然、与所以知之、与所以使人知之,不必同,说在病。

《墨子·经说下》篇说:

---

① 其然也:《道藏》本无此三字,从孙诒让校增。

或伤之,然也。见之,智也。告之,使智也。

事物何以是这样的,与我们何以知道事物是这样的,与我们何以使得别人也知道事物是这样的,不一定相同。这可以用生病的情况来加以说明,有人受到了伤害,这是他生病的原因;看见有人被伤害,是知道他被伤害的理由;将他被伤害的事情告诉别人,则是使得别人也知道事情的真相。科学研究既要把握事物是什么样子的,同时更需要探究事物为什么会是这个样子的原因,其实也就是把握事物的本质和规律性。认识事物的"然"和"所以然",其实也就是要勇于实践,并善于从经验中总结出规律性,概括出事物的本质。

墨家学派非常重视科技创新的重要作用。

《墨子·非儒下》篇记载,儒家曾主张"君子必服古言①,然后仁"。君子的服饰和言论都必须按照古例,这样才符合仁义。墨子对此反驳说:

所谓古之言服者,皆尝新矣。而古人言之服之,则非君子也。然则必服非君子之服,言非君子之言,而后仁乎?

所谓古代的言论和服饰,都曾经是新颖的,而古人使用了这些言论和服饰,难道他们就不是君子了吗?那么必须穿非君子的衣服,说非君子说的话,才是符合仁义吗?在墨家看来,儒家的论点包含有一些概念和命题方面的自相矛盾。在概念方面,古人说古话,穿古服,在当时都曾经是新的,按照儒家的逻辑来推理,古人就都成为非君子了。在命题方面,儒家的主张则可以表达为:一个人必须要说非君子的话,穿非君子的服装,这样才能够成为君子,从而符合仁义的标准。墨家认为,这是自相矛盾、荒谬背理的。例如,《论语·述而》篇记载,孔子曾经说过:"述而不作,信而好古。"这里的"述"就是"循",在儒家看来,君子只是遵循古人,叙述传承,而不需要创新。

《墨子·非儒下》篇记载,儒家学者主张"君子循而不作",墨家对此进行反驳说:

---

① 必服古言:当作"必古言服",言论和服饰都必须依古例。

> 古者羿①作弓,杼②作甲,奚仲③作车,巧倕④作舟,然则今之鲍函⑤、车匠,皆君子也,而羿、仔、奚仲、巧垂,皆小人邪?且其所循,人必或作之。然其所循,皆小人道也?

这就是说,古代羿、杼、奚仲和巧倕,发明了弓箭、铠甲、车子和舟船等,而现在的皮、车等工匠,由于只是传承了古代工匠的技术,却并没有进行创造,于是就都成了"君子",而古代羿、杼、奚仲和巧倕等发明家,则都成了"小人"吗?而且,现代工匠所遵循而传承的技术一定都要先有人创作出来,如果按照儒家的逻辑的话,则这些创造者就都成了"小人"了,现代工匠所遵循传承的技术也就都成了小人的道理。这些情况都显然是自相矛盾、荒谬背理的。这里,墨家反对层层相袭的保守做法,坚持和提倡科学创新的重要性。正是由于强调科技创新的重要性,墨家才可能在科技上做出如此巨大的贡献,取得了如此这般重大的成就。

同时,我们也应该看到,在墨家看来,科学技术的基本目的是要发现它来为人类服务,因此,科学发现和发明只有在对人有用、有益的前提下,才是有价值的。墨子曾经指出:科学技术的发现和发明,"利于人谓之巧,不利于人谓之拙"。

《墨子·鲁问》篇记载:

> 公输子削木以为鹊,成而飞之,三日不下,公输子自以为巧。子墨子谓公输子曰:"子之为鹊也,不如翟⑥之为车辖⑦,须臾刘⑧三寸之木,而任五十石之重。故所为功,利于人谓之巧,不利于人谓之拙。"

---

① 羿:相传上古帝喾的射官,发明弓箭,射技很高。
② 杼(zhù):禹的七世孙,少康的儿子季杼,相传他发明铠甲。
③ 奚仲:夏时的车正,相传他发明了车。
④ 巧倕:也称工倕,是尧时的巧匠,传说他发明了舟船。
⑤ 鲍函:揉制皮革的工匠。
⑥ 翟:当作"匠"。从王念孙、孙诒让校改。
⑦ 车辖:车轴两头钉着的键。
⑧ 刘:当作"斲",斫。从王念孙、孙诒让校改。《广雅》:"斲,斫也。"

这里的鹊即竹鹊,可能是类似风筝一样的东西。车辖是车轮轴上的一种机关,它贯穿车轴的金属链,以防轮子脱落,它能够增加载重量。墨子认为,你公输子所发明的竹鹊,不如木匠所制造的车辖。所以,制作器物,其功效对人有好处才能称为是巧,如果对人没有什么好处则就只能叫做笨拙。在墨家看来,公输般所发明的竹鹊,由于看不出它到底对于人有什么真正的好处,因此,这样的发明创造,它的意义还远不如工匠所发明的车辖。

在墨家看来,科学技术的功效必须以对人有利为原则和方向。墨学的科学精神和人文精神是相统一的,即科学技术必须要为人的发展服务,尤其是要为人民造福、为人类与自然的和谐相处起作用。反过来,如果科学技术不能为人类的需要服务,不管它看上去多么美好,那也是绝对不可取的。

《墨子·大取》篇说:

> 害之中取小也,非取害也,取利也。

在两害之中取小害,在一定意义上可以说不是取害,而是取利。由此看来,即使是看起来多么巧妙的科技发明,但如果它对人类的害处大于它所带来的好处的话,那也是不可取的。

第七章　墨家与儒家的对立与论争

如前所述,墨家与儒家是中国先秦时代两个最为著名的学派,其开创者分别是孔子和墨子。春秋战国时代,战争频繁,人民流离失所,孔子和墨子作为当时的知识人,都怀抱着救世的理想和愿望,以实现天下太平,人民安居乐业。孔子面对当时的礼崩乐坏局面,力求尊崇周礼,以重新回归旧有的秩序。墨子则面对百姓饥不得食、寒不得衣、劳不得息的情况,寻求救民于水火,尽快实现国泰民安,从而提出了"兴天下之利,除天下之害"(《墨子·兼爱下》)的思想主张。据《淮南子·要略训》记载,墨子曾学儒者之业,受孔子之术,但由于发现其礼烦扰而不说(悦),厚葬糜财而贫民,(久)服伤身而害事,故背周道而用夏政。在墨子看来,儒家提倡厚葬久丧的做法并不能解决民生问题,从而对儒家展开了一系列的批判。"儒墨两家的创始人都生活在礼制崩塌、王权衰败、诸侯纷争的社会大失范的时代,两家对失范的现实社会都给予了积极关注和思考,从而各自提出了救世宗旨与治世方略。但是,二者在分析社会失范的原因、救世宗旨所规定的内涵、实质和社会要求,以及实施的基本方略等方面,都是不相同的。"[①]墨子批评孔子、批评儒家,后来,孟子和荀子又批评墨子。墨家与儒家、墨学与儒学,在历史的长河中形成了一系列的根本问题上的对立,产生了论争。

第一节　仁爱与兼爱

针对当时的社会动乱,如何实现社会治理,这是各个思想家首先要思考的根本性问题。儒家提出了"仁爱",而墨家则提出了"兼爱"的思想主张。

孔子主张,仁者爱人。《论语·颜渊》载:"樊迟问仁。子曰:爱人。"仁就是

---

① 朱传棨:《墨家思想研究论稿》,人民出版社2020年版,第98页。

爱。"仁"这个字，左边人字旁，右边为二，二就是二人，二人代表两端，两端代表人与人之间的应然关系，其实也就是父慈子孝、兄友弟恭、长幼有序、上下有分别。《论语·颜渊》载："有子曰：孝悌也者，其为仁之本欤？"儒家将孝敬父母、敬爱兄长作为"仁"的根本。儒家的仁爱虽然也是一种博爱，但这种爱却是有分别的，强调的是亲亲之爱。《中庸》说："仁者，人也，亲亲为大。"《墨子·非儒下》说："儒者曰：亲亲有术，尊贤有等，言亲疏尊卑之异也。"儒家认为，敬爱家人必须按照关系的远近而有亲疏的不同，尊重贤才也要因人才各异而有等级的差别，说的是亲疏、尊卑的差异。当然，孔子也主张"推己及人"（《论语·卫灵公》），"己欲立而立人""己欲达而达人"（《论语·雍也》），"己所不欲，勿施于人"（《论语·颜渊》）。《孟子·尽心下》中说道："仁者，以其所爱，及其所不爱。不仁者，以其所不爱，及其所爱。"儒家的仁爱是有等级差别的，它是"亲亲而仁民"，先亲其亲，然后才是仁民。也就是说，儒家的仁爱是一种由内向外"推"的爱，子女把对待父母的心推给社会上别人的父母，父母把对子女的关爱推给社会上需要帮助的别人的孩子。不过，推己未必就能及人，甚至不愿推己，因为很可能有些人可能只爱自己的亲人而不爱别人的亲人，而且有些人为了爱自己的亲人而去盗窃别人的亲人，去侵害他人的利益。因此，儒家的"仁爱"最终完全有可能会导致爱自己的父母必然胜过爱别人的父母，爱自己的家庭必然胜过爱别人的家庭，爱自己的国家胜过爱别人的国家。由此造成的结果就是，国与国之间相互争斗，家与家之间互相攀比，人与人之间互相争夺。儒家的仁爱从而必然会进一步助长人的自私性，从而导致社会上大量乱象的发生。

针对儒家仁爱思想的不合理性，墨家提出了一种无差别的爱，也就是兼爱的思想主张。墨家的兼爱强调"爱人若爱其身"（《墨子·兼爱上》），强调人与人之间要平等相待，突出了爱的平等性和广泛性，从而开阔了仁爱思想的社会性和公共性。墨家的兼爱就是要平等地、普遍地爱每一个人。墨子说：

　　视人之国，若视其国；视人之家，若视其家；视人之身，若视其身。（《墨子·兼爱中》）

要像对待自己的国家那样对待别人的国家，要像对待自己的家庭那样对待别人的家庭,要像对待自己那样对待别人。爱人也就是爱己。爱人和爱己是一样的。人与人之间要互相关爱,不能有人、己、亲、疏的区别。墨家提倡"兼",反对"别",主张"兼以易别",主张用"兼"来代替儒家的"别"。墨家的兼爱强调人与人之间、国与国之间的相互平等,是在当时社会动荡的时代,作为小生产者阶层的墨家学派极力主张取得人格平等的要求的反映。

孟子曾经批评墨子的兼爱为"无父"的"禽兽"理论,对墨家的兼爱主张极力排斥和否定。《孟子·滕文公下》说:

> 杨氏为我,是无君也;墨氏兼爱,是无父也。无父无君,是禽兽也。

这里,孟子在反驳中所使用的方法是归谬法,即归结为不可能法,也就是将墨子的兼爱理论归结为"无父"或者"禽兽",从而证明兼爱是不成立的。问题在于,孟子在实际论证中出现了错误的推断。

其中的一个推断是:"墨氏兼爱,是无父也。"另一个推断是:"无父无君,是禽兽也。"前一个推断所可能包含的一个隐含前提是:"墨家的兼爱不尊敬父亲,或者对父亲不孝。"这个前提显然是虚假的。墨子主张每一个人都应该"视父兄与君若其身"(《墨子·兼爱上》),反对"子自爱,不爱父,故亏父而自利"(《墨子·兼爱上》)的行为,认为这是导致社会动乱的根源。事实上,墨家思想里并没有"无父"的观点,相反,墨家特别强调对父母的爱。《墨子·经上》篇说:"孝,利亲也。"《墨子·经说上》篇说:"孝,以亲为芬,而能能利,亲不必得。"对父母的孝敬,就是要做对他们有好处的事情,要将对父母的孝敬作为自己的职责,所以凭借自己的能力来做对父母有好处的事情,不一定需要得到什么回报,因为这是一种义务。当然,"墨氏兼爱,是无父也"这个推断也可以做如下分析:

> 墨家的兼爱追求父子在爱的关系上的平等;
> 追求父子在爱的关系上的平等就是无父。
> 因此,墨家的兼爱无父。

这个推断在结构上没有问题,但是其中的第二个前提未必真实,它可以转换为:"父子之爱必须是一种不平等之爱。"显然,其中所主张的"父子之爱"这个概念已经和墨家关于爱的基本主张不同了。因此,孟子批评墨家兼爱为无父的做法,基本上是从自己的观点出发来推断墨家的观点的,这种批评两千多年来没有得到彻底澄清的主要原因,就是封建宗法制度下所形成的社会历史背景和氛围,使得人们无法看清楚其中存在的问题。

孟子的另一个推断是"无父无君,是禽兽也",这是一个省略了结论和部分前提的三段论推理。展开来就是:

禽兽是无父的;
墨家的兼爱是无父的。
所以,墨家的兼爱是一种禽兽理论。

这个推断除了其第二个前提本身不真实之外,在推理过程上整个属于一种肯定后项式的推理,属于无效的推理形式,在逻辑上是不能成立的。

由上可以看到,墨家和儒家之间,互相批评对方、指责对方,从而构成了相互之间长期的思想理论论争。《韩非子·显学》篇说:"孔子、墨子俱道尧、舜,而取舍不同,皆自谓真尧、舜。"中国有个道统,就是尧、舜、禹、汤、文、武传承关系,儒家认可,墨家也认可。孔子称这个道统为仁义之道,墨子称之为兼爱之道,也就是"兼相爱,交相利"。

其实,墨家和儒家在"爱"的思想上,目标一致,所采方式不同而已,一个主张从外到内,一个主张从内到外,如果能够充分结合起来,将有可能产生出更加合理而全面的思想来。孔子说:"夫仁者,己欲立而立人,己欲达而达人。"(《论语·雍也》)"己所不欲,勿施于人。"(《论语·颜渊》)在"己"和"人"之间,是既充分又必要的条件关系,实际上也就是因果关系。墨子说:"爱人若爱其身。"(《墨子·兼爱上》)"夫爱人者,人必从而爱之;利人者,人必从而利之;恶人者,人必从而恶之;害人者,人必从而害之。"(《墨子·兼爱中》)在"人"和"己"之间也是既必要又充分的条件关系,实际上也就是因果关系。墨家主张非攻,孟子主张非战、仁政,墨家和儒家都反对非正义战争;孔子与墨子,为了实现自己的思想主张,都上说下教,奔忙不歇,努力实现之,"孔子无黔突,墨子无暖席"①(《淮南子·修务训》)。孔子的灶台从来没有熏黑过,墨子从来没有在哪个地方坐热了再走。因此,无论是在儒家还是在墨家看来,人和我之间都应该是一种可以对等的"爱"的互构关系,这也应该是儒与墨之间最有可能存在的殊途同归。

第二节 亲亲用贤与平等尚贤

理想需要运用具体的政治措施来实现。政治从根本上就是要用什么样的人,以及这些人用什么样的制度来进行治理。在政治用人问题上,儒家和墨家都主张尚贤或贤人政治。

儒家是非常提倡贤人政治的,但他们的尚贤是有差别、有等级的。孔子曾经感叹"才难"(《论语·泰伯》)。孟子说:"虞不用百里奚而亡,秦穆公用之而霸。不用贤则亡,削何可得与?"(《孟子·告子下》)虞国不用百里奚,因而灭亡,秦穆公用了他,因而称霸;不用贤人就会亡国,即便想要割地求和而苟且偷生,又如何做得到呢?由此来看,儒家是非常重视用贤的。不过,儒家的尚贤是以亲亲为基础的。孔子主张"亲亲有术,尊贤有等"(《墨子·非儒》)。孔子又说:"故旧不遗。"(《论语·泰伯》)"故旧无大故,则不弃也。"(《论语·微子》)儒家的尚贤论将等级和差别也作为了一个重要标准,从而没有能够把贤或者才作为衡量人才的根本性标准,其尚贤论总的来说并非平等尚贤。

如前所述,墨家把尚贤看成国家政治的根本。与儒家不同的是,墨家尚贤思想是其兼爱平等思想的体现,是以其兼爱平等的思想为基础的。墨家的尚贤理论,要求唯贤是举,唯才是举。《墨子·尚贤上》篇说:"虽在农与工肆之人,有能则举之,高予之爵,重予之禄,任之以事,断予之令。"即使是出身比较低下的农民和手工业者,只要他有相应的才能,就应该给予相应的政治地位、经济利益和政治权力。墨子说:"古者圣王甚尊尚贤而任使能,不党父兄,不偏富贵,不嬖颜色,贤者举而上之。"(《墨子·尚贤中》)对人才的尊重和使用不能

---

① 《文子》说:"墨子无黔突,孔子无暖席。"[唐]韩愈:《争臣论》说:"孔席不暇暖,而墨突不得黔。"

以亲疏、贵贱等为标准。墨子还说："故官无常贵，而民无终贱，有能则举之，无能则下之，举公义，辟①私怨，此若言之谓也。"(《墨子·尚贤上》)人在社会中的高低贵贱不能是固定不变的，而应该根据个人的贡献大小而发生变化。墨家主张在国家政治中必须平等尚贤。

　　墨家的平等尚贤主张是其尚同思想的必然基础。《墨子·尚同上》篇说："夫明乎天下之所以乱者，生于无政长。是故选天下之贤可者，立以为天子。"强调必须选举贤者为最高的统治者。墨家对天子的具体选举产生过程没有做出阐述，但是从其应有之义来看，应该是由前一代的贤人天子来选择，其实就是类似三代圣王尧、舜、禹的"禅让"制。唐尧和虞舜两人，他们不是把地位传给自己的儿子，而是传给了别的贤能之士。他们在位的时候，都能以百姓的利益为先，个人的私利为后，雍容大度，禅让帝位，开创了历史上一段太平安康的盛世。

　　如前所述，孔子面对当时礼崩乐坏、天下失序的社会现实，主张应该重建周代的礼乐制度。《论语·八佾》记载："子曰：周监于二代，郁郁乎文哉！吾从周。"周朝的礼仪制度是以夏商两朝为根据来制定的，多么丰富多彩啊！所以，应该继承周朝的制度。墨子则针对当时社会存在着严重的民生问题，老百姓遭受战乱之苦，饥不得食、寒不得衣、劳不得息，主张必须实行兼爱非攻、尚贤尚同、节用节葬、非命尚力、天志明鬼的政治制度。《淮南子·要略训》中说，墨子"故背周道而用夏政"。陈来认为墨子所希望的是采用夏朝的政治制度②，我认为这是对墨家思想的一种误解。《礼记·表记》中说："夏道遵命，敬神而远之，近人而知焉。"夏道是尊命的，而墨子非命；夏道是"敬鬼神而远之"的，而墨子是要明鬼的。所以，墨子的"用夏政"不是要用夏朝的政治制度，而是要用大禹之政，也就是要用尧、舜、禹的三代禅让制度。可以说，墨子对于三代圣王的禅让制是非常欣赏和认可的。当然，前一代的天子选择贤人来继任新的天子，其实只要真正地尚贤了，也就会和老百姓的想法相一致。但往往难以保证，因为前一代的天子或者某些贤者一旦存有了私心，情况就会发生变化。如所周知，禅让制度在禹的儿子启之后，就实行不下去了，因为禹的儿子启击败了伯

---

① 辟：同"避"。
② 2020 年 11 月，在山东济南举办的第十三届国际墨学研讨会暨儒墨会通与国家治理学术讨论会上，陈来在首席发言中表达了这一观点。

益,从此开始了"家天下"和世袭制。

如所周知,一直到墨子的时候,实行的都是世袭制。"家天下"和世袭制在实行的过程中,并非都能尚贤,而是大多都不尚贤。所以,墨家学派提出唯贤是举、唯才是举的尚贤思想,这是以兼爱平等的思想为基础的。墨家反对儒家的"亲亲"做法,是非常具有深意的,墨家所提倡的尚贤和尚同思想就是要打破世袭制,实行禅让制,真正让尧、舜、禹这样的贤人成为天子。

《墨子·鲁问》篇说:

> 子墨子曰:"不然。夫鬼神之所欲于人者多;欲人之处高爵禄,则以让贤也;多财,则以分贫也。"

鬼神希望一个人做的事是多方面的:希望人处在高爵地位上的时候,必须要能够让贤;在财产多的时候,一定要能够赡济穷人。墨子提倡在上位者要能够让贤的思想,开启了废除领导职务终身制的思想主张。汉代以后,儒家思想一统天下,强化了"家天下"和世袭制,墨家尚贤制思想基本被埋没。

怎么才能打破这种世袭制和"家天下",实行真正尚贤的禅让制度,如何避免出现启这样的情况,墨家没有做出详细讨论。当然,墨家也提出了"法""令"等制度性的规定,但这些规定都主要属于具体的统治策略或方法,没有直接讨论选举的法则和规则等方面的问题,也就是说,没有进一步探究如何才能够保证禅让制持续运行的根本性问题。墨家尚贤制度要得到实现,必须首先破除儒家亲亲原则。墨家与儒家,在政治思想层面上的对立,表明了墨家思想具有更多的合理性。如果能够考虑建立更加合理的监督制度和监督体系而将二者统一起来,那么完全可以实现墨家思想理论学说的创造性转化与创新性发展。

第三节 宿命论与非命观

如前所述,古时候,人们认为"命"或者命运这种东西是可以决定人的吉凶、祸福、贵贱的必然性因素,是人对之无可奈何的、能够对人起支配作用的某种神秘力量。

儒家学派坚持命定论。首先,儒家认为"命"这种东西是存在着的。鲁哀公曾经问孔子:"弟子孰为好学?"孔子回答他说:"有颜回者好学,不迁怒,不贰过。不幸短命死矣,今也则亡,未闻好学者也。"(《论语·雍也》)这段话说明,在孔子看来,"命"这种东西确实是存在着的。孔子说:"小人不知天命,而不畏也。"(《论语·季氏》)普通老百姓不懂得天命,所以他们不害怕。孟子也讲天讲命,他说:"莫之为而为者,天也;莫之致而至者,命也。"(《孟子·万章上》)没有叫他那样做他却做了,这就是所谓的天意;没有人招致它却来了,这就是所谓的命。

其次,儒家认为"命"这种东西对人们的生死、祸福等都具有决定性的作用。孔子说:"道之将行也欤,命也;道之将废也欤,命也。"(《论语·宪问》)即认为自己的大道能不能最终实现,都是命中注定的,人力是不可抗争的,一切由命决定。有一次,孔子学生伯牛[①]生病了,孔子于是前往探问,从窗外握着伯牛的手对他说:"亡之,命矣夫!斯人也而有斯疾也!斯人也而有斯疾也!"(《论语·雍也》)孔子认为,人无论生病还是死亡都是由命决定的。所以,在孔子看来,万事都由天命注定,人力在命的面前根本是无能为力的。孔子的一个名叫司马牛的学生忧愁地说:"人皆有兄弟,我独亡。"孔子的另一个学生子夏[②]这时回应说:"商闻之矣:死生有命,富贵在天。君子敬而无失,与人恭而有礼。四海之内皆兄弟也——君子何患无兄弟也?"(《论语·颜渊》)这里的"天"和"命"都具有宿命论或命定论的意思。有观点认为,这里子夏所说的话不过是在对司马牛做心理上的安慰,未必就代表儒家的观点。但是,我们也可以将"商闻之矣"这句话理解为:我子夏听老师孔子说过。[③] 也就是说,子夏说这句话虽然存在从心理上安慰司马牛的意思,但同时也体现了儒家的命定论思想。

墨家坚决反对命定论。首先,在墨家看来,"命"这种东西根本就不存在,命定论事实上是上世贪懒的暴人以及桀、纣、幽、厉等暴君等人的道理或主张。《墨子·非命上》篇说:

---

① 伯牛:孔子学生冉耕,子伯牛。
② 子夏:孔子弟子,姓卜,名商,字子夏。
③ 参见孙中原主编:《墨学与现代文化》,中国广播电视出版社2007年第2版,第31页。

然则何以知命之为暴人之道？昔上世之穷民，贪于饮食，惰于从事。是以衣食之财不足，而饥寒冻馁之忧至，不知曰"我罢不肖，从事不疾"，必曰"我命固且贫"。昔上世暴王，不忍①其耳目之淫，心涂之辟②，不顺其亲戚，遂以亡失国家，倾覆社稷，不知曰"我罢不肖，为政不善"，必曰"吾命固失之"。

然而，怎么才能知道命是强暴者的道理呢？墨家认为，古时候的穷极之人在饮食上非常贪婪，而又懒于做事情。因此衣食财物不能满足需要，于是饥寒冻饿的忧愁就来了。他们不说自己疲惫无能，劳动上不勤快，而总说是自己命里本来就应该贫穷的。古时候的暴君，不能克制自己耳目的贪欲、心里的邪僻，不顺从他的父母和亲属，以至于国家灭亡，社稷灭绝。不说是自己疲惫无能，治理不善，而总说是自己命里本来就要亡国的。墨家认为，远古上世，一些贪懒的暴人由于从事不力从而导致衣食等财用不足，但他们不知道进行自我反省，却只怪是命所注定的。桀、纣、幽、厉等暴王，贪图享乐而不知道勤劳执政，结果导致国残身死，不知反省却去怪命中注定。这就是说，命定论实际上不过是暴人或暴王为开脱自己的责任或罪恶而主张的观点而已。

其次，墨家认为，命定论十分有害，如果人们将命定论运用于行政或者执政，则必然会对国家和百姓造成灾难性的影响。墨子曾经说：

今用执有命者之言，则上不听治，下不从事。上不听治，则刑政乱；下不从事，则财用不足，上无以供粢盛酒醴，祭祀上帝鬼神，下无以降绥天下贤可之士③，外无以应待诸侯之宾客，内无以食饥衣寒，将养老弱。故命上不利于天，中不利于鬼，下不利于人。而强执此者，此特凶言之所自生，而暴人之道也。（《墨子·非命上》）

现在如果采用主张有命的人的言论，则在上位的人不听狱治国，在下面的人不做事。在上位的人不听狱治国则行政混乱，在下面的人如果不做事则财

---

① 忍：克制。
② 心涂：心意。辟：癖好。
③ 降绥：安定。贤可：贤良可用。

用不足。对上没有酒食祭品来供奉上帝鬼神,对下没有东西安抚天下贤良之士,对外没有东西接待诸侯的宾客,对内不能给饥者以食,给寒者以衣,扶养老弱。所以,命这种东西,上对天不利,中对鬼神不利,下对人民不利。而顽固坚持命的观点的人,则简直是恶言产生的根源,是强暴者的道理而已。墨家认为,如果相信命定论者的言论,则势必导致统治者不好好治理国家,老百姓不好好从事生产劳动,结果就会出现行政乱象而财用不足,财用不足则上难以尊天事鬼,下难以接待远方的宾客和将养家中的老弱病残。

最后,墨家认为,命这种东西根本就不存在,人世间的一切都是可以通过人的主观努力即主观性的人力来达到的。《墨子·非命下》篇记载:

> 故昔者三代圣王禹汤文武方为政乎天下之时,曰:"必务举孝子而劝之事亲,尊贤良之人而教之为善。"是故出政施教,赏善罚暴。且以为若此,则天下之乱也,将属可得而治也;社稷之危也,将属①可得而定也。若以为不然,昔桀之所乱,汤治之;纣之所乱,武王治之。当此之时,世不渝而民不易,上变政而民改俗。存乎桀纣而天下乱,存乎汤武而天下治。天下之治也,汤武之力也;天下之乱也,桀纣之罪也。若以此观之,夫安危治乱存乎上之为政也,则夫岂可谓有命哉!故昔者禹汤文武方为政乎天下之时,曰:"必使饥者得食,寒者得衣,劳者得息,乱者得治。"遂得光誉令问②于天下。夫岂可以为命哉?故以为其力也!今贤良之人,尊贤而好功③道术,故上得其王公大人之赏,下得其万民之誉,遂得光誉令闻于天下。亦岂以为其命哉?又以为力也!

社会安危治乱的根本原因,与命没有一丁点儿关系,而完全是由人的主观努力来决定的。尧、舜、禹、汤、文、武之所以能够治理天下,之所以能够使"饥者得食,寒者得衣,劳者得息,乱者得治",完全是因为他们注意发挥了人力的重要作用,即人能够通过制定法律来管理社会,发展生产,从而实现天下大治。

---

① 属:适。
② 令问:同"令闻",好名声。下同。
③ 功:当作"蓄"。从孙诒让说。

墨家反对命定论和宿命论，主张发挥人的主观能动作用，人要强力而为。在墨家看来，这种人力作用最为重要的方面就是，人可以通过制定法律、法令等来使得事物的实际情况按照人们自己的意愿去发展或呈现，需要重视制度上的建构，最终建立一个兼爱平等也就是正义的社会。但由于墨家已经否定了儒家的天命决定论，因此最终必须依靠外在的天志和鬼神来实现他们的理想。这里需要特别注意的是，墨家提倡人力作用，关键在于人可以通过制定法律法令来实现天下治理，从而他们在根本上需要建设出来一个法治社会。儒家学派则常常把礼治和法治对立起来，要求恢复和巩固"亲亲"政治，强调礼治，反对法治。孔子说："道之以政，齐之以刑，民免而无耻；道之以德，齐之以礼，有耻且格。"（《论语·为政》）如果用政法来诱导他们，使用刑法来进行整顿，人民只能是暂时免于罪过，却没有廉耻之心；但是如果用道德来诱导他们，使用礼教来进行整顿，人民不但有廉耻之心，而且人心归服。

总之，儒家相信宿命论但却对鬼神表示怀疑，墨家虽然主张非命却又认为存在着鬼神，如果相互之间都去掉各自消极的部分，或许都将趋向于更加合理。

第四节　厚葬与节俭

儒家学派主张恢复周代礼制，所以，厚葬也就包括在这种礼制之中。

孔子本人并不主张浪费。孔子提倡"安贫乐道""食无求饱，居无求安"，十分赞赏他的学生颜渊"一箪食，一瓢饮，在陋巷，人不堪其忧，回也不改其乐"（《论语·雍也》）。孔子明确反对厚葬，《论语·先进》记载："颜渊死，门人欲厚葬之。子曰：不可。"但是孔子提倡久丧。孔子的学生宰我，认为三年之丧的时间太长，三年不为礼乐，必然会导致礼坏乐崩，所以希望改为一年。孔子对此非常严肃地批评道："君子之居丧，食旨不甘，闻乐不乐，居处不安，故不为也。""子生三年，然后免于父母之怀。夫三年之丧，天下之通丧也。予也，有三年之爱于其父母乎！"（《论语·阳货》）认为三年之丧是必须的。

墨家认为，儒家厚葬久丧的做法有害无益，既浪费物质财富，也妨害人们的生产生活，同时也非常荒诞可笑。《墨子·公孟》篇载，墨子曾经对儒家弟子程子说：

儒之道足以丧天下者，四政①焉。儒以天为不明，以鬼为不神，天鬼不说，此足以丧天下。又厚葬久丧，重为棺椁，多为衣衾，送死若徙，三年哭泣，扶后起，杖后行，耳无闻，目无见，此足以丧天下。又弦歌鼓舞，习为声乐，此足以丧天下。又以命为有，贫富寿夭，治乱安危有极矣，不可损益也。为上者行之，必不听治矣；为下者行之，必不从事矣。此足以丧天下。

儒家的思想足以丧天下有四个方面：儒家认为天不明察，认为鬼神不神明，天和鬼就不会高兴，这就足以丧天下。儒家又主张厚葬久丧，要做好几层棺椁，很多的衣被，送葬如同搬家，三年哭泣，守丧的人要他人扶才能起来，依靠拐杖才能走路，几乎耳无所闻、目无所见，这也足以丧天下；又用乐器配合歌唱，击鼓跳舞，经常开展音乐活动，这也足以丧天下；又认为命是存在的，贫还是富、长寿还是夭折、治理还是动乱、安定还是危机都有定数，不会有增减和变化，在上位者执行这一套，必然不能治理政务，在下位者实行这一套，必定不做事情了，这也足以丧天下。墨家认为，儒家厚葬久丧的做法是四大乱政之一，如果施行的话，必定会导致天下混乱。《墨子·非儒下》篇说：

其亲死，列尸弗（敛），登屋②窥井，挑鼠穴，探涤器，而求其人矣。以为实在，则赣③愚甚矣。如其亡也必求焉，伪亦大矣！

儒者在他们的父母死后，将尸体陈放着不入棺，爬上房顶或窥探水井，挖掘鼠洞，拿出洗涤的器具，去追寻已死去的人的灵魂。如果认为死者真的在那里，那么这实在是愚蠢极了，如果明明知道死者已经不在世了，还一定要去寻找它，这就太虚伪了。墨家认为，儒家厚葬久丧的做法愚蠢之极，虚假之极，必须加以摈弃。

针对儒家的久丧做法及其辩解，墨家进行了坚决的揭露和批判。《墨子·公孟》篇记载，公孟子（儒家弟子）对墨子说："子以三年之丧为非，子之三日之

---

① 政：事。
② 登屋：指登上屋顶，挥动衣服来招魂。
③ 赣：同"戆"，愚。

丧亦非也。"墨子回答说:"子以三年之丧非三日之丧,是犹倮谓撅①者不恭也。"(《墨子·公孟》)"倮"就是光着身子不穿衣裳,"撅"就是掀起衣服,但只露出身体的某个部分。墨子认为,"倮"和"撅"的袒露程度并不相同,"倮"确实不恭,但"撅"不能说不恭。因此,三年之丧是要反对的,但三日之丧却是应该赞成的,二者存在本质不同。公孟子在二者之间进行推理,犯了"机械类比"的错误。公孟子还对墨子说:"三年之丧,学吾子②之慕③父母。"墨子回答说:"夫婴儿子之知,独慕父母而已,父母不可得也,然号而不止,此其故何也?即愚之至也。然则儒者之知,岂有以贤于婴儿子哉?"(《墨子·公孟》)公孟子是根据孔子所说的"子生三年然后免于父母之怀",来论证三年之丧是出于子女对父母的思慕之情感。墨子对此反驳说,感情之知低于理智之知,三岁的小孩确实有思慕父母的感情,当看不到父母时就会苦恼不停,这是愚蠢所导致的,但成年人就不会这样,因为成年人有足够的理智。由此看来,儒者在理智上并不比三岁的小孩高明。④

其实,墨家并不是要反对丧葬,只是要求人们必须节葬罢了。《墨子·公孟》篇记载,墨子讲过一个故事:

> 鲁有昆弟五人者,其父死,其长子嗜酒而不葬,其四弟曰:"子与我葬,当为子沽酒。"劝于善言而葬。已葬而责酒于其四弟。四弟曰:"吾未予子酒矣。子葬子父,我葬吾父,岂独吾父哉?子不葬,则人将笑子,故劝子葬也。"

鲁国有兄弟五人,他们的父亲死了,长子因为嗜酒所以不愿意葬父亲。他的四个弟弟说:"你和我们一起把父亲葬了,我们给你买酒喝。"长子受到好话的鼓舞,把父亲给葬了。埋葬父亲之后,就要求四个弟弟给买酒喝。这时,四个弟弟说:"我们不给你买酒了。你葬你的父亲,我们葬我们的父亲,难道他只是我们的父亲吗?你要是不葬父亲,那么别人就会耻笑你,所以才奉劝你葬父

---

① 倮:同"裸"。撅:同"揭",掀开下衣漏出腿脚。
② 子:《道藏》本无此字,从俞樾校增。吾子:小孩子。
③ 慕:依恋。下同。
④ 参见谭家健:《墨子研究》,贵州教育出版社 1995 年版,第 150 页。

亲。"在墨子看来,子葬父,这是天经地义的事情,这是作为儿子的义务之所在,如果子不葬父,是要被别人所耻笑的。所以,墨家并不反对丧葬,只是提倡节葬罢了。

总之,墨子坚决反对厚葬久丧,主张节葬节俭,认为俭节则昌、淫逸则亡。墨家指出,厚葬久丧所造成的直接后果就是:第一,厚葬不利于增加社会财富。诸侯死了之后,要耗尽其府库的全部财物,要将金玉珠玑等缀满死者的全身,用丝絮组带来装束,将车马都带进坟墓随葬等。第二,久丧不利于人口增殖。由于严格要求居丧,老百姓都不能从事生产,只能少吃东西,还要陪葬,夫妻亦不能同房。因此,墨家认为,通过厚葬和久丧这些做法来求得富裕,就与禁耕以求收获的做法类似,在逻辑上是矛盾的、是绝对不可能的事情,而久丧本身也不利于实现人口的增长。因此,久丧完全是寡人之道,是十分错误的做法。

墨子特别制订出"节葬之法"。《墨子·节葬下》篇说:

> 棺三寸,足以朽骨;衣三领,足以朽肉。掘地之深,下无菹①漏,气无发泄于上,垄足以期其所②,则止矣。哭往哭来,反从事乎衣食之财,佴③乎祭祀,以致孝于亲。

埋葬之法应该是这样的:棺材厚三寸,足以朽骨就可以了;衣服放三件,足以朽肉就可以了;挖墓的深度,下不漏水,上无臭气,所封的土堆能够让人知道埋葬的地方就完全可以了;送葬的人哭着去又哭着回来,接着就可以参加生产活动了,用不着长时间守丧。关于服丧的时间,墨家主张,必须把三年的丧期改为三天的丧期。因为在墨家看来,节葬并不意味着就是让死者没有尊严,而是恰恰相反,节葬是既能让死者有尊严,同时又没有出现浪费和劳民伤财等情况的正确做法。所以,节葬的实质就是要节哀,从而有利于人民的生产和生活。从今天来看,丧葬确实是一种礼节,不能全部废弃,否则容易造成对死者的不尊重,但是如果过于浪费,同样会对人们的正常生活造成消极影响。所以,今天的人们普遍来讲还是接纳了墨家所主张的丧葬观点和做法,不过也存

---

① 菹:通"沮",湿。
② 期其所:指按期在墓地聚会祭祀。期:期会,聚会。
③ 佴(nài):便利。从毕沅说。

在着一些厚葬的情况值得注意,国家如果稍微不注意社会风气的话,厚葬之风就容易抬头。

第五节　天鬼不明与尊天事鬼

儒家的"天"有多重含义。有时指的是某种客观的规律性,孔子说:"天何言哉?四时行焉,百物生焉,天何言哉?"(《论语·阳货》)这里的"天",指的是某种事物发展的规律性,即自然之天,没有意志,也没有主宰。孔子所说的"天",有时也可以指天命。孔子说:"获罪于天,无所祷也。"(《论语·八佾》)如果得罪了上天,则祷告也没有什么用,这里的"天"有了主宰的味道,但也未必就是人格神。

关于鬼神,孔子通常采取避而不谈的态度。《论语·述而》说:"子不语怪、力、乱、神。"孔子不谈论怪异、勇力、叛乱和鬼神等问题。有一次,季路问事鬼神的问题,孔子回答说:"未能事人,焉能事鬼?"(《论语·先进》)活人都还不能服事,怎么能去服事死人呢？孔子对鬼神的存在问题表现出怀疑或者回避的态度。

墨子的"天"是有意志的天。如前所述,墨子的"天"具有赏善罚恶的作用。《墨子·天志中》篇说:

> 爱人利人,顺天之意,得天之赏者也。不止此而已,书于竹帛,镂之金石,琢之盘盂,传遗后世子孙。

爱人利人,顺应"天"的意志,就会得到上天的赏赐,并且让其美名流芳百世。《墨子·天志中》篇说:

> 憎人贼人,反天之意,得天之罚者也。不止此而已,又书其事于竹帛,镂之金石,琢之盘盂,传遗后世子孙。

憎恨人、贼害人,这就违反了"天"的意志,就会受到上天的惩罚,并且要让

其遗臭万年。违反"天"的意志,必然受到上天的惩罚。《墨子·天志中》篇说:

> 然有不为天之所欲,而为天之所不欲,则夫天亦且不为人之所欲而为人之所不欲矣。人之所不欲者何也? 曰:疾病祸祟也。

人如果做"天"所不希望做的事情,上天就会相应地做出人所不希望出现的事情,这就是上天通过降临祸祟来惩罚人类。

墨家认为,"天"有意志,即"天志",它代表着正义。《墨子·天志上》篇说:"我有天志,譬若轮人之有规,匠人之有矩。轮、匠执其规、矩,以度天下之方员①,曰:中者是也,不中者非也。"认为自己有了天志的主张,就类似于轮人有了圆规,匠人有了矩尺,也就有了用它们来度量天下的事情到底是圆还是方的法仪或者标准。墨家提出"天志"思想的根本目的,就是为了"爱利百姓"。墨家关于"天志"的思想,就是要借重当时被社会所公认的观念"天"的至高权威性及其所具有的慑服力量,来使得专制凶暴的统治者有所畏惧,有所收敛而已。

同样,墨子认为,鬼神是真实存在着的,而且鬼神是神明的、有意志的。如前所述,墨子通过古代圣王之事和百姓耳目之实等,曾经论证过鬼神的存在。同时,在墨子看来,鬼神和天一样,是有意志的、神明的。《墨子·公孟》篇记载,有一个曾经在墨子门下求学的人,对墨子说:"先生以鬼神为明知,能为祸人哉福,为善者富之,为暴者祸之。今吾事先生久矣,而福不至。意者②先生之言有不善乎? 鬼神不明乎? 我何故不得福也?"即墨子您认为鬼神是明智的,能给人带来祸福,让行善的人富裕,让为恶的人遭殃。如今我侍奉墨子您那么久了,福气却总没有来。或许是墨子您所说的话有不对的地方? 或者鬼神并不神明? 不然我为什么得不到福呢? 墨子回答:"虽子不得福,吾言何遽③不善? 而鬼神何遽不明? 子亦闻乎匿徒之刑之有刑乎?"虽然你还没有得到福,但我说的话有什么不对的呢? 鬼神为何就不明智呢? 你有听说过藏匿犯人是有罪的吗? 这个人说:"未之得闻也。"没有听说过。墨子这时论证道:"今有人

---

① 员:同"圆"。
② 意者:抑或,或许。
③ 遽:何。"何遽"乃古代常用复词。

于此,什子①,子能什誉之,而一自誉乎?"现在有一个人在这里,才能十倍于你,你能十次称赞他而只有一次称赞你自己吗?这个人回答说:"不能。"墨子又问:"有人于此,百子,子能终身誉其善,而子无一乎?"有一个人在这里,才能百倍于你,你能终身称赞他的长处而没有一次称赞你自己吗?这个人说:"不能。"墨子最后反问道:"匿一人者犹有罪,今子所匿者若此其多,将有厚罪者也,何福之求?"藏匿一名犯人,尚且有罪,现在你藏匿他人之善者如此之多,你将有重罪啊!还求什么福?在墨家看来,一个人虽然也许做了一些善事,但是还有很多善事没有做,所以,自己做善事没有得到及时回报,不要怪鬼神不明,而是应该怪自己所做的善事还不足够多而已。

墨子的"天志""明鬼"思想肯定了天和鬼的存在,认为天和鬼是人世间万事万物的最高主宰。天和鬼都是有意志的神,它们能够通过赏善罚恶的手段来控制人间的事情。墨家的"天志""明鬼"思想,具有宗教学的向度。在实质上,墨子的"天志""明鬼"思想,从根本上还是以"天"和"鬼神"为工具,去推广和实现他们的"兼爱"理想或者主张,从而实现他们心目中的天下太平、人民安居乐业的美好愿望。可以说,墨家的"天志""明鬼"思想,是为了推行其"兼爱"思想主张,采用了中国传统哲学中的"以天道明人事"的哲学方法,认为必须尊天明鬼,这类似于某种宗教的超越性精神。② 既然人事之最终根据在于天道的主宰和裁断,那么人事就得服从天道或者天理,"人在做,天在看",天是人事的监督者和最终的审判者。墨家的"天",相当于指出了某种规律性,它警示统治者,包括每一个人,必须要有敬畏之心,不要胡作非为,而要有所畏惧、有所顾忌。而且我们必须看到的是,墨家之所以提出"天志""明鬼"的思想,从根本上是为了反映下层劳动者的利益和愿望而构造出来的价值符号而已。

总之,墨家和儒家由于所代表的阶级立场、所主张的社会伦理都不一样,致使他们在政治思想、经济思想和宗教思想,以及人的主观能动作用等诸多方面,都形成了对立和论争。不过,墨家和儒家他们的目的和初心却是完全一样的,都是为了给统治者提供治国的方略,都是为了从根本上实现国家和社会的

---

① 什子:指才能十倍于你。
② 参见李存山:《墨子的天志明鬼和非命思想》,载李守信、邵长婕主编:《墨子公开课》,商务印书馆2018年版,第293页。

长治久安而提出相应的思想主张，他们只是从不同的路径、以不同的方式，思考了同样的问题。但是，儒和墨的同归，应该不会是同一，即不可能是墨学统一于儒学，或者儒家服从于墨家，而必须是如韩愈所言的互补，也就是相互为用。不过，需要强调的是，墨学注重平等和法治，重视逻辑理性和科学探究，是今天儒墨会通中需要特别注意的问题。也就是说，如果儒家和墨家之间能够相互为用、取长补短，从而实现创造性的转化和创新性的发展，必将更好地有利于中国和世界的社会与文明的发展及进步。

第八章 墨家学派的衰落与复兴

墨家学派这一中国春秋战国时期的重要学派,曾经与儒家学派并列为"显学",兴盛于公元前5世纪到前3世纪。儒家学派中被称为"亚圣"的孟子(约公元前372—前289年),曾经惊呼"杨朱、墨翟之言盈天下。天下之言不归杨,则归墨"(《孟子·滕文公下》)。认为杨朱(约公元前450—约前370)和墨翟的言论在当时的影响力最大。活动于战国末期的儒家仅次于孟子的重要人物荀子(公元前316—前238年)说:"礼乐灭息,圣人隐伏,墨术行。"(《荀子·成相》)墨家学派在当时大有盖过其他学派之势。《吕氏春秋·有度》篇说:"孔墨之弟子徒属充满天下。"每个诸侯国都有墨家学派的人物在活动。这说明,墨家学派在战国时期兴盛一时,具有超越于其他学派的重要影响力。可是,一个具有如此影响力的学派,由于各种原因,它竟然在进入秦汉两朝之后,迅速走向衰落,并且长期处于被埋没的状态,直到近代以后才得以逐渐复苏和兴起。

第一节 墨家学派的分离与衰落

墨家学派在墨子死后,就分成了三派。《韩非子·显学》篇说:

> 自孔子之死,有子张之儒,有子思之儒,有颜氏之儒,有孟氏之儒,有漆雕氏之儒,有仲良氏之儒,有孙氏之儒,有乐正氏之儒。自墨子之死也,有相里氏之墨,有相夫氏之墨,有邓陵氏之墨。

儒家学派自孔子死后,分离为八派,即子张之儒、子思之儒、颜氏之儒、孟氏之儒、漆雕氏之儒、仲良氏之儒、孙氏之儒和乐正氏之儒。墨家学派在墨子死后,分离为三家,即相里氏之墨、相夫氏之墨和邓陵氏之墨。

《庄子·天下》篇说:

相里勤之弟子,五侯之徒,南方之墨者苦获、己齿、邓陵子之属,俱诵《墨经》,而倍谲不同,相谓别墨。以坚白同异之辩相訾,以奇偶不仵之辞相应。以巨子为圣人,皆愿为之尸。冀得为其后世,至今不决。

墨家学派中相里勤的弟子,五侯的弟子,苦获、己齿、邓陵子等南方之墨者,虽然已经从墨家学派中分离出来,但各个学派仍然都诵读墨家的经典《墨经》,由于理解上的不同,他们互相称对方为别墨,相互辩论。但他们把巨子拥戴为首领,而希望墨家代代相传,到庄子的时候都还是绵延不绝。与《韩非子·显学》篇的说法相比较,"相里勤之弟子"应该为"相里氏之墨",邓陵子则应该为"邓陵氏之墨"。

托名陶潜的《群辅录》一书,对墨家三派做了个全新的解释:

不累于俗,不尊于名,不支于众,此宋钘、尹文之墨;裘褐为衣,屐屩为服,以自苦为极者,相里勤、五侯子之墨;俱称经而倍谲不同,相谓别墨,以兼白,此苦获、己齿、邓陵氏之墨。

但这种解释显然有捕风捉影之嫌,没有什么价值。① 该书把宋钘、尹文归于墨家学派,缺乏根据。而且,从《庄子·天下》篇的记载来看,"裘褐为衣,屐屩为服,以自苦为极者"这样的特点,应该是所有墨者都具有的。

今本《墨子》一书中,有《尚贤》《尚同》《兼爱》《非攻》《节用》《节葬》《非乐》《非命》《天志》《明鬼》《非儒》等以墨家的基本学术主张为标题的篇目,每一个篇目基本上都分上、中、下三篇,文字和思想均大同而小异,学术界基本认为,它们应该为墨家三派各自关于墨子基本学术思想的记录与阐发。如俞樾所说:

今观《尚贤》《尚同》《兼爱》《非攻》《节用》《节葬》《天志》《明鬼》《非乐》《非命》,皆分上、中、下三篇,字句小异,而大旨无殊。意者此乃相里、相夫、邓陵三家相传之本不同,后人合以成书,故一篇而有三乎?墨氏弟

---

① 参见谭家健:《墨子研究》,贵州教育出版社1995年版,第18页。

子网罗放失,参考异同,具有条理,较之儒分为八,至今遂无可考者,转似过之。①

墨家学派在秦末之后即已衰微。秦王朝采纳李斯(?—前208)的建议,独尊韩非的法家思想,禁绝私学,焚烧百家之书。西汉桓宽说:

> 昔秦以武力吞天下,而斯、高以妖孽累其祸,废古术,堕旧礼,专任刑法,而儒墨既丧焉。(《盐铁论·论诽》)

秦始皇焚书坑儒,坑的不只是儒,"儒墨既丧"就是说儒家和墨家都受到了摧残。

西汉初年,统治者崇尚黄老之学,实行休养生息的政策,墨学在某些地区稍有复苏,但也只是民间的学术活动而已。桓宽说:

> 日者淮南、衡山修文学,招四方游士,山东儒墨咸聚于江淮之间,讲议集论著书数十篇。(《盐铁论·晁错》)

在汉初的淮南、衡山等地,墨学和儒学都还有一定的活动。但是,在汉武帝时期,国家实行"罢黜百家,独尊儒术"的政策。汉武帝刘彻(前156—前87)采纳董仲舒(前179—前104)在《举贤良对策》中的建议:

> 诸不在六艺之科、孔子之术者,皆绝其道,勿使并进。邪辟之说灭息,然后统纪可一而法度可明,民知所从矣。(《汉书·董仲舒传》)②

为了更好地统治老百姓,除了儒家之外的所有其他学派都遭到了毁灭性打击。此后,儒学逐步得到重视,并上升为经学和神学,而墨学和其他学派都遭到贬斥,墨学非儒反孔,其兼爱说不利于封建宗法统治,被官方视为异端

---

① [清]孙诒让:《墨子间诂·俞序》,孙启治点校,中华书局2001年版。
② [汉]班固:《汉书》,[唐]颜师古注,中华书局1962年版,第2523页。

邪说而加以排斥,遂成为绝学。如陈汉生(Chad Hansen)所说,《墨经》"反道家片段似乎是《经》中十分独立的论述,如果墨家学派顶住了汉代的独尊儒术,它可能是进一步发展的重要工具"①。可是,在以儒学为主流的社会里,无论是原始儒学、汉唐经学,还是宋明理学和清代汉学,忠君思想和等级观念始终都是仁学的灵魂,是仁和礼的结合,都表现为思维方法上的一种中庸之道,即表现为矛盾双方相互对立又相互依存所呈现的最恰当的"度"。② 这样,在先秦时代曾与儒学并称显学的墨学,由于不适应封建统治阶级的需要而归于衰落。

魏晋南北朝时期,由于封建统治稍微松弛,知识界兴起了"辩析名理"的思潮。史籍记载,当时人长于谈论名理,如王敦"少有名理",裴遐"以辩论为业,善叙名理",傅嘏"善名理",钟会"博学精练名理"等。(《世说新语·文学》注;《三国志·钟会传》)在这样一种"辩析名理"的思潮中,墨家辩学思想重新引起人们注意。其中,西晋鲁胜著《墨辩注》最为突出。可惜的是,该书遭乱遗失,仅其《叙》存于《晋书·隐逸传》中。不过,鲁胜的工作也主要是对《墨经》作注而已。当然,他关于《墨经》的一些认识是我们今天阅读和把握《墨经》的重要通道。比如,"《墨辩》有上、下《经》,《经》各有《说》,凡四篇",断言《墨经》是一篇关于论辩的名学经典,即墨家逻辑著作。再如,"引《说》就《经》,各附其章,疑者缺之",指出了阅读《墨经》的重要方法是将《说》与《经》分条目搭配起来进行理解,否则难以把握其要领。但是,鲁胜认为《墨经》为墨子所著,而惠施、公孙龙都祖述墨学,从近现代大多数学者的考证研究来看,这些说法都是缺乏依据的。由此,我们可以断言,鲁胜的研究成果虽然在墨家辩学研究史上起到了"兴微继绝"的巨大作用,但他对墨家辩学的认识和把握总的来说还是表面的和肤浅的。③ 正如沈有鼎所指出:

> 晋代的形式逻辑水平不如先秦。鲁胜虽有恢复绝学的气概,我们很

---

① 参见〔美〕陈汉生:《中国古代的语言和逻辑》,周云之、张清宇、崔清田等译,社会科学文献出版社1998年版,第148页。
② 参见陈孟麟:《墨辩逻辑学新探》,王讚源审定,台北五南图书出版股份有限公司1996年版,第152页。
③ 参见杨武金:《墨经逻辑研究》,中国社会科学出版社2004年版,第47—48页。

难说鲁胜已经正确地理解了《墨经》,也很难说他已经达到了先秦的形式逻辑水平。(当然,更难说他确实超过了先秦的形式逻辑水平。)鲁胜如此,其他人更不必说了。①

而且,当时的学术界包括鲁胜在内,主要是关注墨家的"辩析名理"的辩学思想而已,至于整个墨学的思想,则完全处于他们的视野之外。

唐朝时期,韩愈著《读墨子》一文,以继承儒家道统为使命,同时也同情墨家,认为儒与墨应该互补而不是互訾。他的基本主张是:"孔子必用墨子,墨子必用孔子。不相同,不足为孔墨。"理由是:"儒墨同是尧舜,同非桀纣,同修身正心,以治天下国家。"韩愈的看法基本上是对的,儒墨确实应该互补从而共同发展,但是他又否定墨家和儒家的基本分歧和各自的不同,也是存在问题的,这也说明了韩愈即使表达了一些正确的看法,但也存在许多深层次的问题是他所未能认识到的。不过,韩愈作为一位坚决维护孔孟之道的大学者,能够置孟子激烈攻击墨子的言论于不顾,而勇敢地站出来为墨子说些好话,这在儒门中已属非常难能可贵了。② 俞樾说:

> 乃唐以来,韩昌黎外无一人能知墨子者,传诵既少,注释亦稀。乐台旧本,久绝流传,缺文错简,无可校正,古言古字更不可知晓,而墨学尘埋终古矣。③

俞樾认为韩愈是唐代唯一懂得墨子的人。唐代乐台曾注《墨子》十八卷但已遗失,墨学完全处于被埋没的状态。

总之,晋代鲁胜、唐代韩愈,他们的工作虽然在观点和看法上尚存在诸多问题,但也都可以说是墨学中绝时期的"星光之可贵""空谷足音之难得"了,墨学的复兴尚待时日。

---

① 《沈有鼎文集》,人民出版社 1992 年版,第 397 页。
② 参见孙中原:《墨学通论》,辽宁教育出版社 1993 年版,第 322 页。
③ [清]孙诒让:《墨子间诂·俞序》,孙启治点校,中华书局 2001 年版。

第二节　墨家学派衰落的原因

墨学之所以在秦汉以后处于衰落状态,并逐渐成为绝学,古往今来的学者们进行过许多分析、探索和思考。

通常认为,秦始皇嬴政"焚书坑儒",汉武帝"罢黜百家,独尊儒术"等诸多做法,是导致墨学衰微的直接原因。其实,这只是现象,是结果,不是真正的原因。我们不妨再追问一下,秦始皇为什么要"焚书坑儒"?汉武帝为什么要"罢黜百家,独尊儒术"?问题就可以更清晰地呈现出来。秦始皇之所以要焚书坑儒,是因为他认为只有韩非"法""术""势"的思想有助于其统治,而儒家等诸子思想都不利于其统治。汉武帝之所以要"罢黜百家,独尊儒术",是因为他认为只有儒学有利于他的统治,而其他百家之学均不利于其统治。因此,墨学之所以被排挤而衰微,根本原因就是其不为封建统治阶级所需要。

那么,当时的统治阶级所需要的是什么呢?秦始皇需要尽快通过战争来实现统一中国的策略,显然不能用墨家的兼爱、非攻思想。而在汉武帝时期,对内需要巩固政权,需要运用儒家的"君君、臣臣、父父、子子"来强化封建等级观念,以更牢固其封建统治,对外则需要进一步扩张领土,建立更加强大的帝国,所以,墨家的兼爱、非攻思想显然不适合当时封建统治者的需要。同时应该看到的是,墨家思想不但在秦汉两朝,就是在后来的整个封建统治时代都没有受到统治者的重视,这主要还是与墨家思想的阶级属性有关。墨家的思想属于"役夫之道"(《荀子·王霸》),所代表的是中下层民众中小生产者的利益,主要是为庶民、为广大老百姓的利益服务的,所以,墨家强调的是兼爱、非攻、节用、节葬、非乐、非命等基本思想主张,这些思想主张显然是不能满足封建统治者的欲望和贪心的。墨家的兼爱思想,强调要平等地爱所有的人,显然这是统治者不愿意也完全做不到的,墨子的平等、尚贤思想要求统治者要平等地重用所有德才兼备的人才,墨子的节用、节葬思想强调节俭薄葬,也是统治者所不愿意接受的,所以,历朝历代的统治者都不可能真正重视墨学。《庄子·天下》篇说:

其生也勤,其死也薄,其道大觳。使人忧,使人悲,其行难为也。恐其不可以为圣人之道,反天下之心。天下不堪。墨子虽独能任,奈天下何! 离于天下,其去王也远矣!

墨子的思想不符合天下的需要,所以,尽管墨子本人非常艰苦地去推行而且努力实践,但终究不能为统治者所采纳。

当然,墨家学派自身所存在的一些缺陷和不足,也是其衰微而没有得到继续发展的重要原因。墨家的兼爱、非攻思想,其本身就是要救助弱小国家以对付强国的侵凌。墨子的这一思想其实就是我们通常讲的任侠或侠义的思想。任,是信任的任。《墨子·经上》篇说:"任,士损己而益所为也。"任侠就是做有损于自己而对别人有好处的事。《墨子·经说上》篇说:"任:为身之所恶,以成人之所急。"任侠精神就是做自己所厌恶而能够成就他人的事情。墨家的任侠精神是其"兼相爱,交相利"思想的具体体现,是为了正义、为了义气而不怕牺牲的精神。《墨子·经上》篇说:"仁,体爱也。"《墨子·经说上》篇说:"仁:爱己者非为用己也,不若爱马者。"仁爱、兼爱,并不是为了利用别人并从别人那里得到好处。就像爱自己并不是为了利用自己,这与爱马就是为了利用马的情况不同。墨家的兼爱是一种大爱,是一种体现了任侠精神的博爱。这是一种赴汤蹈火、死不旋踵的精神。《淮南子·泰族训》中说:"墨子服役者百八十人,皆可使赴火蹈刃,死不旋踵,化之所致也。"[1]《吕氏春秋·上德》说,墨者的领袖孟胜曾经率领弟子一百八十三人替阳城君守城,最后全部壮烈牺牲,体现了墨家"言必信,行必果",将生死置之度外的牺牲精神。不过,墨家弟子为阳城君守城,未必合理合法。当时,正值楚悼王过世之时,楚国的地方封君阳城君,和其他保守的大臣一起,在悼王丧所围攻曾经帮助悼王变法的吴起,于是楚国政府依法办罪,阳城君出逃,楚国决定收回阳城君的封国,于是墨家弟子为了"行墨者之义,而继其业",不惜牺牲为阳城君守城。[2] 因此,墨家弟子为了侠义或正义而大量死亡,虽然死得其所,但另一方面却也因为从事一些在根本上并不符合墨家思想本来要求的事情,从而使得墨家的思想缺乏传承人,也就

---

[1] 何宁:《淮南子集释》,中华书局1998年版,第1406页。
[2] 参见孙中原:《墨学通论》,辽宁教育出版社1993年版,第313页。

没有更多的墨家弟子来发扬光大墨家的思想学说了。

事实上，自墨子死后，虽然墨家思想影响深远广大，墨家弟子广泛散布到各个诸侯国家，但不少墨家弟子或墨者并非德才兼备，而且没有认真钻研墨子的思想，有的弟子对墨子思想的基本精神缺乏足够认识甚至存在很大误解。比如，战国末期秦国的墨者就存在着诸多这样的问题。《吕氏春秋·去宥》篇说：

> 东方之墨者谢子，将西见秦惠王。惠王问秦之墨者唐姑果。唐姑果恐王之亲谢子贤于己也。对曰："谢子东方之辩士也，其为人甚险，将奋于说以取少主也。"王因藏怒以待之。谢子不说，遂辞而行。

这位秦之墨者唐姑果，已经抛掉了墨家学派做人做事的精神，就是为了一己之私，不惜排斥异己，在背后说东方之墨者的坏话，而且也使得秦惠王未能使用贤人，实在是一个小人而已。《吕氏春秋·去私》篇说：

> 墨者有钜子腹䵍，居秦。其子杀人，秦惠王曰："先生之年长矣，非有他子也；寡人已令吏弗诛矣，先生之以此听寡人也。"腹䵍对曰："墨者之法曰：'杀人者死，伤人者刑。'此所以禁杀伤人也。夫禁杀伤人者，天下之大义也。王虽为之赐，而令吏弗诛，腹䵍不可不行墨者之法。"不许惠王，而遂杀之。子，人之所私也。忍所私以行大义，巨子可谓公矣。

墨家巨子腹䵍，他的儿子杀人了，秦惠王考虑到他已年老，而且只有这一个儿子，于是准予赦免，但腹䵍却顽固坚持执行墨家"杀人者死，伤人者刑"的"墨者之法"，于是不听秦惠王的话，私自处死了自己的儿子。可以说，腹䵍身为巨子，虽然有坚持公平正义的思想，但其实也已经将墨家之法看得比秦惠王的王法还重要，这说明腹䵍也没有能够完全把握墨学的基本精神。

自由与秩序既相互对立又相互统一，自由的实现有赖于秩序的建立，秩序的形成则又取决于被规范的程度。人都喜欢自由而不喜欢被限制、被规范，但是不受限制的自由反而最终会陷入更多的不自由，完全不受限制最终又不得不受限制。可以说，诸子百家之学正是围绕人的自由与秩序来进行思考的。

儒家认为人应该发挥本然的善性和道德并扩充出去以实行仁政和王道，这样天下就不会乱。法家认为要力行法术势，要严刑峻法，这样国家就不会乱。道家认为应该按照自然的法则无为而无不为，这样天下就不会乱。墨家则认为要按照天的意志，也就是要按照兼相爱、交相利的法则办事，这样天下就不会乱。道家的思想是让人的自由最大化，法家是要人的自由最小化，而儒家和墨家则走的是中间路线。儒家强调德政的作用，其实又将私德变成了家法；墨家强调私德的修养，同时更注重法的重要性。在墨家看来，百工从事皆有法可度，所以，国家政治更需要用法来制约、来规范，但最重要的是"以天为法"，也就是以兼相爱、交相利为法，即只有以兼相爱、交相利为基本原则的法才可能是合理之法。墨家后学的事业之所以没有走向成功，原因就在于没有从根本上把握住墨家的兼爱之法。

第三节 墨学的复兴

随着社会的发展，明清之际的中国，西学东渐，商品经济和资本主义经济开始在一些地方发展起来，从而在知识界引起了一场广泛的思想启蒙运动。这场运动打破了儒学一统的禁锢，使一部分进步的知识分子探索非儒学知识理论成了可能，他们开始从儒学范围以外去寻找新的知识领域，而具有探讨万物之然之科学理性精神的墨学，自然引起了近代思想家们的广泛重视，当时一些著名的思想家即所谓儒家的"异端"人物，都极力推崇墨学的基本思想主张。比如，李贽极力推崇墨家的救世主张，颜元非常重视墨家强调实际操作的经验论，汪中批评孟子非墨，对墨子做出高度的肯定，引起了当时学术界的强大反响。随着清中叶乾嘉学派考据学、诸子学的兴起，人们开始校勘和解释残存下来的《墨子》文本，墨学逐渐成了学术界的热点研究课题。

近世墨学复兴的源头，可以追溯到明末清初的思想家傅山。他的《墨子·大取篇释》开后来乾嘉子学研究的先河，也为四百年来的墨学研究奠定了最初的基础。傅山在墨学研究史上第一次为《大取》篇作注。晋代鲁胜的《墨辩注叙》只是谈到《墨辩》"有上、下《经》，《经》各有《说》，凡四篇"，即《墨辩》并没有包括《大取》和《小取》两篇。《墨经》素称难治，而《大取》又是广义《墨经》中最难治的一篇。傅山自己说:《大取》"奥义奇文,后世以其不可解而置之"。但他却不避其艰,而是"逐字逐句为之,积累而疏之,以求其通",成为自鲁胜之后挖掘墨家辩学瑰宝、续继墨家绝学的第一人。

从18世纪到19世纪,清代参加整理《墨子》文本的著名学者主要有:卢文弨、毕沅、王念孙、孙星衍、张惠言、王引之、俞樾、孙诒让等。他们作为正统学者、经学家,使用汉学(朴学)的考据训诂方法,为整理《墨子》文本做出了重大贡献。其中,孙诒让的工作最为重要,他的成果集中体现在所著《墨子间诂》一书中。俞樾说:

> 瑞安孙诒让仲容乃集诸说之大成,著《墨子间诂》。凡诸家之说,是者从之,非者正之,缺略者补之。至《经说》及《备城门》以下诸篇尤不易读,整纷剔蠹,脉摘无遗,旁行之文,尽还旧观,讹夺之处,咸秩无紊,盖自有《墨子》以来未有此书也。①

在孙诒让之前,所有的《墨子》文本整理者皆重于校而注甚少,而且所校内容并不系统,孙诒让乃集众家校注之大成,参以己见,使其大致可以通读。

在乾嘉学派对《墨子》文本作文字考据研究的同时,墨学的义理研究也逐渐得到了开展。栾调甫在《二十年来之墨学》一文中指出:

> 道咸以降,西学东来。声光化电,皆为时务。学人征古,经传蔑如。墨子书中多论光重几何之理,足以颉颃西学。
> 光宣之交,博爱之教,逻辑之学,大张于世。而孔门言语之科,不闻论辩之术。……惟墨子主兼爱则杀身以利天下,出言谈则持辩以立三表。事伟理圆,足与相当,此其由微而得以大显于世者。②

"道咸以降"即鸦片战争之后,人们开始发现墨家有论及光学、声学、几何学等方面的思想,可与西方的相应学问相媲美。其中,懂得中西文化的邹

---

① [清]孙诒让:《墨子间诂·俞序》,孙启治点校,中华书局2001年版。
② 栾调甫:《墨子研究论文集》,人民出版社1957年版,第140页。

伯齐在1845年作《计学一得》一文，发现《墨经》中有类似西洋的数学、视学和几何学的思想。孙诒让在1897年写给梁启超的信中，也指出了《墨经》中有与西方类似的自然科学知识，"综西土通艺之学""用近译西书，复事审校，似有足相证明者"（《与梁卓如论墨子书》）。① 方孝博在1983年发表了《墨经中的数学和物理学》，对墨家的自然科学思想做了比较全面的阐述。"光宣之交"即辛亥革命前夜，学者们开始注重研究墨家的论辩之学和兼爱之学。孙诒让曾经鼓励梁启超去开创墨家逻辑、因明逻辑和西方逻辑三种逻辑的比较研究，他说：

  尝谓《墨经》揭举精理，引而不发，为周名家言之宗，窃疑其必有微言大例，如欧士论理家雅里大得勒之演绎法，培根之归纳法，及佛氏之因明论者。②

  梁启超在1904年发表《墨子之论理学》，运用西方逻辑术语对应解释《墨经》中有关逻辑的文字，开创了墨家辩学比较研究的先河。梁氏又在1921年发表《墨子学案》，1922年发表《墨经校释》，遂成为20世纪初墨学复兴运动的最杰出代表，他关于墨学的宣传在中国文化界产生了极为重要的影响。在墨家辩学的研究上，胡适、章太炎、谭戒甫、吴毓江、伍非百、詹剑峰、高亨、沈有鼎等人，运用他们所掌握的西方逻辑或印度因明工具，比较研究《墨经》原典，解释了墨家辩学中许多重要的概念和命题，揭示了墨家辩学的大致内容和体系结构。尤其是沈有鼎的研究成果，充分站在现代逻辑的高度来研究和估价墨家逻辑，不论在文本研究还是在义理阐释上都把墨家逻辑研究的水平向前推进了一大步。

  可以说，历史进入20世纪后，由于西学进一步输入中国，科学和民主的思想极大地改变了知识界的面貌，延续了两千年之久的封建制度已经步入迟暮，以儒学为核心的旧文化也遭到了前所未有的冲击，孔孟之道被公开批判，非儒学的优秀传统文化越来越受到学者们的重视。治墨学者越来越多，谈论墨学

---

① ［清］孙诒让：《籀庼述林》，许嘉璐主编，雪克点校，中华书局2010年版，第382页。
② ［清］孙诒让：《籀庼述林》，许嘉璐主编，雪克点校，中华书局2010年版，第382页。

成了学术时尚。学者们不但重视探讨墨学中的逻辑思想和自然科学思想，而且越来越认识到墨家的哲学社会科学思想的重要性。梁启超在 1904 年发表的《子墨子学说》中，围绕墨子之宗教思想、实利主义、兼爱主义、政治学、实践精神等主题，对墨学展开探讨。张纯一在 1923 年发表《墨学分科》，分教育学、算学、形学、微积、论理、伦理、政治、哲学、法理、理财、军事、宗教等进行探讨。陈柱在 1926 年发表《墨学十论》，分墨子大略、墨学大略、经学体例、教育主旨、政治学说、文学、诸子异同、历代评墨等章进行探讨。方授楚在 1936 年发表《墨学源流》，分墨子身世、事迹、著作、生活背景、墨子政治经济学说、宗教信仰、根本精神、墨家组织、传授、后期墨家、真墨、别墨、非墨等内容进行探究。

自 20 世纪 80 年代以来，十年浩劫永不返，墨学事业迎春天。墨子和墨学的研究随着中国改革开放的进程，迎来了大发展的时机。其中，山东中国墨子学会成立，积极组织举办墨学国际研讨会，大力推动了墨学研究的步伐。1992 年在滕州举办了首届国际墨学研讨会，1994 年、1997 年又在山东济南举办了第二届和第三届国际墨学研讨会；1999 年在山东滕州、2001 年和 2004 年在北京，又相继举办了第四、五、六届国际墨学研讨会；2008 年、2010 年、2012 年、2014 年、2016 年、2018 年在山东滕州或济南举办了第七、八、九、十、十一、十二届国际墨学研讨会；2019 年，联合中国孟子学会，在山东邹城和滕州召开儒墨对话高端论坛；2020 年，联合山东大学在山东济南举办第十三届国际墨学研讨会暨儒墨会通与国家治理学术讨论会。山东中国墨子学会通过大量举办国际墨学研讨会，先后通过齐鲁书社和北京图书馆出版社至少十三次出版了论文集《墨子研究论丛》，还组织编辑并在北京图书馆出版社出版了《墨子大全》（共 100 本），这是继严灵峰所编辑出版的《墨子集成》之后，又一大部头的墨学著作出版事件，大大增强了墨学研究的国际化影响力。中国墨子学会在 2016 年组织墨学专家学者演讲并出版国学系列公开课《墨子公开课》，由商务印书馆出版，对推动墨学普及与研究起到了重要的促进作用。

2014 年，中国墨子学会组织首届墨学研究评奖活动，张知寒获杰出贡献奖，朱传荣、姜宝昌、孙中原、李广星获突出贡献奖，任继愈等主编《墨子大全》、杨向奎著《墨经数理研究》、张知寒等著《墨子里籍考论》、王裕安等著《墨子大词典》、王讚源主编《墨经正读》、杨俊光著《墨子新论》、周云之著《墨经校注·

今译·研究——墨经逻辑学》、谭家健著《墨子研究》、齐瑞端等著《墨子全译》、秦颜士著《墨子考论》、郑杰文著《中国墨学通史》、张仁明等著《墨守辞典》等获得优秀成果奖。① 2016年组织墨学研究第二届评奖活动,谭家健、黄世瑞、齐瑞端、秦颜士、陈克守、李贤中、原孝治、朴文铉、戴卡琳获突出贡献奖,姜宝昌著《墨经训释》、孙中原著《墨子解读》、杨武金著《墨经逻辑研究》、史党社著《墨子城守诸篇研究》、雷一东著《墨经校解》、水谓松著《墨子导读》、颜炳罡等著《孔墨哲学之比较研究》、杨建兵著《先秦平民阶层的道德理想——墨家伦理研究》、高卫华著《墨家文化的传播》等获优秀成果奖,魏艾《墨子伦理思想研究》、张永春《清代墨学与中国传统思想学术的近代转型》、宋震昊《逻辑的力量:墨辩改变战国学术》、徐华《墨学新论:墨子佚文及墨家学说研究》、李雷东《先秦墨家语言实践及墨子文学意义考论》、褚丽娟《追问上帝之爱:墨子与耶稣的历史性相遇》等获优秀博士论文奖。② 2018年组织墨学研究第三届评奖活动,郑林华著《墨家思想与马克思主义中国化引论》、孙中原等著《墨学大辞典》、马滕著《墨家"兼爱"法思想的现代诠释》等获优秀成果奖,郭智勇《墨子伦理思想研究》、沈韬《墨学与马克思主义中国化关系研究》、张万强《墨家辩学"同异生是非"论研究》等获优秀博士论文奖。③ 获奖作品基本代表了当前墨学研究所取得的成就。中国墨子学会组织开展墨学研究评奖活动,极大地鼓励和加强了墨学研究的积极开展。

2004年、2008年和2012年,河南墨子学会在河南鲁山召开"墨学与现代社会""墨子与和谐世界""墨学与华夏文明传承创新区建设"等为主题的国际墨学研讨会。会后出版论文集《墨学与现代社会》(大象出版社2005年版)、《墨学与和谐世界》(河南人民出版社2009年版)等。特别值得一提的是,中国墨子文化研究中心、河南省民间文艺家协会在2020年开展了"最美墨子文化传承守望者"评选活动,评出朱传荣、孙中原、杨武金、李贤中、孙长祥、吴进安、萧宏恩、邱建硕、高秀昌、孙君恒、黄蕉风、崔壬杰、赵保佑、潘民中、郭成智、李成才、张怀华、张新河、徐希燕等19人。

《职大学报》自2002年以来专辟"墨学研究"专栏,发表墨学研究方面的学

---

① 参见邵长婕主编:《墨子研究论丛》(十一),齐鲁书社2016年版,第545—547页。
② 参见邵长婕主编:《墨子研究论丛》(十二),齐鲁书社2017年版,第1069—1071页。
③ 参见邵长婕主编:《墨子研究论丛》(十三),齐鲁书社2020年版,第720—721页。

术成果,为推动墨学的深入研究发挥了重要作用。基本情况是每年学报的社会科学版都至少要有两期专门发表墨学研究成果,其中每期发表论文 5 篇左右,到目前为止总共发表墨学研究论文近两百篇。20 多年来,在《职大学报》"墨学研究"专栏上发表过文章的学者有王赞源、李绍崑、史墨卿、李贤中、邱建硕、孙长祥、吴进安、孙丽娟、李哲贤、萧宏恩、刘焕云、王介成、戴卡琳、尹武学、朴文铉、冈本光生、谷中信一、吉永慎二郎、尚金锁、金镇凤、邓育仁、潘树仁、黄蕉风、朱传荣、孙中原、周才珠、齐瑞端、孙以楷、秦彦士、钱永生、赵保佑、姜宝昌、王凯、张忠义、张斌峰、张晓芒、刘邦凡、李永铭、关兴丽、刘刚、张幼林、解启扬、褚丽娟、宋赛花、许锦云、杨文、钱爽、张万强等。为了推动墨学发展,加强墨学研究,2003 年,《职大学报》在贵州省贵阳市召开了首届国际墨学研讨会。2011 年,《职大学报》在内蒙古包头召开了以"墨学的现代价值"为主题的第二次国际墨学研讨会,会议最初拟邀请 30 名学者参加,但最后来参加会议的学者达到 80 多人,其中海外学者 20 人左右,他们分别来自比利时、巴西、美国、韩国、日本等,这是一次空前的国际墨学盛会,会议经过认真组织、深入研讨,取得了一些重要成果。2019 年,《职大学报》又在内蒙古包头召开了以"墨家兼爱非攻思想及其当代价值"为主题的第三次国际墨学研究会,来自海内外的 20 多名墨学研究专家参加了此次盛会,对推动墨学研究做出了重要贡献。

需要特别指出的是,在台湾学者王赞源、李贤中、吴进安等的努力筹划下,2005 年台湾东吴大学和云林科技大学举办了以"墨学现代化"为主题的国际学术研讨会,这次会议在墨学的国际化研究方面是一次重大事件,参会人员除了大陆的 16 位学者外,还有来自韩国、日本、美国等国家的学者,加上台湾本地的学者,总共有约 50 人参加了学术讨论,会议提交和研讨的重要学术论文基本上都公开发表在《职大学报》"墨学研究"专栏上,对海内外墨学研究起到了重要的推动作用。2014 年,在李贤中教授的主持下,"墨家思想研究的国际视野"国际学术研讨会在台湾大学哲学系召开,邀请了比利时鲁汶大学的戴卡琳、日本秋田大学的吉永慎二郎、香港中文大学的方克涛、国立新加坡大学的黎惠杰等学者参加会议,对墨学研究的国际化问题进行了全面深入的探讨。

在中国墨子学会等学术机构的精心组织和积极推动下,《墨子》文本的著作整理和墨学研究都呈现出国际化合作的趋势。例如,由任继愈、李广星主编,2004 年在北京图书馆出版社出版的《墨子大全》,可以说是墨学国际合作尤其是海峡两岸合作的重要成果。如李广星所说,"《墨子大全》的编辑出版,得到了社会各界有识之士的大力支持。海内外有关专家学者及其亲属、有关出版社,慷慨转让有关著作的权益,给予了无私的帮助"①。由台湾师范大学王讚源主编,大陆和台湾两岸学者合作的《墨经正读》,是墨学研究的国际化合作的重要体现。该著作由台湾学者王讚源、王冬珍,大陆学者孙中原、齐瑞端、姜宝昌、周才珠、杨武金等亲密合作,从 2005 年在山东大学召开首次"墨经研讨会",到 2011 年由上海科学技术文献出版社出版,历经六年时间,多次开会研讨,反复修改,又通过学术界杨俊光、谭家健、李广星、刘大钧、韦正通等学者亲自审核和见证的重要墨学研究成果。韦正通曾对《墨经》研究的这样一种突出创新模式发自内心地感叹说:"王讚源教授召集《墨经》研究团队,共同探讨《墨经》的旨义,并且撰写《墨经正读》一书,这是空前绝后的创举。把那么多专家召集在一起,共同研讨《墨经》,这是史无前例的,每一位专家都在解释《墨经》,从诠释学看,这一工作在'《墨经》的诠释学'上已经向前跨了一大步。"②

孙中原主编《墨学与现代文化》一书,除了大陆墨学研究者参加编写外,特别邀请了时任台湾东吴大学教授的李贤中写作"台湾地区墨学研究"部分,台湾中国思想史专家韦正通写作了墨家的"侠义精神",韩国学者编写"韩国墨学研究""墨学与逻辑""墨学与科学",日本学者写作"日本墨学研究",在一定程度上加强了墨学研究的国际化合作。该著作由中国广播电视出版社在 1998 年初版,2007 年第二版,这在一定程度上表明了该合作成果的成就和影响力。杨武金与台湾辅仁大学哲学系邱建硕合作,在 2010 年主编《哲学与文化》(A & HCI 收录)第 435 期"中西逻辑比较研究专题",邀请比利时学者 Thierry Lucas 写作 The Logic of Mohist Reasoning: Lei and Structured Sorts(墨子推理的逻辑:类与结构化种类)一文,美国学者 Walter Benesch 完成 Thinking about the Unthinkable: A Comparison of Chinese and Greek-European Philosophies and Logics(思考其不可思考:比较中国与希腊-欧洲的哲学与逻辑)一文,台湾学者邱建硕写作《从"侔"式推论考察墨辩逻辑的有效性意义》一文,大陆学者孙中原写作《中西

---

① 任继愈、李广星主编:《墨子大全》(第 100 册),国家图书馆出版社 2004 年版,第 680 页。
② 王讚源主编:《墨经正读》,上海科学技术文献出版社 2011 年版,第 7 页。

智辩派比较》一文,杨武金写作《中西逻辑比较》一文,王克喜写作《过程性语言与关联性思维之推类》一文等。上述研究专门从中西比较的角度着重考察了以墨家逻辑为主体的中国古代逻辑的基本思想,以及它和西方逻辑相区别开来的基本性质。这些研究应该看作是以墨家逻辑为重要阵地的中国古代逻辑研究中所取得的突出成果。杨武金和刘奋荣运用现代逻辑观点,分析以墨家逻辑为主要内容的中国逻辑思想及其发展与研究,与国外学者 John van Benthem 和 Gupta 等开展合作研究,写作 A Brief History of Chinese Logic(简明中国逻辑史)一文,发表于国际刊物 Journal of Indian Council of Philosophical Research (Vol. 27, N0. 1, Jan~Mar. 2010),对于推动墨家辩学思想在国际上的研究产生了一定的作用。

2010 年,来自中国大陆、台湾、香港,以及新加坡、新西兰、荷兰等国家和地区的共 30 多名学者,在荷兰首都阿姆斯特丹举行了关于中国古代逻辑的国际学术研讨会,主要研讨了中国古代逻辑的基本内容、基本特征和中国逻辑史研究的基本方法等问题。参加这次会议的台湾学者包括李贤中、李哲贤和邱建硕,大陆学者包括刘奋荣、杨武金、翟锦程、曾昭式等,都在大会上发表了自己的学术观点。[1] 阿姆斯特丹举办的这次中国逻辑史国际学术研讨会,使以墨家逻辑为主要阵地的中国古代逻辑研究第一次在海外得到真正的讨论,对于今后的墨家逻辑研究将产生重要影响,它预示着墨家逻辑将逐渐成为世界范围内学者们感兴趣的重要研究课题。2013 年,第二次中国逻辑史国际学术研讨会在天津南开大学举办,有来自海外的学者 20 多人,加上国内学者约 60 人参加了大会,具体讨论了《中国逻辑思想史手册》的章节目和具体内容写作等问题,确定由杨武金负责主编《墨家逻辑思想分册》。2014 年在天津南开大学又举办了第三次中国逻辑史国际学术研讨会,来自海外的学者 20 余人,加上国内学者 60 余人参加了大会,专门讨论《中国逻辑思想史手册》各个章节的初稿,提出修改意见,进一步完善写作。可以预见,即将由中外学者合作编写和出版的《中国逻辑思想史手册》,对于宣传和弘扬墨家辩学思想,扩大其国际化的影响力,将产生重要作用。

总之,近代以后,由于西学东渐和全球化运动的推动,墨学获得了前所未

---

[1] 参见杨武金、刘奋荣:《中国逻辑史海外国际学术研讨会综述》,《哲学动态》2011 年第 8 期。

有的发展机遇并成为学术研究的热点。尤其在中国墨子学会等学术机构的积极组织和努力推动下,墨学研究得到了迅速推进并在多个方面表现出国际化的趋向且产生了良好的学术影响。但是,我们也必须看到,相比儒学和其他学派的发展,墨学的发展相对乏力。比如,在中国孟子学会、山东尼山世界儒学中心和山东大学儒学高等研究院等学术机构的大力推动下,无论在人才培养、学术梯队建设,还是在学术研究等各个方面,儒学都远远地走在了墨学的前面。墨学的真正复兴和进一步发展,依然任重而道远。

第九章　墨家学派对中国古代学术思想的影响

墨家学派对中国古代学术思想具有重要的影响。墨家学派虽然在秦汉之后处于衰微和被埋没的状态，但无论是先秦时代的诸子百家，还是秦汉及其以后的思想家，都在不同程度上受到墨学的影响。因为墨学是对先秦百家争鸣的科学总结，是对当时人们从事生产和科学认识的思想结晶。如所周知，在中国文化的轴心时代春秋战国时期，曾经出现了对后世有深刻影响，构成中国文化思想源头的百家争鸣，同时随着生产的发展和人们对自然现象的认识的深入，也形成了一些初步的科学知识。《墨子·小取》篇说："摹略万物之然，论求群言之比。"墨家学者密切关注群众的生产和科学技术，强调认识事物是什么样子的（之然）和为什么是这个样子的（所以然），并且积极参与当时的百家争鸣，从而无论在关于自然还是关于社会的多个方面都获得了许多正确的认识。墨家学派所取得的正确认识反过来又对当时的学术发展产生了巨大的影响，甚至对秦汉两朝及其之后的思想家在不同程度上产生了重要作用。

第一节　墨学对先秦思想家的影响

墨学对中国先秦诸子百家曾经产生过全面而深刻的影响。可以说，没有墨家学派，就不可能引发各家对许多理论问题的思考，墨家学派的思想直接影响了诸子百家的思想路径和思维方式。晋代学者鲁胜曾有过具体的叙述，他说：

墨子著书,作辩经以立名本。惠施、公孙龙祖述其学,以正刑①名显于世。孟子非墨子,其辩言正辞则与墨同。荀卿、庄周等皆非毁②名家,而不能易其论也。③

近代,胡适也强调指出:

从此以后,无论哪一派的哲学,都受这种方法论的影响。荀子的《正名篇》虽攻击当时的辩者,其实全是墨学的影响。孟子虽诋骂墨家,但他书中论方法的各条,无一不显出墨学的影响。庄子的名学,也是墨家辩者的反动。至于惠施、公孙龙一般人,都是直接的墨者,更不用说了。④

虽然上述二位学者认为惠施、公孙龙是墨者的主张不能成立,鲁胜认为《墨经》为墨子所著也未必正确,但是他们都真实地道出了墨家逻辑对先秦各派思想家的重大影响。

受墨学影响最大的,首先是儒家学派。如前所述,墨子本来就是通过学习儒家的思想,从中发现存在很多问题,于是建立起与儒家学派相抗衡的墨家学派。墨家在许多思想主张上都与儒家表现为对立的关系:无差别的兼爱与有分别的仁爱,亲亲用贤与平等尚贤,宿命论与非命观,厚葬与节葬,等等。历史发展进入战国时期,儒家学说首先面临的问题就是如何来回应墨家所提出的兼爱、平等、非命、尚力、节葬、节用等与之对立的思想主张,这一项历史使命自然就落在了孟子和荀子的身上。⑤

孟子曾将拒斥杨、墨作为自己的重要使命。《孟子·滕文公下》记载:孟子的弟子公都子对他说:"外人皆称夫子好辩,敢问何也?"孟子说:

予岂好辩哉?予不得已也。天下之生久矣,一治一乱。当尧之时,水

---

① 刑:通"形"。《道藏》本作"别",从伍非百校改。
② 非毁:批评,诋毁。
③ [唐]房玄龄等:《晋书》,商务印书馆1974年版,第2433—2434页。
④ 胡适:《中国哲学史大纲·墨辩注叙》,商务印书馆1920年版,第226—227页。
⑤ 参见薛柏成:《墨家思想新探》,黑龙江人民出版社2006年版,第87页。

逆行,泛滥于中国,蛇龙居之,民无所定;下者为巢,上者为营窟。《书》曰:"洚水警余。"洚水者,洪水也。使禹治之。禹掘地而注之海;驱蛇龙而放之菹①;水由地中行,江、淮、河、汉是也。险阻既远,鸟兽之害人者消,然后人得平土而居之。尧舜既没,圣人之道衰,暴君代作。坏宫室以为污池,民无所安息;弃田以为园囿,使民不得衣食。邪说暴行又作,园囿、污池、沛泽多而禽兽至。及纣之身,天下又大乱。周公相武王诛纣,伐奄三年讨其君,驱飞廉于海隅而戮之,灭国者五十,驱虎、豹、犀、象而远之,天下大悦。《书》曰:"丕显②哉,文王谟③!丕承哉,武王烈!佑启我后人,咸以正无缺。"世衰道微,邪说暴行有作,臣弑其君者有之,子弑其父者有之。孔子惧,作《春秋》。《春秋》,天子之事也,是故孔子曰:"知我者其惟《春秋》乎!罪我者其惟《春秋》乎!"圣王不作,诸侯放恣,处士横④议,杨朱、墨翟之言盈天下。天下之言不归杨,则归墨。杨氏为我,是无君也;墨氏兼爱,是无父也。无父无君,是禽兽也。公明仪⑤曰:"庖有肥肉,厩有肥马;民有饥色,野有饿莩,此率兽而食人也。"杨墨之道不息,孔子之道不著,是邪说诬民,充塞仁义也。仁义充塞,则率兽食人,人将相食。吾为此惧,闲⑥先圣之道,距杨墨,放⑦淫辞,邪说者不得作。作于其心,害于其事;作于其事,害于其政。圣人复起,不易吾言矣。昔者禹抑洪水而天下平,周公兼夷狄、驱猛兽而百姓宁,孔子成《春秋》而乱臣贼子惧。《诗》云:"戎狄是膺,荆舒是惩,则莫我敢承。"无父无君,是周公所膺⑧也。我亦欲正人心,息邪说,距诐行⑨,放淫辞,以承三圣者,岂好辩哉?予不得已也。能言距杨墨者,圣人之徒也。

从这整段话来看,孟子并不完全否定墨家思想的合理性,而是为了维护以孔

---

① 菹:泽生草者也。
② 丕:大。显:明。
③ 谟:谋。
④ 处士:谓不在朝廷做官而居家者,言贫贱之士也。横:放纵。
⑤ 公明仪:鲁贤人。
⑥ 闲:习也。
⑦ 放:防也。
⑧ 膺:伐,击。
⑨ 诐行:偏激的行为。

子为代表的儒学而不得不采取"距斥"的态度。所以,钱穆说:"孟子辟墨,而其罪战、民贵诸说,实亦渊源墨氏。"①墨子主张"非攻",孟子主张非战,反对"强战"。

《孟子·离娄上》说:

> 君不行仁政而富之,皆弃于孔子者也。况于为之强战?争地以战,杀人盈野;争城以战,杀人盈城。此所谓率土地而食人肉,罪不容于死。故善战者服上刑,连诸侯者次之,辟草莱、任土地②者次之。

孟子坚决反对非正义的战争,主张"善战者服上刑",和墨子的非攻思想如出一辙。墨子认为,凡一切从事都必须有利于天下百姓,《墨子·贵义》篇说:"凡言凡动,利于天鬼百姓者为之;凡言凡动,害于天鬼百姓者舍之。"《墨子·非命上》篇说:"发以为行政,观其中国家百姓人民之利。"孟子也强调要贵民、重民、利民,《孟子·尽心下》说:"民为贵,社稷次之,君为轻。"《孟子·尽心上》说:"诸侯之宝三:土地、人民、政事。宝珠玉者,殃必及身。"孟子的政治伦理思想从根本上吸收了墨子思想的精华。

特别值得注意的是,孟子虽然在政治上出于维护儒家的立场竭力排斥和反对墨家学说,但在辩论时所运用的逻辑思维、辩论方法和表达方式都是墨家所取得的学术成果。孟子广泛而熟练地应用了墨家提出的"譬""援"等重要推论方式。比如,《墨子·兼爱中》篇说"虽然,不可行之物也,辟若挈泰山越河济也"。《孟子·梁惠王上》说:"挟泰山以超北海,语人曰我不能,是诚不能也。"在思想的表达方式上,孟子也直接借用了墨子。比如,《墨子·非命上》篇说:"古者汤封于亳,绝长继短,方地百里",《孟子·滕文公上》说:"今滕,绝长补短,将五十里也"。对于墨家提出的"故""理""类"等推论的基本原则,孟子充分加以重视。孟子说:"至于心,独无所同然乎?心之所同然者何也?谓理也,义也。圣人先得我心之所同然耳。故理义之悦我心,犹刍豢之悦我口。"③人心的共同功能是把握事物的规律性,即理。孟子说:"故凡同类者,举相似也。"④

---

① 钱穆:《国学概论》,商务印书馆1997年版,第63页。
② 辟草莱、任土地:开辟荒地、分配土地。
③ [清]焦循:《孟子正义·告子上》,沈文倬点校,中华书局1987年版,第765页。
④ [清]焦循:《孟子正义·告子上》,沈文倬点校,中华书局1987年版,第763页。

这与墨家强调的"知类""察类"的思想是一致的。诚如《荀子·儒效》篇中所指出的那样,孟子"其言议谈说已无以异于墨子矣"①,也正如胡适所言:

> 孟子虽诋骂墨家,但他书中论辩方法的各条(如《孟子·离娄》篇首章及"博学而详说之""天下之言性也,则故而已矣"诸章),无一不显出墨学的影响。②

荀子曾经批评墨家"杀盗非杀人"的命题是"惑于用名以乱名",但是墨家的思想对荀子的积极影响却是十分巨大的。墨家创立"辩学",强调"能谈辩者谈辩";荀子也十分重视"辩",强调"君子必辩"。不过,荀子将"辩"分为"圣人之辩""士君子之辩"和"小人之辩",主要倡导的是"君子之辩",认为"辩"必须以"仁"政思想作为出发点。③《墨子·大取》篇说:"辞以故生、以理长、以类行。"荀子也说"辨其故"④、"辩则尽故"⑤、"其持之有故,其言之成理"⑥、"其言有类"⑦,即要分别事物情况的原因和理由,言论必须有充分理由、有条理、有类别。荀子将"类不悖,虽久同理"⑧作为出发点,将"类"与"礼""法"相提并论,将"类"概念作为明贵贱、辨同异、决是非、判正乱、别智愚的工具。

在社会政治思想方面,荀子充分借鉴墨子的思想来发展自己的思想。

首先,荀子借用墨子"兴天下之利"的思想来发展自己"兼利天下"的主张。

《墨子·兼爱中》篇说:

> 仁人之所以为事者,必兴天下之利,除去天下之害,以此为事者也。

《荀子·王霸》篇说:

---

① [清]王先谦:《荀子集解》,沈啸寰、王星贤点校,中华书局1988年版,第139页。
② 胡适:《中国哲学史大纲》,商务印书馆1920年版,第226—227页。
③ [清]王先谦:《荀子集解·非相》,沈啸寰、王星贤点校,中华书局1988年版,第87—89页。
④ [清]王先谦:《荀子集解·臣道》,沈啸寰、王星贤点校,中华书局1988年版,第253页。
⑤ [清]王先谦:《荀子集解·正名》,沈啸寰、王星贤点校,中华书局1988年版,第423页。
⑥ [清]王先谦:《荀子集解·非十二子》,沈啸寰、王星贤点校,中华书局1988年版,第91页。
⑦ [清]王先谦:《荀子集解·儒效》,沈啸寰、王星贤点校,中华书局1988年版,第138页。
⑧ [清]王先谦:《荀子集解》,沈啸寰、王星贤点校,中华书局1988年版,第82页。

汤武者,修其道,行其义,兴天下同利,除天下同害,天下归之。

其次,荀子借鉴墨子"非命"思想来发展自己"制天命而用之"的主张。《墨子·非命上》篇说:

盖①尝尚观于圣王之事,古者桀之所乱,汤受而治之;纣之所乱,武王受而治之。此世未易民未渝②,在于桀、纣则天下乱,在于汤、武则天下治。岂可谓有命哉!

《荀子·天论》篇说:

天行有常,不为尧存,不为桀亡。应之以治则吉,应之以乱则凶。强本③而节用,则天不能贫;养备④而动时,则天不能病;循道而不贰,则天不能祸。故,水旱不能使之饥,寒暑不能使之疾,妖怪不能使之凶。本荒而用侈,则天不能使之富;养略⑤而动罕,则天不能使之全;背道而妄行,则天不能使之吉。故,水旱未至而饥,寒暑未薄⑥而疾,妖怪未生而凶。受时与治世同,而殃祸与治世异,不可以怨天,其道然也。故明于天人之分,则可谓至人矣。……大天而思之,孰与物畜而制之!从天而颂之,孰与制天命而用之!望时而待之,孰与应时而使之!因物而多之,孰与骋能而化之!思物而物之,孰与理物而勿失之也!愿于物之所以生,孰与有物之所以成!故错人而思天,则失万物之情。

荀子的思想是在继承墨子思想的基础上发展而来的。

最后,借鉴墨子"强本节用"的思想来发展自己的"节用以礼,裕民以政"的思想。《墨子·七患》篇说:"食不可不务也,地不可不力也,用不可不节也。"粮

---

① 盖:同"盍",何不。
② 渝:变更。
③ 本:谓农桑。从杨琼说。
④ 养备:谓使人衣食足。从杨琼说。
⑤ 养略:谓使人衣食不足。从杨琼说。
⑥ 薄:迫也。从杨琼说。

食不可不努力生产,土地不可不耕种,用度不可不尽量节俭。司马谈在《论六家要旨》中说墨家"强本节用,不可废也",对墨家提倡加强农业生产和提倡节约节用的做法必须给予肯定。

《荀子·富国》篇说:

> 足国之道:节用裕民,而善臧其余。节用以礼,裕民以政。彼裕民,故多余。裕民则民富,民富则田肥以易,田肥以易则出实百倍。上以法取焉,而下以礼节用之,余若丘山,不时焚烧,无所臧之。夫君子奚患乎无余?故知节用裕民,则必有仁义圣良之名,而且有富厚丘山之积矣。此无他故焉,生于节用裕民也。不知节用裕民则民贫,民贫则田瘠以秽,田瘠以秽则出实不半。上虽好取侵夺,犹将寡获也。而或以无礼节用之,则必有贪利纠譑之名,而且有空虚穷乏之实矣。此无他故焉,不知节用裕民也。

墨家与名家之间相互论战,相互影响。如所周知,名家专决于刑名和名理问题的讨论。《汉书·艺文志》说:

> 《邓析》二篇。郑人,与子产并时。
> 《尹文子》一篇。说齐宣王,先公孙龙。
> 《公孙龙子》十四篇。赵人。
> 《成公生》五篇。与黄公等同时。
> 《惠子》一篇。名施,与庄子并时。
> 《黄公》四篇。名疵,为秦博士,作歌诗,在秦时歌诗中。
> 《毛公》九篇。赵人,与公孙龙等并游平原君赵胜家。
> 右名七家,三十六篇。[1]

从中可以看到,邓析、尹文、惠施、公孙龙等应该是名家的核心代表人物。他们可以说是中国古代最有智慧的人。他们提出了许多具有深刻意义的思想,他们所提出来的奇特论题或论断,在很大程度上刺激了中国古代思想学说

---

[1] [汉]班固:《汉书》,[唐]颜师古注,中华书局1962年版,第1736—1737页。

的诞生。司马迁说:"名家,使人俭而善失真。然其正名实,不可不察也。"名家擅长辩论,其重要贡献在于使人注意到复杂的名实关系。墨家和名家之间存在密切的学术互动关系,墨家的思想对于名家具有重要的学术影响。如前所述,墨家在论证过程中特别喜欢运用"辟(譬)"式推论,《墨子·小取》篇还专门给"辟(譬)"下了定义,名家的"合"派代表人物惠施则特别擅长"譬"式推理。名家的"离"派代表人物公孙龙所主张的著名论题"白马非马"等都是其善辩的表现。在名实关系问题上,公孙龙主张"彼此之名"必须指称"彼此之实"(《公孙龙子·名实论》),这与墨家的认识一致。但在实体和其性质之间的关系问题上,公孙龙与墨家之间产生了对立。墨家主张,人们的认识器官可以同时把握并存于同一事物,如一块石头之中的"坚"(硬度)和"白"(白色)两种性质,而公孙龙则认为当人们认识到"坚"这种性质时就不能认识"白"这种性质,反之亦然,因为人们对这两种性质的认识器官是不同的。

　　道家的庄子虽然反对"辩",但他的书中却时时会看到"辩"的影子,他并没有抛弃"辩"的用法。墨家主张"能谈辩者谈辩",强调"察类""明故",要认识事物的所以然;庄子则提倡"不言之辩,不道之道"(《庄子·齐物论》)。墨家主张,辩是围绕"这是牛"和"这不是牛"这样的矛盾命题而进行的论争,所以"辩"是必然有胜负的。《墨子·经下》篇说:"谓辩无胜,必不当,说在辩。"辩论必然存在胜负。庄子则主张"辩无胜"论。《庄子·齐物论》中说:

　　　　即使我与若辩矣,若胜我,我不若胜,若果是也,我果非也邪?我胜若,若不吾胜,我果是也,而果非也邪?其或是也,其或非也邪?其俱是也,其俱非也邪?我与若不能相知也,则人固受其黮暗。吾谁使正之?使同乎若者正之,既与若同矣,恶能正之?使同乎我者正之,既同乎我矣,恶能正之?使异乎我与若者正之,既异乎我与若矣,恶能正之?使同乎我与若者正之,既同乎我与若矣,恶能正之?然则我与若与人俱不能相知也,而待彼也邪?①

　　在庄子看来,是非真假没有客观标准,所以,辩论也就没有胜负可言,与墨

---

① [清]郭庆藩:《庄子集释》,王孝鱼点校,中华书局1961年版,第107页。

家的观点针锋相对。但是,庄子在他做的思想表述中,却是"辩多而情激",直接使用墨家辩学的基本概念和论辩方法。正如伍非百所说:

>《齐物论》中全是用名墨两家术语,而破诘百家之说,也多是从"名辩学术"攻入,才恍然于庄子书中所谓"儒墨之辩""杨墨之辩",都是针对他们的"名辩"而言,并非泛论一般学术思想。……因此,可以看出《齐物论》是与《公孙龙子》、墨子《辩经》彼此对立,互为论敌之名家学说。①

其次,墨家提倡的节俭节用精神和献身救世精神的高尚人格对庄子有深刻的影响。《庄子·天下》篇说:

>不侈于后世,不靡于万物,不晖于数度,以绳墨自矫,而备世之急。古之道术有在于是者,墨翟、禽滑厘闻其风而说之。……作为《非乐》,命之曰《节用》;生不歌,死无服。……黄帝有《咸池》,尧有《大章》,舜有《大韶》,禹有《大夏》,汤有《大濩》,文王有辟雍之乐,武王、周公作《武》。古之丧礼,贵贱有仪,上下有等。天子棺椁七重,诸侯五重,大夫三重,士再重。今墨子独生不歌,死不服,桐棺三寸而无椁,以为法式。……其生也勤,其死也薄,其道大觳。使人忧,使人悲,其行难为也……使后世之墨者,多以裘褐为衣,以跂蹻为服,日夜不休,以自苦为极,曰:"不能如此,非禹之道也,不足谓墨。"……将使后世之墨者,必自苦以腓无胈、胫无毛相进而已矣。……墨子真天下之好也,将求之不得也,虽枯槁不舍也。才士也夫!

庄子学派对墨家的思想和行为表现出十分的赞同和佩服,并影响到了他们的行为。"庄周学派在其个人修养中的那种修身方式应得到了来自墨家学派的影响,庄子也同样提倡节俭的生活态度,只是不像墨者那样刻意而为,而是由经济上的节俭上升到对人对物质依赖性的'彻底解放'的高度。"②墨家对于周礼采取批评的态度,认为它太繁琐,主张在丧葬问题上采取节葬的做法,

---

① 伍非百:《中国古名家言·序录》,中国社会科学出版社1983年版。
② 薛柏成:《墨家思想新探》,黑龙江人民出版2007年版,第118页。

反对儒家的厚葬久丧,认为这是一种极大的浪费且影响工作的错误做法。庄子在这个问题上从自然主义理论出发,认为生死是一种自然变化,人死后连薄葬都没有必要,埋于地下与置于荒野没有什么根本的不同,都不过是回归自然而已。《庄子·列御寇》篇说:

> 庄子将死,弟子欲厚葬之。庄子曰:"吾以天地为棺椁,以日月为连璧,星辰为珠玑,万物为赍送。吾葬具岂不备邪?何以加此!"弟子曰:"吾恐乌鸢之食夫子也。"庄子曰:"在上为乌鸢食,在下为蝼蚁食,夺彼与此,何其偏也!"①

庄子在丧葬问题上比墨家的观点走得更远。不过,庄子的丧葬观与墨家存在本质不同,墨家的节葬观认为丧葬是一种强制行为,虽然薄葬但是要通过它来保持死者的尊严,而庄子则认为死亡是一种自然的过程,不必在主观上去作为什么。但墨家和庄子都是反对儒家和周礼的做法的。

法家思想与墨家思想之间存在密切联系,在多个方面具有一致性。法家提倡以法治为核心的思想,以富国强兵为己任。《汉书·艺文志》说:

> 法家者流,盖出于理官,信赏必罚,以辅礼制。《易》曰"先王以明罚饬②法",此其所长也。及刻者为之,则无教化,去仁爱,专任刑法而欲以致治,至于残害至亲,伤恩薄厚。③

法家最早可追溯到夏商时期的理官,春秋、战国时期也称为刑名之学。通过管仲、士匄、子产、李悝、吴起、商鞅、慎到、申不害、乐毅、剧辛等人的努力,逐步发展成为一个学派。战国末期,韩非子对法家的思想学说加以总结、综合,集法家之大成。韩非子在逻辑思想上发展了墨家的思想。《韩非子·难一》说:"不可陷之盾,与无不陷之矛,不可同世而立。"④韩非子这一矛盾学说,发展

---

① [清]郭庆藩:《庄子集释》,王孝鱼点校,中华书局1961年版,第1063页。
② 饬:整治。
③ [汉]班固:《汉书》,[唐]颜师古注,中华书局1982年版,第1736页。
④ [清]王先慎:《韩非子集解》,钟哲点校,中华书局1998年版,第350页。

了墨家"或谓之牛或谓之非牛,是争彼也,是不俱当,不俱当必或不当"(《墨子·经说上》)的矛盾律思想。《韩非子》的论证与墨家论辩使用充实确凿的证据进行周密的逻辑论证也有着相似之处。如《韩非子·说难》篇以"凡说之难"[①]四字统领全篇,蝉联而下,逐层论证了游说之难,在论证过程中运用了大量的具体材料,通过充分翔实的论证,使文章层层推进,环环相扣,而且极具系统性与说服力,把论辩的逻辑性与科学性推进到一个新的高度,与墨子的论辩有异曲同工之妙。《韩非子》一书在借鉴墨子论辩的基础上有所发展,并取得了较大的成就,从而成为先秦论说文发展的最高阶段的代表。

韩非子的社会政治思想也在不同程度上受到了墨家的影响。在国家管理制度上,墨家强调"尚同"或上同,韩非子则在此基础上提出了他的中央集权理论,"人主以一国目视,故视莫明焉;以一国耳听,故听莫聪焉"(《韩非子·定法》)。不同的是,墨家的"尚同"是自下而上的,而韩非子所提出的中央集权理论则是自上而下的,其核心是"法""术""势"的概念,所以,韩非子不可能认可墨家关于天子必须"尚同乎天"的思想。在国家管理的用人制度上,墨家主张任人唯贤,反对儒家所主张的亲亲原则,韩非子和墨家一样,也主张国家在用人制度上必须坚持以"能"和"贤"为标准,反对宗法世袭和任人唯亲。《韩非子》说:

> 明主者,推功而爵禄,称能而官事,所举者必有贤,所用者必有能,贤能之士进,则私门之请止矣。夫有功者受重禄,有能者处大官,则私剑之士安得无离于私勇而疾距敌,游宦之士焉得无挠于私门而务于清洁矣。此所以聚贤能之士,而散私门之属也。(《韩非子·人主》)

但是,韩非子的"尚贤"思想是以术用人、以功尚贤的,所说的"贤"在内涵上和墨家存在不同,所以,韩非子又提出要"防贤"的主张。韩非子的"尚贤"思想中存在着矛盾。

《吕氏春秋》是战国末年杂家学派人物吕不韦主编的作品,深受墨家的影响。《汉书·艺文志》说:

---

① [清]王先慎:《韩非子集解》,钟哲点校,中华书局1998年版,第85页。

杂家者流,盖出于议官,兼儒、墨,合名、法,知国体之有此,见王治之无不贯,此其所长也。及荡者为之,则漫羡而无所归心。①

杂家以博采诸家之说见长,以"兼儒墨,合名法"为特点。杂家的出现是统一的封建国家在建立的过程中思想文化融合的结果。杂家的著作能够流传至今的,以战国时代商鞅的门客尸佼所著《尸子》、秦代吕不韦组织门人所著的《吕氏春秋》、西汉淮南王刘安组织门人所著的《淮南子》等为代表。《吕氏春秋》在逻辑思想和方法上深受墨家影响。《墨子·小取》篇说:"以辞抒意。"《吕氏春秋·离谓》篇说:"夫辞者,意之表也。"②关于"故""理""类"对于言辞的重要性,《吕氏春秋·审己》篇说:"凡物之然也,必有故。而不知其故,虽当与不知同。"③《吕氏春秋·离谓》篇说:"辨而不当理则伪。"④和墨家一样,《吕氏春秋》也特别强调推论前提的真实性及前提和结论之间的因果联系和必然联系。墨家思想中的"兼爱""非攻""尚贤""节葬"等主张,影响了《吕氏春秋》中相应思想的形成。墨家主张"兼相爱,交相利"(《墨子·兼爱中》),《吕氏春秋》中也包含着"爱利"的观点,《吕氏春秋·离俗》篇说:"若夫舜、汤,则苞裹覆容,缘不得已而动,因时而为,以爱利为本,以万民为义。譬之若钓者,鱼有小大,饵有宜适,羽有动静。"人君不能虚谈礼教,而应该以爱利为本,以万民为义,进而达到"天下为公"。墨家主张"非攻",反对攻伐战争,但并不反对"诛杀"暴君,《吕氏春秋》则发展出"义兵"的思想,《吕氏春秋·禁塞》篇说:"兵苟义,攻伐亦可,救守亦可;兵不义,攻伐不可,救守不可。"墨家主张"尚贤",认为"夫尚贤者,政之本也"(《墨子·尚贤上》)。《吕氏春秋》也主张"尚贤",认为"功无大乎尚贤"(《吕氏春秋·赞能》);在对待贤者的态度上,墨家主张"富之贵之,敬之誉之"(《墨子·尚贤上》),《吕氏春秋》也主张对待贤者要"足食、足车、足财",要"以礼"待之(《吕氏春秋·报更》)。墨家主张"节用""节葬",《吕氏春秋》中加以改造成为"节己""安死"的思想,《吕氏春秋·有度》篇说:"圣人之不为私也,非爱费也,节乎己也。节己,虽贪污之心犹若止,又况乎圣

---

① [汉]班固:《汉书》,[唐]颜师古注,中华书局1982年版,第1742页。
② 许维遹:《吕氏春秋集释》,梁运华整理,中华书局2009年版,第489页。
③ 许维遹:《吕氏春秋集释》,梁运华整理,中华书局2009年版,第208页。
④ 许维遹:《吕氏春秋集释》,梁运华整理,中华书局2009年版,第487页。

人?"《吕氏春秋·安死》篇说:"是故先王以俭节葬死也,非爱其费也,非恶其劳也,以为死者虑也。"与墨家不同的是,《吕氏春秋》所主张的"爱利""尚贤"等思想,并没有像墨家那样强调"爱"和"尚贤"的平等性,其"节己""安死"等思想,也主要是从养生的立场出发的。

墨家思想对黄老之学产生过一定的影响。黄老之学为黄帝之学和老子之学的合称,又称为黄老道家,包括稷下道家和魏国道家,都以黄帝和老子为创始人,以道家思想为主并采纳了阴阳家、儒家、法家和墨家等学派的观点。《汉书·艺文志》提到黄帝的书有 21 种,但除了《黄帝内经》外,均已佚失。1973 年长沙马王堆汉墓出土帛书《老子》乙本卷前,有《经法》《十六经》《称》和《道原》四篇古佚书,唐兰认为它们是《汉书·艺文志》中所说的《黄帝四经》,[①]应是黄老之学的主要经典之一,通常称为《黄老帛书》。[②] 黄老之学从国计民生出发,以兴天下之利为是非标准,深受墨家思想的影响。黄老之学吸收了墨家的兼爱思想,形成了"兼爱无私""慈惠以爱人"的思想,"号令合于民心,则民听命;兼爱无私,则民亲上"(《黄老帛书·经法·君正》)。"(体)正信以仁,慈惠以爱人,端正勇,弗敢一先人。"(《黄老帛书·十六经·顺道》)黄老之学吸收了墨家"强本节用"的思想,《墨子·七患》篇说:"地不可不力也,用不可不节也。"黄老之学认为:"人之本在地,地之本在宜,宜之本在时,时之用在民,民之用在力,力之用在节。知地宜,须时而树,节民力以使,则财生。"(《黄老帛书·经法·君正》)黄老之学吸收了墨家的尚同思想,提出"为人主,南面而立。臣肃敬,不敢蔽其上"(《黄老帛书·经法·六分》),下级必须绝对服从上级的领导。黄老之学吸收了墨家"非攻"的思想,将战争区分为三种:"世兵道三:有为利者,有为义者,有行忿者。"(《黄老帛书·十大经·本伐》)一是为统治者谋取利益的"利"战,二是禁乱伐暴,起贤能以废不肖的"义"战,三是统治者为发泄私愤而发动的"忿"战,黄老之学认为只有"义"战才是能够得到人民拥护的战争,"所谓为义者,伐乱禁暴,起贤废不肖,所谓义也。义者,众之所死也。是故以国攻天下,万乘之主兼希不自此始,鲜能终之。非心之恒也,穷而反矣"(《黄老帛书·十大经·本伐》)。

---

① 参见唐兰:《马王堆出土〈老子〉乙本卷前佚书的研究》,《考古学报》1975 年第 1 期。
② 马王堆汉墓帛书整理小组:《黄老帛书》,文物出版社 1985 年版。

墨家的逻辑思维方法在一定程度上影响到了《黄帝内经》。《黄帝内经》是一部综合性的医书，又称《内经》，包括《灵枢》和《素问》两个部分，相传为皇帝所作，因以为名。关于该书的成书时代，有认为是先秦时期，也有认为是战国时期，还有认为最终成书于西汉。该书是在黄老道家理论上建立起来的"阴阳五行学说""脉象学说""藏象学说""经络学说""病因学说""病机学说""病症""诊法""论治"及"养生学""运气学"等学说，因此，它需要研究病因、病理。墨家逻辑的一些理论范畴在其中得到了应用。比如，《内经》中经常说，"愿闻其故"[①]。强调了解事物的原因是认识事物的根本。这与《墨子·经上》篇所说的"故，所得而后成也"的思想是一致的。在墨家看来，所有同类的事物都具有相同的本质（相同的"法"），世界万物都因为具有相同的"法"才能成为一类。《黄帝内经》还根据"人以天地之气生，四时之法成"[②]的生命功能结构模型，把人体的各种脏腑生理、病理变化与外界自然环境的变化联系起来进行推演。比如，《黄帝内经》将五季"春、夏、长夏、秋、冬"，五行"木、火、土、金、水"，五色"青、赤、黄、白、黑"，五脏"肝、心、脾、肺、肾"，五气"风、火、湿、燥、寒"，五味"酸、苦、甘、辛、咸"，等等，分别一一对应并建立了"类"的联系。

第二节　墨学对秦汉之后学术思想的影响

如前所述，墨学对先秦各派思想家的影响是全面而深刻的。秦汉时期，由于其不适合封建统治阶级的需要，墨家学派逐渐衰落。但是，墨学学派的影响还是存在的。

首先，墨学对秦汉思想家尚存在一定程度的影响。秦王朝统一中国后，结束了先秦时期百家争鸣的诸子之学，墨家学派遭到摧残。但是自西汉初年文禁松弛后，墨学稍有复苏。从淮南王刘安所著《淮南子》可以看出，墨学对其有重要影响。东汉无神论思想家王充继承了墨学的基本精神，并对墨学中的消

---

① 《黄帝内经·素问》，中医古籍出版社1997年版，第50—100页。
② 《黄帝内经·素问》，中医古籍出版社1997年版，第42页。

极方面展开批判,东汉思想家王符也深受墨学的影响。

《淮南子》属于杂家学派的著作,由西汉皇族淮南王刘安及其门客收集史料集体编写而成。该书在继承先秦道家的基础上,糅合了阴阳、墨、法和一部分儒家思想,但主要属于道家的黄老之学。不过,黄老之学主要以黄帝和老子的思想为基础,而《淮南子》则主要以老子、庄子和列子的思想为基础。《淮南子》在很多方面都吸收了墨家的思想,在逻辑思维方面,继承了墨家"以类取"的思想。《淮南子·说山训》说:"见窾木浮而知为舟,见飞蓬转而知为车,见鸟迹而知著书。"①认为从"窾(中空)木""飞蓬""鸟迹"的形状及性能等,通过"以类取"的原则,可以得到制舟、做车、写文章的启发。关于墨家"不知类"的思想,《淮南子》也做了继承发挥。《淮南子·说林训》说:"以一世之度制天下,譬犹客之乘舟,中流遗其剑,遽契其舟桅,暮薄而求之,其不知物类亦甚亦。"②推论时需要注意事物类的属性的同异。与墨家类似,《淮南子》认识到客观事物的联系是复杂的,其中,存在着比较复杂的同异关系,所以,人们在进行推论的时候需要注意"类不可必推"。比如,"小马大目,不可谓大马",因为马的大小不是由"目"的大小决定的,但"大马之目眇(瞎),可谓之眇(瞎)马",因为"目眇(瞎)"对于马是否"眇(瞎)马"具有决定性的作用。③

在社会政治思想方面,《淮南子》部分吸收了墨家"尚贤""节用""节葬"等思想主张。《淮南子》十分称赞墨家学者"死不旋踵"的救世精神。《淮南子·修务训》说:"孔子无黔突,墨子无暖席。是以圣人不高山,不广河,蒙耻辱以干世主,非以贪禄慕位,欲事起天下利而除万民之害。"墨家认为"尚贤为政之本也"(《墨子·尚贤中》),《淮南子》也强调国君治国必须任用贤人,《淮南子·泰族训》说:"故国之所以存者,非以有法也,以有贤人也;其所以亡者,非以无法也,以无贤人也。"墨家主张唯贤是举,《淮南子》也主张不计贫贱、亲疏,唯才是举,《淮南子·主术训》说:"是故贤主之用人也,犹巧工之制木也,大者以为舟航柱梁,小者以为楫楔,修者以为榱榱,短者以为朱儒枅栌。无小大修短,各得起所宜;规矩方圆,各有所施。天下之物,莫凶于鸡毒,然而良医囊而藏之,有所用也。是故林莽之材,犹无可弃者,而况人乎!"墨家把"节用"看成是"圣王

---

① 何宁:《淮南子集释》,中华书局1998年版,第1133页。
② 何宁:《淮南子集释》,中华书局1998年版,第1169页。
③ 参见何宁:《淮南子集释·说山训》,中华书局1998年版,第1155—1156页。

之道",《淮南子》则把节俭看成是国君治政的一条重要原则,《淮南子·主术训》说:"君人之道,处静以修身,俭约以率下。静则下不扰矣,俭则民不怨矣。"与墨家不同的是,《淮南子》给节俭赋予了"清静无为"的内涵,《淮南子·主术训》说:"清静无为,则天与之时;廉俭守节,则地生之财。"墨家主张"节葬",反对厚葬,《淮南子》也倡导"节葬",《淮南子·齐俗训》说:"礼不过实,仁不溢恩也,治世之道也。夫三年之丧,是强人所不及也,而以伪辅情也。三月之服,是绝哀而迫切之性也。"

东汉无神论思想家王充著有《论衡》一书,其思想以道家的自然无为为立论宗旨,主张生死自然,倡导薄葬,反对厚葬,并分析厚葬习气的思想根源,在墨家"节葬"思想的基础上更进了一步。《论衡·薄葬》篇指出:

> 世俗内持狐疑之议,外闻杜伯之实,又见病且终者,墓中死人来与相见,故遂信是,谓死如生。闵死独葬,魂孤无副,丘墓闭藏,谷物乏匮,故作偶人,以侍尸柩,多藏食物,以歆精魂。积浸流至,或破家尽业,以充死棺,杀人以殉葬,以快生意。

在王充看来,因为人死而无知,所以厚葬无益。王充发展了丰富的论证逻辑思想,其中吸收了很多墨家逻辑的基本思想。墨家认为,辩学的根本任务就是要区分真假是非。王充则认为,论证、辩论的目的在于分清是非曲直。《论衡·物势》篇说:"讼必有曲直,论必有是非。非而曲者为负,是而直者为胜。"[1]论辩中取胜的一方,在于所持有的观点是正确的。《论衡·薄葬》篇说:"事莫明于有效,论莫定于有证。空言虚语,虽得道心,人犹不信。"[2]强调论据(故)对于论证即言语的重要性,认为空言无用。《论衡·自纪》篇说:"辩论是非,言不得巧。"[3]这十分类似于墨家所言"慧者心辩而不繁说"(《墨子·修身》)的观点。针对墨子的"三表法",王充对此有所批评,即"夫以耳目论,则以虚象为言,虚象效,则以实事为非"[4],"墨议不以心而原物,苟信闻见,则虽效验章明,

---

[1] 黄晖:《论衡校释》,中华书局1990年版,第153页。
[2] 黄晖:《论衡校释》,中华书局1990年版,第962页。
[3] 黄晖:《论衡校释》,中华书局1990年版,第1200页。
[4] 黄晖:《论衡校释·薄葬》,中华书局1990年版,第962页。

犹为失实"①。在这里,王充强调了认识必须经过理性思维对感觉经验进行加工,以获得正确的认识。王充的"效验"法,不限于感性经验,而是经过理性判断来辨证感性经验的是非,从而克服了墨子认识论的局限性,继承了后期墨家的科学认识论思想。

东汉思想家王符,著有《潜夫论》。王符的政治思想,在主流方面属于孔孟之道,但也在不同程度上受到了墨家选贤任能思想的影响。他认为,当时的选士风气存在着严重的"名实不相副,求贡不相称"(《潜夫论·考绩》),主张按"质干""材行"取士,认为各级官吏都应该重视选贤任能的问题,只要切实做到"重选举""审名实""取赏罚",就可以"获多士"(《潜夫论·考绩》),使得贤才济济。王符在逻辑思维上充分继承了墨家的逻辑思想。关于辩论的目的,他说:"予岂好辩?将以明真。"②认为辩的根本目的是要明真假。关于譬式推论,他说:"夫譬喻也者,生于直告之不明,故假物之然否以彰之。物之有然否也,非以其文也,必以其真也。"③认为譬式推论是一种在直告之不明的情况下,采取列举他物加以说明的论证方法。王符也很善于运用譬式推论,他说:"大鹏之动,非一羽之轻也;骐骥之速,非一足之力也。"④认为国家要"飞"得快,就得依靠全体人民的力量。

如前所述,魏晋时期,学者尚清谈,喜欢研究名理之学,形成了一股"辩名析理"的思潮,墨家逻辑得到重视。晋鲁胜著《墨辩注》一书,因为遭战乱遗失,但存下来的《墨辩注叙》认为墨子作《辩经》建构了名学的基本体系,从而将墨家逻辑看作是对中国古代名学的最为重要的贡献,认为墨家逻辑在整个中国古代名学中占有最为重要的位置。

其次,通过对先秦和秦汉思想家的影响,墨家的逻辑思维方法和社会政治思想已经在不同程度上渗透到了儒家和道家等各学派的思想中去发挥作用。比如,在墨家思想的影响之下,儒家或者道家的思想都在不同程度上发生了一定的变化。

《礼记·礼运》说:

---

① 黄晖:《论衡校释·薄葬》,中华书局 1990 年版,第 963 页。
② [汉]王符:《潜夫论笺校正·叙录》,[清]汪继培笺,彭铎校正,中华书局 1985 年版,第 479 页。
③ [汉]王符:《潜夫论笺校正·释难》,[清]汪继培笺,彭铎校正,中华书局 1985 年版,第 326 页。
④ [汉]王符:《潜夫论笺校正·释难》,[清]汪继培笺,彭铎校正,中华书局 1985 年版,第 325 页。

> 大道之行也，天下为公，选贤与能，讲信修睦。故人不独亲其亲，不独子其子，使老有所终，壮有所养用，幼有所长，矜（鳏）、寡、孤、独、废疾者皆有所养。

这一段话，一般认为是战国末期或秦汉之际的儒家学者托名孔子答问时所说的。其中，"天下为公""不独亲其亲""不独子其子"等，就是要讲"兼爱"平等，"选贤与能"就是要讲平等"尚贤"。这段话显然是受到了墨家思想的影响，墨家思想已经差不多被吸收在其中了。

《孝经》是一部阐述孝道和孝治思想的儒家经典著作，为孔子"七十子之徒之遗言"，大概成书于秦汉之际。《孝经·三才章》说："先之以博爱，而民莫遗其亲。"这里的"博爱"，其实就是墨家"兼爱"的意思。传统孝道，提倡长辈对晚辈的无条件服从。

《孝经·士章》说：

> 故以孝事君则忠，以敬事长则顺。忠顺不失以事其上，然后能保其禄位而守其祭祀，盖士之孝也。

墨家则将"孝"中的服从家长的内容，运用于其国家治理的政治实践中。《墨子·尚同下》篇说：

> 然则欲同一天下之义，将奈何可？故子墨子言曰："然胡不尝使家君①，试用家君发宪布令其家？"曰："若见爱利家者，必以告，若见恶贼家者，亦必以告。若见爱利家以告，亦犹爱利家者也，上得且赏之，众闻则誉之；若见恶贼家不以告，亦犹恶贼家者也，上得且罚之，众闻则非之。"是以遍若家之人，皆欲得其长上之赏誉，辟其毁罚。是以善言之，不善言之，家君得善人而赏之，得暴人而罚之。善人之赏，而暴人之罚，则家必治矣。然计若家之所以治者，何也？唯以尚同一义为政故也。
> 家既已治，国之道尽此已邪？则未也。国之为家数也甚多，此皆是其

---

① 尝：《道藏》本作"赏"，从王念孙校改。使家君：此三子疑衍。

家而非人之家,是以厚者有乱,而薄者有争。故又使家君总其家之义,以尚同于国君,国君亦为发宪布令于国之众,曰:"若见爱利国者必以告,若见恶贼国者亦必以告。若见爱利国以告者,亦犹爱利国者也,上得且赏之,众闻则誉之;若见恶贼国不以告者,亦犹恶贼国者也,上得且罚之,众闻则非之。"是以遍若国之人,皆欲得其长上之赏誉,避其毁罚。是以民见善者言之,见不善者言之,国君得善人而赏之,得暴人而罚之。善人赏而暴人罚,则国必治矣。然计若国之所以治者,何也?唯能以尚同一义为政故也。

国既已治矣,天下之道尽此已邪?则未也。天下之为国数也甚多,此皆是其国而非人之国,是以厚者有战,而薄者有争。故又使国君选①其国之义,以尚同于天子。天子亦为发宪布令于天下之众,曰:"若见爱利天下者必以告,若见恶贼天下者亦以告。若见爱利天下以告者,亦犹爱利天下者也,上得则赏之,众闻则誉之;若见恶贼天下不以告者,亦犹恶贼天下者也,上得且罚之,众闻则非之。"是以遍天下之人,皆欲得其长上之赏誉,避其毁罚,是以见善不善者告之。天子得善人而赏之,得暴人而罚之,善人赏而暴人罚,天下必治矣。然计天下之所以治者,何也?唯而②以尚同一义为政故也。

天下既已治,天子又总天下之义以尚同于天。故当尚同之为说也,尚③用之天子,可以治天下矣;中用之诸侯,可而治其国矣;小用之家君,可用而治其家矣。是故大用之治天下不窕④,小用之治一国一家而不横⑤者,若道之谓也。故曰:"治天下之国若治一家,使天下之民若使一夫。"意独⑥子墨子有此,而先王无此?其有邪?则亦然也。圣王皆以尚同为政,故天下治。

墨家从传统以"孝"治家入手,进而推广到治国之道的"尚同",是对传统孝

---

① 选:当为"总"。
② 而:通"能"。
③ 尚:同"上"。
④ 窕(tiǎo):空缺。
⑤ 横:阻塞。
⑥ 意独:岂独、难道只有。

观念的发展。所以,《汉书·艺文志》说:

> 墨家者流,盖出于清庙之守。茅屋采椽,是以贵俭;养三老五更,是以兼爱;选士大射,是以上贤;宗祀严父,是以右鬼;顺四时而行,是以非命;以孝视天下,是以上同:此其所长也。①

"上贤"即"尚贤","上同"即"尚同"。

《孝经》在墨家思想的基础上,将"孝"作为圣贤之治和君子终身躬行的"至德要道","圣人之教不肃而成,其政不严而治,其所因者本也"(《孝经·圣治章》)。

中国民主革命的先行者孙中山,一生追求"天下为公",认为妇人对子女的爱只是一种私爱,只有博爱才是一种公爱,博爱"非妇人之仁可比"。孙中山在1905年的《民报》创刊号上,高度评价"墨子是世界第一平等博爱主义大家",而且在就任民国临时大总统不久,广东都督陈炯明提出辞职,广东军政各界纷纷推荐他的哥哥孙眉为新的广东都督,孙中山没有同意,并给广东军政各界人士回信,说明了不委任孙眉的原因就是要反对"任人唯亲"。可以说,孙中山的思想和为人处事充分体现了墨家"兼爱"平等、任人唯贤的根本精神,其实也就是中华民族优秀文化传统的精神。

总之,墨家学派虽然对先秦及秦汉思想家产生了非常大的影响,但从整体上说,墨家学派处于衰微和被埋没的状态。具体来说,墨家逻辑思想虽然在先秦和秦汉思想家那里得到了部分继承,但整个来说没有得到发展,到鲁胜的时代,名学和辩学都已经"后学莫复传习"500多年了,都处于"亡绝"的状态。其次,墨家的自然科学和社会科学思想几乎没有得到传承和研究,更谈不上发展和应用。再次,墨家的"兼爱""非攻""尚贤""尚同""节用""节葬"等核心思想,虽然在不同程度上渗透到了儒家、道家等各派思想中发挥作用,但却没有从根本上反映出墨家思想的应有精神,尤其是兼爱、平等、尚贤的精神。

---

① [汉]班固:《汉书》,[唐]颜师古注,中华书局1962年,第1738页。

第十章　墨学的世界意义和当代价值

墨学的世界意义主要是就其普遍性而言,墨学的当代价值主要是就其当代性而言。二者相互联系,具有相通的地方,也存在着不同。墨学的世界意义其实就是墨学在当代对世界的价值,墨学的当代价值除了对世界所具有的意义外,还对中国社会具有特殊的意义和价值。

第一节　墨学的世界意义

当代世界普遍联系,全球化的进程虽然遭到了新型冠状病毒大流行的肆虐和影响而放慢了脚步,但这个趋势是不可阻挡的。自五四运动以来,如何对待西方文化和中国本土文化的关系问题,始终是学术界所必须面对的重大问题,而墨学对于回答这个问题无疑具有重要意义。

首先,墨学重视理性、逻辑和科学思维方法论的研究,这是其根本性的世界意义所在。胡适曾经深有感触地说,"近代中国哲学与科学的发展曾极大地受害于没有适当的逻辑方法"[1],墨学自秦汉以后处于衰落和被埋没的状态,墨家的辩学没有人研究,中国文化中的逻辑理性传统没有能够得到继承和充分发展,因此,中国文化在逻辑论证和科学理性精神上存在严重不足。胡适说:"我们在哪里能找到可以有机地联系现代欧美思想体系的合适的基础,使我们能在新旧文化内在调和的新的基础上建立我们自己的科学和哲学?"[2]"中国哲学的未来,似乎大有赖于那些伟大的哲学学派的恢复","非儒学派的恢复是绝对需要的"。[3] 在面对如何吸收西方文化以发展中国本土文化的这个问题上,重视逻辑和思维理性的墨家学派,其重要性就在于它正好处在了中国文化和

---

[1]　胡适:《先秦名学史》,学林出版社1983年版,第7页。
[2]　胡适:《先秦名学史》,学林出版社1983年版,第8页。
[3]　胡适:《先秦名学史》,学林出版社1983年版,第9页。

西方文化的结合点上,今天依然可以成为我们更好地吸收西方文化以发展铸造新的中国文化的根本性桥梁。

重视逻辑和思维方法的意义,不只在于吸收西方文化以发展中国文化的问题,对今天来说,还有如何向西方人传播和理解中国文化的问题。爱因斯坦在谈到西方科学发展的两个基础(演绎逻辑体系和探求因果联系的方法)时曾经说:

> 西方科学的发展是以两个伟大的成就为基础,那就是:希腊哲学家发明形式逻辑体系(在欧几里得几何学中),以及通过系统的实验发现有可能找出因果关系(在文艺复兴时期)。在我看来,中国的贤哲没有走上这两步,那是用不着惊奇的。令人惊奇的倒是这些发现[在中国]全都做出来了。①

李约瑟也曾指出:

> 当希腊人和印度人很早就仔细地考虑形式逻辑的时候,中国人则一直倾向于发展辩证逻辑。②

李约瑟在这里对中国思想中源远流长的辩证逻辑和辩证思维方法的评价是十分中肯的。墨家辩学思想既包括有类似西方的形式逻辑思想,又包含有丰富的非形式逻辑思想,尤其是包含着"同异交得""两而勿偏"的辩证思维和科学思维方法,值得我们很好地去体会和研究。

西方人普遍来说强于形式逻辑思维,但同时也弱于辩证思维。中国人普遍强于辩证思维而弱于形式逻辑思维。如何能够更好达成中国人和西方人的相互理解,是当今人类面临的一个重大问题。当前人类所面对的最严重的问题就是新冠疫情防控的问题,我们中国人很容易理解清零做法,而西方人却很难理解更难以做到。墨学中同时包含着形式逻辑和非形式逻辑及辩证思维方

---

① 〔美〕爱因斯坦:《爱因斯坦文集》(第一卷),许良英、李宝恒、赵中立、范岱年编译,商务印书馆1976年版,第574页。
② 〔英〕李约瑟:《中国科学技术史》(第三卷),科学出版社1978年版,第337页。

法的理论,因此,宣传和发展墨家逻辑,有助于西方人在把握墨家的形式逻辑思想的同时更好地理解墨家的辩证思维方法,从而更好地实现中西方人类的相互理解和协同发展。比如,英国汉学家格瑞汉(A. C. Graham)著《后期墨家的逻辑学、伦理学和科学》(Later Mohist Logic, Ethics and Science)[1],《墨家"小取"的逻辑》(The Logic of the Mohist Hsiao-chu)[2]等,认识到了在墨家辩学中事物及言辞之间的"类同""类异"关系在推理论式中具有重要作用,看到了墨家逻辑的某种特殊性质。墨家逻辑或中国古代逻辑的研究,必须要形式逻辑与非形式逻辑并重,必须要加强辩证法和形式逻辑在其中的综合作用研究。

其次,墨家的"兼爱""非攻"思想,强调人与人之间无论远近亲疏,不同的国家、不同的民族之间,都要互相关爱,尤其强调富人首先要关心穷人,而不是侮辱他们,强者要关心弱者,而不是打压他们、迫害他们、凌辱他们。当今世界,还有很多人吃不上饭,吃不饱饭,饥寒交迫,比比皆是。在疫情持续肆虐的今天,一些资本主义国家民族矛盾加剧,打压少数族裔的现象越来越激烈,随着物价高涨,美国社会中富裕的人越来越富裕,贫穷的人则更加贫穷。梁启超说,墨子是小基督,同时又是个大马克思[3],墨家的"兼爱"平等思想值得大力发扬。因此,我们今天必须加强研究,大力宣传墨家的"兼爱"精神和"非攻"思想,发挥出其应该具有的作用。

当前,在新冠疫情持续的今天,国家之间恃强凌弱的现象更加普遍。强国压迫弱国,剑拔弩张时有发生。资本主义社会盛行弱肉强食的丛林法则,美国一些政客热衷于零和博弈的手段和做法。零和博弈是一种非合作博弈,是一种非胜即败的博弈,通常所说的下棋、赌博、桥牌、球类比赛等都属于零和博弈。零和博弈是指在严格竞争的情况下,一方的收益必然意味着另一方的损失,而且博弈各方的收益和损失的总和永远为零。墨家主张仁者做事,要以"兴天下之利,除天下之害"为根本目标。天下之害,其实就是指在社会政治伦理中出现了非常严重的零和博弈的状况。

---

[1] A. C. Graham, *Later Mohist Logic, Ethics and Science*, Hong Kong: The Chinese University Press, 1978.
[2] A. C. Graham, "The Logic of the Mohist Hsiao-chu", *T'oung Pao*, Second Series, Vol. 51, Livr. 1, 1964.
[3] 参见梁启超:《墨子学案》,载任继愈、李广星主编:《墨子大全》(第26册),北京图书馆出版社2004年版,第51页。

《墨子·兼爱下》篇说：

> 若大国之攻小国也，大家之乱小家也，强之劫弱，众之暴寡，诈之欺愚，贵之傲贱，此天下之害也。又与①为人者之不惠也，臣者之不忠也，父者之不慈也，子者之不孝也，此又天下之害也。又与今人②之贱人，执起兵刃毒药水火，以交相亏贼，此又天下之害也。

在墨家看来，如果社会中出现零和博弈的状况，则是最为糟糕的社会状态。墨家的社会理想是要建立一个非零和博弈的和谐社会，也就是要建立一个"兼相爱，交相利"的社会。在这个社会中，人们"视人之国若视其国，视人之家若视其家，视人之身若视其身。是故诸侯相爱则不野战，家主相爱则不相篡，人与人相爱则不相贼，君臣相爱则惠忠，父子相爱则慈孝，兄弟相爱则和调"（《墨子·兼爱中》）。非零和博弈是一种合作下的博弈，博弈者各方之间并不是完全对立的关系，一方的收益并不一定就意味着另一方或他方的损失。这也就是说，博弈参与者之间也许存在着某种共同利益，即博弈参与者之间很可能存在着"双赢"或"共赢"的情况。

《墨子·兼爱中》篇说：

> 夫爱人者，人必从而爱之；利人者，人必从而利之；恶人者，人必从而恶之；害人者，人必从而害之。

在墨家看来，人与人之间，爱人利人是相互的，一个人做了利人的事情同时也有利于他自己。墨家在这里所提出的兼爱交利思想，事实上就是要建立一个非零和博弈的理想社会。

所以，作为人来说，最需要追问的一个问题就是，人们应该如何做，才能够真正实现人与人之间、国与国之间的和谐相处？这是我们当今人类所面临的最为尖锐的问题。就中国今天所采取的和平崛起战略来说，也正好体现了墨

---

① 又与：有如。下同。
② 今人："人"字疑衍。

家所主张的积极防御的军事战略思想,这也就是说,我们所主张的正是一种非零和博弈战略。总之,加强研究和努力宣传墨家的"兼爱""非攻"思想,对于实现我们国家的和平崛起战略,从而实现人类和平发展具有重要意义。

再次,墨家的"天志""明鬼"思想强调上尊天、中事鬼、下爱人,对于各个国家、各个民族来说都具有非常重要的意义。墨家提出"天志""明鬼"的思想,其实就是中国哲学传统中"借天道以明人事"的做法,也就是说,借助天和鬼的作用来实现墨家的"兼爱"理想,其实也就是要"兴天下之利,除去天下之害"(《墨子·兼爱中》),《墨子·兼爱下》篇说:"仁人之事者,必务求兴天下之利,除天下之害。"那么,应该怎么样来兴利除害呢?在墨家看来,其实就是要上尊天、中事鬼、下爱人。上尊天,就是不要胡作非为,凡事"人在做,天在看"。我们要看到,墨家虽然主张人们必须"非命""尚力",但是,同时也强调必须"尊天",否则必然遭遇各种祸祟。

《墨子·尚同中》篇说:

夫既尚同乎天子,而未上同乎天者,则天灾将犹未止也。故当若天降寒热不节,雪霜雨露不时,五谷不孰①,六畜不遂②,疾灾戾疫③,飘风苦雨,荐臻④而至者,此天之降罚也,将以罚下人之不尚同乎天者也。故古者圣王,明天鬼之所欲,而辟⑤天鬼之所憎,以求兴天下之害⑥。

违背天的意志,最终将受到上天的惩罚。一直以来,以美国为首的一些西方国家,肆意干涉他国政治,无恶不作,悍然发动对一个主权国家的侵犯,比如越南战争、朝鲜战争、伊拉克战争等,最终都必然会遭到报应。通常说,"举头三尺有神明",每一个国家,每一个人,在做事情的时候,都应该有所顾忌,有所收敛,有所警惕,这样才能建设出一个美好而和谐的社会与世界。

---

① 孰:熟。
② 遂:顺当,兴旺。
③ 戾疫:通"疠疫"。
④ 荐臻:频繁。
⑤ 辟:避。
⑥ 以求兴天下之害:当作"以求兴天下之利,除天下之害"。从李笠校改。

第二节 墨学的当代价值

墨学在当代具有重要的价值。首先,墨学的节用节俭思想,对当代人如何处理人与物的关系开出了比较合理的方子。如前所述,墨子学于儒家,儒家尊崇繁琐的周礼,墨子认为儒家学说过于繁琐,故提倡大禹的思想。墨家的思想对儒家来说是一个巨大的扬弃。墨子批判长期居于统治地位的周代礼制文化,虽然同时也是对夏代大禹思想的回归,但却是在新时代的一种重大超越。墨家对儒家和周代礼制的巨大不满,就在于儒家对于物的处理过于浪费,所以,提倡节用、节约。这里,墨家其实提出了一个人类应该如何正确地来处理好人与物的关系问题。司马迁说:"盖墨翟,宋之大夫,善守御,为节用。"①其中的"为节用",说的就是墨家是如何来处理人与物之间的关系问题。

现存《墨子》一书中的《节用上》《节用中》《节葬下》《非乐上》《非儒下》《辞过》《三辩》《公孟》诸篇,都是谈论的如何处理人与物之间关系问题的原则和方法,而且谈的都是如何做到节用的具体做法和措施。墨子一生提倡勤俭节约,反对奢侈浪费。墨子认为,一个国家要长治久安,必须要强本节用。强本从根本上说就是要发展生产,重视对物质财富的生产。节用所强调的就是要适度消费,即反对浪费。这也就是说,要求生产和消费要构成适当的比例,对社会需求和供给要有宏观调控。在墨子看来,适度消费也就是要以人的实际需要为限度,超出限度就是奢侈浪费。《墨子·节用中》篇说:"凡足以奉给民用则止。诸加费不加于民利者,圣王弗为。"物质生产必须以满足百姓的基本物质生活为根本,凡是增加费用却不能给老百姓增加物质利益的事情都不能做。

墨家这里所提出的节用思想,对于后来的中国和世界都具有重要意义。《墨子·辞过》篇说:"俭节则昌,淫佚则亡。"回顾中国历史,几乎每个朝代都是在国家兴盛以后,在物质文明或精神文明达到一定程度之后,就迅速由盛转

---

① [汉]司马迁:《史记》,[宋]裴骃集解,[唐]司马贞索隐,[唐]张守节正义,中华书局1959年版,第2350页。

衰。唐王朝在玄宗时期曾经出现过"开元盛世",但又很快转向衰落,主要原因就是统治者过于追求享乐,贪图享受,过度消费,造成贫富分化十分严重,于是导致唐代由盛转衰。所以,杜甫才发出了"朱门酒肉臭,路有冻死骨"的哀叹。清朝乾隆皇帝还算是有作为的了,但由于他过分贪图享受,比如修建圆明园、颐和园等浩大工程,加上当时的官员贪污腐败严重,到乾隆中后期,国家就不断走向衰落。唐朝、清朝如此,其他朝代也大致这样。

　　当今时代,由于科学技术不断地被有效地应用于人们的生产和生活,人类的物质文化生活水平跟以前时代相比产生了天翻地覆的变化。在生活取得极大改善的同时,人们并没有变得更快乐、更幸福,人们的身体也没有变得更健康。相反,人们所面对的疾病、怪病却越来越多,肥胖症、营养过剩、三高食物所导致的各种疾病,致死比例越来越高。随着物质生活的越来越丰富、富足,人们的各种不必要的浪费现象也越来越令人吃惊,过度消费、不必要消费越来越成为人们生活中的普通现象和惯常行为。其实,自然界所赋予我们的资源是非常有限的,如果我们没有节制地向自然界索取,最终将不得不承受大自然对我们人类的报复。地震、海啸、台风、飓风的发生越来越平常,瘟疫越来越多,各种自然灾害越来越频繁,水污染、空气污染等越来越严重,地球变得越来越不适于人类的生存。墨子节用思想是解决当今人类所面临的环境问题的根本之道。

　　有人可能会问,墨家只是因为当时衣食住行的缺乏从而提倡节用的,并没有考虑今天的环境破坏问题而提倡节用。但是,我们也应该想到的是,如果墨子生活在今天,他会怎么说呢?我认为墨家的回答依然是要提倡节用。

　　其次,墨家的兼爱思想,为当代人如何处理人与人之间的关系指明了方向。司马迁说墨子"善守御",意味着墨家在军事上所主张的是防御性的军事战略,实际上指出了墨家的根本性的核心思想,即兼爱。兼爱就意味着国家与国家之间不要发动攻伐性的侵略战争(非攻),即在军事上必须实行防守性的战略。

　　兼爱是墨家思想学说的核心。在墨家看来,人应该快乐地生活着。如果人要过上快乐的生活,就需要有一个得到治理的社会。而在一个社会中,如果人与人之间不兼爱,即如果不是兼相爱、交相利,而是别相恶、交相贼,就会导致社会动乱,国家就得不到治理,人民就得不到安宁,而这又何谈快乐呢?《墨子·兼爱上》篇说:"天下兼相爱则治,交相恶则乱。"国家、社会是治还是乱的根本在于人们是兼相爱(相互尊重、相互关爱),还是交相恶、交相非(相互憎恶、相互攻伐)。墨家的政治梦想,就是要建立一个"兼相爱,交相利"的理性社会,从而结束各种乱象,建立一个和谐的理想社会。

墨家的兼爱思想所主张的,就是如何来处理人和人之间,包括国家与国家之间、社会集团和社会集团之间的关系问题。

人和人之间,国家与国家之间,社会集团和社会集团之间,到底应该兼相爱还是交相恶? 这是一个根本性的问题。单就人与人之间的关系来说,生活实践中的每一个人究竟应该怎么做人,如何对待他人,这不是每一个人都能真正处理好的事情,事实上绝大多数人都没有能够处理好。所以,墨家学派给我们提出了如何处理人与人之间关系的基本原则和方法,那就是"兼相爱则治,交相恶则乱"(《墨子·兼爱上》),我们在和他人打交道的过程中,首先就应该想想,当下正在发生的事情究竟是兼相爱,还是交相恶呢? 墨家的兼爱,他们常常也称"为义",《墨子·经上》篇说"义,利也",所以,兼相爱,就是要做对对方、对他人有好处的事情。

老子强调思想自由,反对限制和秩序;以孔子为代表的儒家思想则强调人与人之间严格的上下等级秩序,使人与人之间的关系陷入一种僵化的、严重不自由的、失去个性自由的"异化"。墨学正是在批评儒家这样一种"亲亲有杀""爱有差等"的严格化的上下等级制的基础上,提出了人与人之间,既要有下对上的"敬",也要有上对下的"爱",既可有上对下的"统治"或"治理",也可以有下对上的"谏"和"议",从而保证人与人之间的关系和谐畅通,保证社会组织及国家的团队绩效和长治久安。

和平与发展是当今时代的主题。我们今天提出建设和谐社会、构建和谐世界,一个根本的原因就是我们当今的世界、当今的社会极端不和谐。和谐世界、和谐社会,要求国家与国家之间求同存异、化解矛盾,而不是你死我活。因为你死并不就能造出我活,一方面你死必然会不断地产生出另个你来,而且到底是谁死还说不定。在人与人之间,在组织和组织之间,也应该是你我共存,实现共赢、多赢这样的局面,社会才能和谐发展。因此,和谐社会不是要消灭异己,而是要在尽可能的范围内包容异己及各种可能的方面,以求得到共同完善与发展。

实现人与人之间的和谐相处,关键是强对弱、富对贫、贵对贱、上对下之间的关系问题。

《墨子·兼爱中》篇说:

> 是故诸侯相爱则不野战,家主相爱则不相篡,人与人相爱则不相贼,君臣相爱则惠忠,父子相爱则慈孝,兄弟相爱则和调。天下之人皆相爱,强不执弱,众不劫寡,富不侮贫,贵不敖贱,诈不欺愚。凡天下祸篡怨恨可使毋起者,以相爱生也,是①以仁者誉之。

"强不执弱,众不劫寡,富不侮贫,贵不敖贱,诈不欺愚",这是实现人与人之间关系和谐、社会和谐的最基本保障。强势的一方往往容易造成对弱势一方的凌辱、欺压,通常的表现就是发脾气,有时甚至是整人。当然,在一个极度不和谐的社会中,反过来的情况也不少见。所以,墨家强调,既要有下对上的"敬",也要有上对下的"爱"。

总之,墨家的兼爱思想,表明了实现和谐社会与和谐世界的基本框图,对在未来人类文明发展的进程中如何处理人与人之间的关系具有重要的指导性作用。

再次,墨家的科学理性精神,为当代人处理人类与其自身的关系问题提供了借鉴。无论要处理好人和人的关系,还是要处理人对物的关系,都必须通过有理性的人来实现,要求其实现者——人,必须具有科学精神和理性精神,其实也就是要科学地处理好人与其自身的关系问题。现存《墨子》一书中的《天志上》《天志中》《天志下》《明鬼下》《修身》《所染》《法仪》《非命上》《非命中》《非命下》《耕柱》《贵义》《经上》《经说上》《经下》《经说下》《大取》和《小取》等篇,都有阐述如何处理好人与其自身的关系问题。

墨子除了是一位伟大的思想家,还是一位伟大的科学家。墨子主张和鼓励"从事",曾经发明过一种类似风筝的飞行器,飞行了一天时间才落下来。《韩非子·外储说左上》说:"墨子为木鸢三年而成,飞一日而败。"墨子擅长科学技术的应用,也对科学理论进行了一定的研究和总结。墨子及其后学所著

---

① 是:《道藏》本无此字,从孙诒让校增。

《墨经》,是一部包含了几何学、光学、力学、心理学、逻辑学等诸多学科内容的"百科全书"。

墨家在科学上的成就是非常巨大的。2016年8月16日,中国首颗量子卫星"墨子号"成功发射,在世界上首次实现了卫星与地面之间的量子通信。在谈到为什么要将首颗量子卫星命名为墨子号时,首席科学家潘建伟院士解释说,墨子最早发现并提出了光线沿直线传播,设计了小孔成像实验,为光通信和量子通信奠定了基础。潘建伟院士说的很好,两千年前的墨子就发现了光线是沿直线传播的,我们今天又能在世界上首次成功发射量子卫星,这说明中国人有志气,有能力,在科学上是能够勇攀高峰的。

墨家之所以能够在科学上取得如此巨大的成就,这与他们重视理性思维、重视逻辑思维、重视对逻辑理论的探讨密不可分。正如"墨子号"量子卫星发射首席专家潘建伟先生所认为的,墨家的逻辑思想对于墨家的科学发现和科学理论建树具有基础性的作用,需要开展深入研究。①

儒家着重强调德行修养的重要性。《论语·学而》说,有子曰:"其为人也孝弟,而好犯上者,鲜矣;不好犯上,而好作乱者,未之有也。君子务本,本立而道生。孝弟也者,其为仁之本与!"认为德行修养是养成完美人格的重要基础。儒家对于人的才能方面重视得不够,甚至贬低人们从事生产的才能。墨学重视个人德行修养的重要性,但他们也特别强调人的能力培养。《墨子·亲士》篇说:"虽有贤君,不爱无功之臣;虽有慈父,不爱无益之子。是故不胜其任而处其位,非此位之人也;不胜其爵而处其禄,非此禄之主也。"墨家尤其重视人的理性思维能力和逻辑论证能力,即重视对逻辑思维能力的培养,强调弟子必须"辩乎言谈"(《墨子·尚贤上》),"能谈辩者谈辩"(《墨子·耕柱》),"守道不笃,遍②物不博,辩是非不察者,不足与游③"(《墨子·修身》),强调对学生的逻辑思维素质和能力的培养和提高,要求每一个弟子都成为能"辩察名实"和区分真假是非并且具有很强的论证能力和判断能力的"士",这也就是中国古代教育思想中强调学生必须具有"明辩"素质的思想的突出体现。

---

① 《全球首颗量子卫星取名"墨子号" 它的技术成果未来有望走进千家万户》,《潜江晚报》2016年8月6日。
② 遍:通"辨",识别。
③ 游:交往。

为此，墨家特别创立了自己所独有的辩学，用现在的话来讲就是墨家的逻辑学，即"三物"逻辑学。《墨子·大取》篇说："（夫辞）以故生，以理长，以类行也者。三物必具，然后（辞）足以生。"推理论证要得出可靠结论，必须故、理、类三者全都具备。沈有鼎说："'辞以故生，以理长，以类行'十个字替逻辑学原理作了经典性的总结。"[①]墨家辩学或称墨家逻辑以"故""理""类"为核心，所以又简称为"三物逻辑"。

如前所述，在墨家看来，"故"是事物现象所隐藏的原因或本质，同时它也是一个推理或论证得以成立的充分必要条件。在《墨子·小取》篇中，墨家把"故"这个概念进一步抽象为逻辑范畴，作为其辩学的核心概念。"以名举实，以辞抒意，以说出故。"用概念表达实际，用判断陈述思想，最终目的都是为了用推理或论证来陈述理由和原因。辩学强调在进行推理和论证的过程中，必须遵守"类"的原则，即根据事物的"类"来取例证明，根据事物的"类"来予以反驳。《墨子·小取》篇说："效者，为之法也；所效者，所以为之法也。故中效，则是也；不中效，则非也。此效也。""法"就是标准，"不中效"就是不符合标准，"中效"就是符合标准，凡是不符合标准或要求的言辞都是无效的，只有与标准相符合的判断和推理才是有效的、正确的。在墨学中，"道""理""方""法""仪""表"等，都是说的某个标准，是我们论说的根据，是我们言论所需要遵守的东西。

《墨子·小取》篇说："夫辩者，将以明是非之分，审治乱之纪，明同异之处，察名实之理，处利害，决嫌疑焉。"墨家建立辩学的基本目的十分清楚，就是要明确"是"和"非"的分别，审察"治"和"乱"的原因，明确"同"和"异"的所在，考察名称和实际的道理，权衡利益与祸害，决断嫌疑。要衡量一个言论或论断的是"是"还是"非"，墨家提出了"三表"作为标准，即前人的经验、人民群众的实践和在实际应用中的价值。凡是违背其中之一的言说都是"非"，都是无效的，只有符合这三个标准的言论才是"是"，才是有效的。

墨子对于当时流行的儒家"命定论"进行了揭露和批判，提出了"非命"的主张，强调理性分析和逻辑思考的重要作用。《墨子·贵义》篇记载，墨子从鲁国出发到齐国游说，在路上碰到一个算命先生对他说："今天上帝在北方杀黑

[①] 《沈有鼎文集》，人民出版社1992年版，第336页。

龙,您长得黑,到北方去不吉利。"墨子不听,继续向北走,结果遇到河水暴涨不能过河,只好返回来,算命先生见他后得意地说:"不信我的话吧,我说过先生不能往北的。"墨子这时反驳说:"南方人不能往北,北方人不能往南,脸色有黑有白,为什么都不能前往呢?况且上帝甲乙日杀青龙于东方,丙丁日杀赤龙于南方,庚辛日杀白龙于西方,壬癸日杀黑龙于北方,如果按照你的说法,那整个天下的人都不能走路了。你这完全是束缚人思想而使天下虚无人迹,你的话不能听。"运用逻辑上的归谬反驳法对算命者的迷信思想和宿命论采取了明确否定的态度。《墨子·天志上》篇说:"若我不为天之所欲,而为天之所不欲,然则我率天下之百姓,以从事于祸祟中也。"所以,我们必须"为天之所欲"。这里,很显然,使用了逻辑中的反证法。

逻辑思维能力和素养是全智人才所不可或缺的。当今社会的知识分子、管理人员、国家干部,如果想完美地完成他们所属的工作,没有足够的逻辑思维能力是不行的。比如,对于国家干部来说,具备一定的逻辑思维能力与素养,不但可以更好地开展自己的工作,而且可以为防止自己腐化堕落多留个心眼。比如,根据"没有免费的午餐"这样的常识,如果具有足够的思维能力,就可推论出:收受别人财物最终必然败露。其实,很多贪官最后都是鬼迷心窍,已经失去了最起码的思维能力,当然也谈不上还有什么道德良心。俗话说,苍蝇不叮无缝的蛋,对贪官来说,其最大的缝就是思维上出现了问题。

现时代,要高扬人的理性精神,就要注意努力培养全智人才,尤其要加强逻辑思维能力和素养的铸造。墨学重视理性思维,重视逻辑论证的精神确实值得我们加以重视和弘扬。

结　论

墨家学派由中国先秦时代的墨子所创立。墨子师从儒家，但因认为儒家尊崇周礼、厚葬久丧浪费财物，对儒学产生了不满而提出以"兼爱"为核心的思想学说。

墨家出于清庙之守，"茅屋采椽"而主张"节用""节葬""非乐"，"养三老五更"而主张"兼爱""非攻"，"选士大射"而主张"尚贤"，"以孝视天下"而主张"尚同"，"顺四时而行"而主张"非命"，"宗祀严父"而主张"天志""鬼明"。墨家的思想代表了广大中下层民众的利益，墨家的"兼爱"不同于儒家的"仁爱"，儒家强调亲亲的近亲原则，墨家则主张人与人之间必须平等相爱。

墨家的"兼爱"并不是空想，更不是某些人所说的臆想，而是基于现实问题的合理思想。墨子指出，大禹治水、文王治理西土、武王治理泰山，都是实实在在的"兼爱"精神的实现。爱人者，人亦从而爱之；利人者，人从而利之。若天下之人均"兼相爱，交相利"，则就是兼爱理想的实现。人皆有父母，孝顺父母，尊敬长辈，乃自然之理，但这个社会更需要的是关心他人、帮助他人的兼士。人不爱其亲，父不爱其子，也确实存在，但毕竟是小概率事件，而且如果出现子不爱其父的现象，也可以反观其父在教育子女上出了问题。但是，社会中更容易出现的大概率事件，往往是"诸侯独知爱其国，不爱人之国""家主独知爱其家，而不爱人之家""人独知爱其身，不爱人之身""盗爱其室，不爱异室"，人爱其亲而不爱人之亲，人爱其子而不爱人之子，所以，才出现了"侵略""偷盗""抢劫""欺诈""拐骗""坑害""排挤"等犯罪与恶霸行为。

墨家"尚贤"思想的关键在于平等尚贤，唯贤是举，"上之所以使下者，一物也；下之所以事上者，一术也"。反对任人唯亲，任人唯熟。如果一个社会都是靠关系，靠熟人上位，那这个社会就会形成各种各样的小团体的利益勾结，贪污腐败愈益严重，平等和正义又从何谈起？"官无常贵而民无终贱，有能则举之，无能则下之。"只有任人唯贤不唯亲，才能从根本上改变传统的宗法关系和世袭制、家长制、终身制，从而去除封建专制的毒瘤。墨家的"尚同"思想也绝不是某些人所诬蔑的"封建专制"的根源。"尚贤"讲的是国家治理中的用人问题,体现在选举环节;"尚同"讲的则是国家治理中的制度运行问题。在国家制度的运作过程中,"尚同"也就是上情下达、上下通情,是国家社会治理成功的根本保障和逻辑前提,否则人各行其是,上下之情不通,国家的政策又如何能够很好地贯彻执行呢?如果是这样的话,又如何来谈国家的治理和社会的安定呢?比如就当前世界疫情来说,又如何迅速遏制和阻止新冠疫情的扩散呢?所以说,有效的治理必须要求上下一心,团结一致,相向而行。《墨子·经上》篇说:"治,求得也。"治理就是通过我们的主观努力实施,就可以达成我们的愿望。哈佛大学教授泰德罗在深入考察探究了卡耐基、沃森等美国历史上七位伟大企业家的事业成就之后,得出结论说:"七位企业家对各自的责任都有独特的理解,但在权力方面他们有一个共同点,他们必须拥有绝对掌控权。"企业家治理企业是这个道理,国家领导人治理国家又何尝不是如此?

墨家的"兼爱""非攻""尚贤""节用""节葬""非乐"等思想,由于不符合封建统治阶级的需要,在历史的长河中基本上处于被埋没的状态,但是在东西方交流日益频繁,全球化越来越快速的今天,墨家的"兼爱""非攻""尚贤""尚同"等思想有助于更好地处理人与人、国家与国家之间的关系,墨家的"节用""节葬""非乐"等思想有助于更好地处理人与物之间的关系,墨家的"天志""明鬼""非命"等思想有助于更好地处理人和自身的关系,墨家重视逻辑理性和辩证理性,重视科学和技术的研究。在和平与发展仍然是世界主题的今天,墨家思想的光芒将继续闪耀,墨学的精神将永远值得弘扬。

参考文献

一、著作类

［清］毕沅校注:《墨子》,吴旭民点校,上海古籍出版社1995年版。
［清］孙诒让:《墨子间诂》,孙启治点校,中华书局2001年版。
［清］王念孙:《读书杂志》,中国书店1985年版。
［清］王念孙:《广雅疏证》,中华书局1983年版。
［清］王先慎:《韩非子集解》,钟哲点校,中华书局1998年版。
［清］俞樾:《诸子平议》,中华书局1954年版。
蔡仁厚:《墨家哲学》,台中东大图书公司1993年版。
蔡尚思编:《十家论墨》,上海人民出版社2004年版。
曹峰:《中国古代"名"的政治思想研究》,上海古籍出版社2017年版。
陈拱:《墨学研究》,台中东海大学出版社1964年版。
陈癸淼:《墨辩研究》,台北学生书局1977年版。
陈克守、桑哲:《墨学与当代社会》,中国社会科学出版社2007年版。
陈克守:《儒学与墨学比较研究》,中国社会科学出版社2014年版。
陈孟麟:《墨辩逻辑学》,齐鲁书社1983年版。
陈孟麟:《墨辩逻辑学新探》,王讚源审定,台北五南图书出版股份有限公司1996年版。
陈奇猷:《墨子的科学》,中华书局1963年版。
陈问梅:《墨学之省察》,台北学生书局1968年版。
陈雪良:《墨子答客问》,上海人民出版社1997年版。
陈柱:《墨学十论》,商务印书馆1928年版。
陈转青:《墨家管理思想研究》,中国农业科学技术出版社2006年版。
崔清田:《墨家逻辑与亚里士多德逻辑比较研究》,人民出版社2004年版。

崔清田:《显学重光》,辽宁教育出版社1997年版。

邓高镜:《墨经新释》,商务印书馆1931年版。

杜国庠:《杜国庠文集》,人民出版社1962年版。

范耕研:《墨辩疏证》,商务印书馆1934年版。

方授楚:《墨学源流》,商务印书馆2015年版。

方孝博:《墨经中的数学和物理学》,中国社会科学出版社1983年版。

冯友兰:《中国哲学史》(全二册),中华书局1947年版。

冯友兰:《中国哲学史新编》(第一册),人民出版社1982年版。

冯友兰:《中国哲学史新编》(第二册),人民出版社1984年版。

冯友兰:《中国哲学史新编》(第四册),人民出版社1986年版。

高葆光:《墨学概论》,台北中华文化出版社事业委员会1956年版。

高亨:《墨经校诠》,科学出版社1958年版。

高秀昌译著:《墨子》,中州古籍出版社2008年版。

郭成智编著:《墨子鲁阳人考论》,黄山书社1999年版。

何宁:《淮南子集解》,中华书局1998年版。

侯外庐、赵纪彬、杜国庠:《中国思想通史》(第一、二、三卷),人民出版社1957年版。

胡怀琛:《墨子学辨》,民国十八年(1929)自印本,收入任继愈、李广星主编:《墨子大全》(第12册),北京图书馆出版社2002年版。

胡适:《先秦名学史》,学林出版社1983年版。

胡适:《中国哲学史大纲》,东方出版社1996年版。

胡子宗、李权兴:《墨子思想研究》,人民出版社2007年版。

黄蕉风主编:《非儒——该中国墨学登场了》,国际华文出版社2015年版。

黄世瑞:《墨家思想新探》,台北水牛出版社1993年版。

姜宝昌:《墨学与现代科技》,中国书店1997年版。

姜宝昌:《墨经训释》,齐鲁书社2009年版。

姜宝昌:《墨论训释》,齐鲁书社2016年版。

姜宝昌解读:《墨子·节选》,杨武金、常森审定,国家图书馆出版社2018年版。

蒋维乔:《墨子哲学》,民国十七年(1928)排印本,收入任继愈、李广星主编:《墨子大全》(第36册),北京图书馆出版社2004年版。

李广星:《墨学与当代教育》,中国书店1997年版。

李匡武主编:《中国逻辑史》(五卷本),甘肃人民出版社1989年版。

李匡武主编:《中国逻辑史史料选》(多卷本),甘肃人民出版社1991年版。

李龙生:《墨子读本》,台北三民书局1996年版。

李守信、邵长捷主编:《墨子公开课》,商务印书馆2018年版。

李贤中:《墨学——理论与方法》,台北扬智文化事业股份有限公司2003年版。

李贤中:《墨子》,香港中华书局有限公司2014年版。

李亚彬:《中国墨家》,中国人民大学出版社2019年版。

李渔叔:《墨辩新注》,台湾商务印书馆1968年版。

李渔叔:《墨子今注今译》,台湾商务印书馆1976年版。

梁启超:《墨经校释》,商务印书馆1922年版。

梁启超:《墨子学案》,商务印书馆1923年版。

梁启超:《先秦政治思想史》,东方出版社1996年版。

梁启超:《中国近三百年学术史》,东方出版社1996年版。

梁启超:《子墨子学说》,收入任继愈、李广星主编:《墨子大全》(第26册),北京图书馆出版社2004年版。

梁涛主编:《中国政治哲学史》(第一卷),中国人民大学出版社2017年版。

刘文忠、马玉梅、李永昶:《墨子译注》,台北建安出版社1997年版。

鲁大东:《墨辩新注》,中华书局1936年版。

陆世鸿:《墨子》,中华书局民国三十六年(1947)排印本,收入任继愈、李广星主编:《墨子大全》(第47册),北京图书馆出版社2004年版。

栾调甫:《墨学研究》,收入任继愈、李广星主编:《墨子大全》(第51册),北京图书馆出版社2004年版。

栾调甫:《墨子研究论文集》,人民出版社1957年版。

罗根泽:《诸子考索》,人民出版社1958年版。

罗根泽编著:《古史辨》(四),上海古籍出版社1982年版。

马腾:《墨家"兼爱"法思想的现代诠释》,高等教育出版社2017年版。

钱穆:《墨子惠施公孙龙》,九州出版社2011年版。

钱穆:《中国思想史》,九州出版社2011年版。

秦彦士:《墨子新论——一个独特的文化学派》,电子科技大学出版社1994年版。

秦彦士:《墨学的当代价值》,中国书店1997年版。

秦彦士:《墨子考论》,巴蜀书社2002年版。

任继愈:《墨子》,上海人民出版社 1956 年版。

任继愈:《墨子与墨家》,商务印书馆 1998 年版。

沈有鼎:《墨经的逻辑学》,中国社会科学出版社 1980 年版。

史墨卿:《墨学探微》,台湾学生书局 1976 年版。

舒大刚:《苦行与救世——墨子的智慧》,四川教育出版社 1996 年版。

水渭松:《墨子导读》,巴蜀书社 1991 年版。

孙广德:《墨子政治思想之研究》,台北中华书局 1952 年版。

孙思访:《墨学通论》,民国十六年(1927)排印本,收入任继愈、李广星主编:《墨子大全》(第 36 册),北京图书馆出版社 2004 年版。

孙长祥:《思维思想·语言·行动——现代学术视野中的墨辩》,台北文津出版社有限公司 2005 年版。

孙中原:《中国逻辑史》(先秦),中国人民大学出版社 1987 年版。

孙中原:《墨子及其后学》,新化出版社 1991 年版。

孙中原:《墨学通论》,辽宁教育出版社 1993 年版。

孙中原:《墨者的智慧:墨子说粹》,生活·读书·新知三联书店 1995 年版。

孙中原:《中国逻辑研究》,商务印书馆 2006 年版。

孙中原主编:《墨学与现代文化》,中国广播电视出版社 2007 年版。

孙中原:《墨子鉴赏辞典》,上海辞书出版社 2012 年版。

孙中原:《墨子解读》,中国人民大学出版社 2013 年版。

孙中原:《墨学七讲》,中国人民大学出版社 2014 年版。

孙中原:《中国逻辑学十讲》,中国人民大学出版社 2014 年版。

孙中原、吴进安、李贤中:《墨翟与〈墨子〉》,台北五南图书出版股份有限公司 2012 年版。

谭家健、孙中原:《墨子今注今译》,商务印书馆 2009 年版。

谭家健:《墨子研究》,贵州人民出版社 1996 年版。

谭戒甫:《墨辩发微》,中华书局 1964 年版。

谭戒甫编著:《墨经分类译注》,中华书局 1981 年版。

谭宇权:《墨子思想评论》,台北文津出版社有限公司 1991 年版。

汤智君:《先秦墨家学说研究》,台北文津出版社有限公司 2013 年版。

唐君毅:《中国哲学原论》(导论篇),中国社会科学出版社 2005 年版。

唐君毅:《中国哲学原论》(原道篇上册),中国社会科学出版社 2006 年版。

王冬珍:《墨学新探》,台北世界书局1980年版。

王冬珍:《墨子思想》,台北正中书局1987年版。

王寒生:《墨学新论》,台北民主宪政杂志出版社1953年版。

王宏:《墨家法律思想研究》,河北大学出版社2013年版。

王焕镳:《墨子校释》,浙江文艺出版社1984年版。

王焕镳:《墨子校释商兑》,中国社会科学出版社1986年版。

王焕镳:《墨子集诂》,上海古籍出版社2005年版。

王桐龄:《儒墨之异同》,民国十一年(1922)排印本,收入任继愈、李广星主编:《墨子大全》(第32册),北京图书馆出版社2004年版。

王维庭:《墨辩会诠》,天津古籍出版社2017年版。

王祥裕:《墨子的传说》,三环出版社1992年版。

王心湛:《墨子集解》,上海广益书局1936年版。

王新民:《墨家哲学新探》,民国三十二年(1943)福建协和大学中国文化研究会《文史丛刊》本,收入任继愈、李广星主编:《墨子大全》(第47册),北京图书馆出版社2004年版。

王讚源主编:《墨经正读》,上海科学技术文献出版社2011年版。

王兆春主编:《墨经汇释》,吉林大学出版社2016年版。

王治心:《墨子哲学》,民国二十四年(1935)南京怡和春阁印本,收入任继愈、李广星主编:《墨子大全》(第33册),北京图书馆出版社2004年版。

卫聚贤:《墨子为回教徒考》,1934年商务印书馆排印本,收入任继愈、李广星主编:《墨子大全》(第12册),北京图书馆出版社2002年版。

吴承烜:《墨翟考》,收入任继愈、李广星主编:《墨子大全》(第12册),北京图书馆出版社2002年版。

吴进安:《孔子之仁与墨子兼爱比较研究》,台北文史哲出版社1993年版。

吴进安:《墨家哲学》,台北五南图书出版股份有限公司2003年版。

吴晋生等:《墨学与当代政治》,中国书店997年版。

吴龙辉等:《墨子今注今译》,中国书店1992年版。

吴毓江:《墨子校注》,中华书局1993年版。

伍非百:《墨辩论文集》,墨子集成本,台北艺文出版社1977年版。

伍非百:《中国古名家言》,中国社会科学出版社1983年版。

伍非百:《墨子大义述》,民国二十四年(1935)新亚会排印本,收入任继愈、李广星主编:《墨子大全》(第27册),北京图书馆出版社2004年版。

夏景森:《墨子菁华》,上海教育出版社2001年版。

萧鲁阳:《中原墨学研究》,中州古籍出版社2001年版。

萧鲁阳:《墨子元典校理与方言研究》,西安地图出版社2003年版。

萧鲁阳:《行侠仗义说墨家》,湖北人民出版社2011年版。

谢湘:《墨子学说研究》,香港上海印书馆1967年版。

邢兆良:《墨子评传》,南京大学出版社1993年版。

徐希燕:《墨学研究:墨子学说的现代诠释》,商务印书馆2001年版。

薛保纶:《墨子的人生哲学》,台湾中华丛书编委会1976年版。

薛伯成:《墨家思想新探》,黑龙江人民出版社2007年版。

严灵峰:《墨子简编》,台湾商务印书馆1968年版,收入任继愈、李广星主编:《墨子大全》(第53册),北京图书馆出版社2004年版。

严灵峰:《墨子知见书目》,台北学生书局1969年版。

颜炳罡、彭战果:《孔墨哲学之比较》,人民出版社2012年版。

杨爱国:《墨学与当代经济》,中国书店1999年版。

杨建兵:《先秦平民阶层的道德理想——墨家伦理研究》,中国社会科学出版社2012年版。

杨俊光:《墨子新论》,江苏教育出版社1995年版。

杨俊光:《墨经研究》,南京大学出版社2002年版。

杨宽:《墨经哲学》,中华书局1947年版。

杨宽:《战国史》(增订本),上海人民出版社1998年版。

杨宽:《春秋史》,上海人民出版社1999年版。

杨沛荪主编:《中国逻辑思想史教程》,甘肃人民出版社1988年版。

杨荣国:《孔墨的思想》,上海生活书店1947年版。

杨武金:《墨经逻辑研究》,中国社会科学出版社2004年版。

杨向奎:《墨经数理研究》,山东大学出版社2000年版。

杨义:《墨子还原》,中华书局2011年版。

尹桐阳:《墨子新释》,北京图书馆出版社2003年版。

于省吾:《墨子新证》,民国二十七年(1938)排印本,收入任继愈、李广星主编:《墨子大全》(第44册),北京图书馆出版社2004年版。

袁占才主编:《墨子里籍在鲁山》,河南人民出版社 2017 年版。
詹剑峰:《墨家的形式逻辑》,湖北人民出版社 1979 年版。
詹剑峰:《墨家的哲学与科学》,人民出版社 1981 年版。
张斌峰编:《近代〈墨辩〉复兴之路》,山西教育出版社 1999 年版。
张纯一:《墨学分科》,上海定庐 1923 年版。
张纯一:《墨子集解》,上海世界书局 1936 年版。
张纯一:《墨子间诂笺》,知识产权出版社 2015 年版。
张仁明、卢凤鹏:《墨守辞典》,贵州人民出版社 2010 年版。
张晓芒:《先秦辩学法则史论》,中国人民大学出版社 1996 年版。
张晓芒:《先秦诸子的论辩思想与方法》,人民出版社 2011 年版。
张永义:《墨子:苦行与救世》,广东人民出版社 1996 年版。
张永义:《墨子与中国文化》,贵州人民出版社 2001 年版。
张知寒等:《墨子里籍考论》,山东人民出版社 1996 年版。
郑杰文:《二十世纪墨学研究史》,清华大学出版社 2002 年版。
郑杰文:《中国墨学通史》,人民出版社 2006 年版。
中国逻辑史研究会资料编选组:《中国逻辑史资料选》(多卷本),甘肃人民出版社 1991 年版。
钟友联:《墨家的哲学方法》,台北东大图书馆公司 1976 年版。
周才珠、齐瑞端:《墨子全译》,贵州人民出版社 1995 年版。
周富美编:《救世的苦行者——墨子》,台北时报文化出版事业公司 1981 年版。
周云之:《墨经校注·今译·研究》,甘肃人民出版社 1993 年版。
周长耀:《墨子思想之比较》,台湾商务印书馆 1979 年版。
朱志凯:《墨经中的逻辑学说》,四川人民出版社 1988 年版。
〔美〕本杰明·史华兹:《古代中国的思想世界》,程钢译,江苏人民出版社 2008 年版。
〔美〕陈汉生:《中国古代的语言和逻辑》,周云之、张清宇、崔清田译,社会科学文献出版社 1998 年版。
〔美〕李绍崑:《墨子研究》,台北现代学苑月刊社 1968 年版。
〔美〕李绍崑:《墨子:伟大的教育家》,湖南教育出版社 1985 年版。
〔美〕李绍崑:《墨子十讲》,台北水牛出版社 1990 年版。
〔美〕牟复礼:《中国思想之渊源》,王立刚译,北京大学出版社 2009 年版。

〔英〕葛瑞汉:《论道者:中国古代哲学论辩》,张海晏译,中国社会科学出版社 2013 年版。

〔英〕李约瑟:《中国科学技术史》(第一卷总论、第一册、第二册),科学出版社 1975 年版。

〔英〕李约瑟:《中国科学技术史》(第三卷数学),《中国科学技术史》翻译小组译,科学出版社 1978 年版。

〔英〕李约瑟:《中国科学技术史》(第二卷科学思想史),科学出版社、上海古籍出版社 1990 年版。

〔英〕李约瑟:《中国古代科学思想史》,陈立夫主译,江西人民出版社 1990 年版。

〔英〕李约瑟:《中国科学文明史》,〔英〕柯林·罗南改编,上海人民出版社 2014 年版。

A. C. Graham, *Later Mohist Logics, Ethics and Science*, Hong Kong: The Chinese University Press, 1978.

Chad Hansen, *Language and Logic in Ancient China*, Ann Arbor: The University of Michigan Press, 1983.

Christoph Harbsmeier, *Language and Logic*, in Joseph Needham (ed.): *Science and Civilization in China*, Part 1, Vol. 7, Cambridge: Cambridge University Press, 1998.

Fenrong Liu and Jeremy Seligman (ed.), *History of Logic in China: 5 Questions*, Automatic Press, 2015.

Ian Johnston (trans.), *The Mozi: A Complete Translation*, Hong Kong: The Chinese University Press, 2010.

二、论文类

安继民:《墨学衰微原因初探》,《墨学与现代社会》,大象出版社 2005 年版。

白奚:《墨学中绝与中国传统文化的走向》,《哲学研究》1996 年第 12 期。

毕明良:《墨子"义"概念探析——从儒墨义利之辨的角度审视》,《江淮论坛》2016 年第 1 期。

蔡尚思:《大同主义与墨家》,《文汇报》1949 年 11 月 15 日。

蔡尚思:《今后值得弘扬的墨学》,《墨子研究论丛》(三),山东大学出版社 1995 年版。

蔡尚思:《墨子十大宗旨的主次问题》,《墨子研究论丛》(四),齐鲁书社1998年版。
曹峰:《出土文献所见与墨家相关资料》,《墨子研究论丛》(八),齐鲁书社2009年版。
曹三聆:《略论"墨经"中关于同一的逻辑思想》,《哲学研究》1981年第2期。
柴文华:《略论20世纪上半叶胡适和冯友兰墨学观的契合点》,《哲学研究》2012年第9期。
陈朝晖:《论墨学的现代价值》,《墨子研究论丛》(三),山东大学出版社1995年版。
陈道德:《墨家"兼相爱、交相利"伦理原则的现代价值》,《哲学研究》2004年第11期。
陈道德:《兼爱与博爱》,《职大学报》2007年第3期。
陈鼓应:《墨家的社会思想》,《中国哲学史研究》1982年第4期。
陈癸淼:《〈墨辩·小取〉篇校释》,《鹅湖》1977年第2卷第7期。
陈克守:《墨辩、因明与亚里士多德的归纳逻辑比较》,《齐鲁学刊》1989年第6期。
陈克守:《墨家的逻辑反驳》,《墨子研究论丛》(四),齐鲁书社1998年版。
陈孟麟:《荀况逻辑思想对"墨辩"的发展及其局限》,《中国社会科学》1989年第6期。
陈孟麟:《"墨辩"逻辑学的特点及其历史命运》,《中国社会科学》1991年第5期。
陈孟麟:《〈墨子〉在哲学社会科学领域对墨子思想的突破》,《山东师大学报》(社会科学版)1992年第6期。
陈孟麟:《关于"墨辩"的作者问题:和台湾师大李渔叔教授商榷》,《山东师大学报》(社会科学版)1996年第1期。
陈民镇:《清华简〈治邦之道〉墨家佚书说献疑》,《陕西师范大学学报》(哲学社会科学版)2019年第5期。
陈奇猷:《墨子的科学——力学与光学》,《中华文史论丛》1963年第4期。
陈乔见:《正义、功利与逻辑:墨家非攻的理由及其战争论理》,《哲学研究》2019年第3期。
陈绍文:《论墨翟的经济思想》,《经济研究》1978年第6期。
陈宪猷:《墨子世界观略论》,《华南师范大学学报》1986年第4期。
陈炎:《墨家与儒、道之间的网络联系》,《墨子研究论丛》(三),山东大学出版社1995年版。
陈正炎:《关于墨家的经济思想》,《学术月刊》1962年第12期。

陈转青:《墨家精神的现代诠释》,《中华文化论坛》2006 年第 4 期。

褚丽娟:《追问"上帝"之爱:评墨子与耶稣"对话"史》,《基督教文化学刊》2017 年春第 37 辑。

崔清田:《关于认识"墨辩"逻辑的几个问题》,《中国逻辑史研究》1983 年第 4 期。

崔清田:《墨家辩学研究的回顾与思考》,《南开学报》1995 年第 1 期。

崔清田:《墨子学说的体系与核心》,《墨子研究论丛》(五),齐鲁书社 2001 年版。

党天正:《善设机巧　请君入瓮——浅议〈墨子〉〈孟子〉的论辩艺术》,《新疆石油教育学院学报》1992 年第 2 期。

丁四新:《论〈墨子·墨语〉墨家后学之鬼神观》,《安徽大学学报》(哲学社会科学版)2011 年第 2 期。

丁为祥:《墨家兼爱观的演变》,《陕西师范大学学报》(哲学社会科学版)1999 年第 4 期。

董志铁:《沈有鼎〈墨经〉研究特色》,《摹物求比——沈有鼎及其治学之路》,社会科学文献出版社 2000 年版。

董志铁:《墨子的政治哲学思想及其现代启示》,《墨子研究论丛》(十),齐鲁书社 2013 年版。

杜国庠:《关于墨辩的若干考察》,《先秦诸子的若干研究》,生活·读书·新知三联书店 1955 年版。

杜国庠:《该怎样看待墨家逻辑》,《哲学研究》1958 年第 8 期;《中国逻辑思想论文选》(1949—1979),生活·读书·新知三联书店 1981 年版。

杜守素:《事物、认识与表达——墨家认识论的片断》,《理论与实践》1958 年第 1 期。

方孝博:《"墨经"中的时空概念和光学理论》,《兰州大学学报》(自然科学版)1957 年第 1 期。

付连奎:《墨经逻辑研究的科学视野》,《职大学报》2008 年第 3 期。

盖立涛:《墨家鬼神观新论》,《世界宗教研究》2017 年第 3 期。

高亨:《墨经中一个逻辑规律——"同异交得"》,《山东大学学报》1954 年第 4 期;《高亨文存》,江苏人民出版社 2018 年版。

高建立:《墨子尚同说的专制性特征解析——兼及尚同说对韩非君主专制思想的影响》,《墨学与现代社会》,大象出版社 2005 年版。

高深:《神本主义对专制和民本的超越——墨家"尚同"说评议》,《职大学报》2014 年第 6 期。

高秀昌:《宗教为政治奠基——墨子政治学说研究之一》,《墨学与现代社会》,大象出版社 2005 年版。

顾颉刚:《禅让传说起于墨家考》,《古史辨》(第七册),上海古籍出版社 1982 年版。

郭齐勇:《墨家道德哲学探讨》,《墨子研究论丛》(四),齐鲁书社 1998 年版。

郭齐勇:《儒墨两家之"孝"、"丧"与"爱"的区别和争论》,《哲学研究》2010 年第 1 期。

郭智勇:《"尚同"与"尚贤":墨子政治和合的伦理路径探析》,《东南大学学报》(哲学社会科学版)2014 年第 1 期。

韩连琪:《论墨子的阶级立场及其"兼爱""非攻"思想》,《东岳论丛》1985 年第 2 期。

郝长墀:《墨子是功利主义者吗?——论墨家伦理思想的现代意义》,《中国哲学史》2005 年第 1 期。

何琳仪:《信阳竹书与〈墨子〉佚文》,《安徽大学学报》(哲学社会科学版)2001 年第 1 期。

何新宇:《墨家逻辑的道义取向》,《职大学报》2018 年第 6 期。

何新宇:《墨家逻辑的道义性及其价值》,《职大学报》2019 年第 3 期。

洪震寰:《"墨经"中的物理》,《物理通报》1958 年第 2 期。

洪震寰:《"墨经"光学八条黌说》,《科学史集刊》1962 年第 4 期。

洪震寰:《"墨经"力学综述》,《科学史集刊》1964 年第 7 期。

黄人二:《上博藏简第五册鬼神之明与〈墨子·明鬼〉——兼论竹简墓主的学派问题》,《诸子学刊》(第二辑),上海古籍出版社 2009 年版。

黄世瑞:《墨学衰微原因刍议》,《学术月刊》1990 年第 2 期。

黄世瑞:《墨子后学考辨》,《华南师范大学学报》(社会科学版)1993 年第 3 期。

黄伟合:《墨子的义利观》,《中国社会科学》1985 年第 3 期。

慧超:《试论墨子和〈周易〉的节俭思想》,《墨学与现代社会》,大象出版社 2005 年版。

江庆柏:《"睡简"〈为吏之道〉与墨学》,《陕西师范大学学报》(哲学社会科学版)1983 年第 4 期。

姜宝昌:《墨家的时空观和运动论》,《墨子研究论丛》(五),齐鲁书社 2001 年版。

解成:《墨子兼爱思想对当代人类学的意义》,《墨子研究论丛》(三),山东大学出版社 1995 年版。

解启扬、徐朝晖、付英娜:《章太炎的墨学研究》,《中国哲学史》2005 年第 1 期。

金春峰:《也谈墨辩沉沦的原因:与包遵信同志对话》,《读书》1986年第6期。

金秋鹏:《墨子科学思想探讨》,《自然科学史研究》1984年第2期。

金小方:《墨家尚贤思想的理论体系及当代价值》,《中华文化与传播研究》(第3辑)2018年第1期。

孔祥安:《墨子的忠观念——兼论与孔子的不同》,《学术探索》2019年第4期。

李承律:《上博楚简〈鬼神之明〉鬼神论与墨家世界观研究》,《文史哲》2011年第2期。

李春泰、陶泉禄:《论墨子与亚里斯多德时空观念的差别与意义》,《自然辩证法研究》1995年第8期。

李广星:《孙中山与墨子》,《职大学报》2016年第6期。

李广星:《墨子与职业教育》,《职大学报》2018年第3期。

李景春:《〈墨经〉辩论术的一个问题——兼与谭戒甫、高亨先生商榷》,《哲学研究》1958年第8期;《中国逻辑思想论文选》(1949—1979),生活·读书·新知三联书店1981年版。

李景林:《孟子的"辟杨墨"与儒家仁爱观念的理论内涵》,《哲学研究》2009年第2期。

李匡武:《墨家论"辟、侔、援、推"》,《理论与实践》1958年第7期。

李匡武:《墨家的辩学》,《中国逻辑思想论文选》(1949—1979),生活·读书·新知三联书店1981年版。

李世繁:《谈谈〈墨辩〉关于辩的理论》,《光明日报》1964年2月28日、3月8日;《中国逻辑思想论文选》(1949—1979),生活·读书·新知三联书店1981年版。

李世繁:《试述"墨辩"中若干范畴的理论》,《哲学研究》1981年第9期。

李先焜:《"墨经"中的符号学思想》,《湖北大学学报》(哲学社会科学版)1996年第3期。

李贤中:《墨子思想的基本结构与扩展》,《墨子研究论丛》(五),齐鲁书社2001年版。

李贤中:《〈墨辩〉思维方法探析》,《墨子研究论丛》(六),北京图书馆出版社2004年版。

李贤中:《墨子"兼爱"思想之伦理学建构》,《职大学报》2004年第1期。

李贤中:《墨学论用》,《墨学与现代社会》,大象出版社2005年版。

李贤中:《墨学的理想与实现》,《职大学报》2006年第3期。

李贤中:《兼爱与利害》,《墨子研究论丛》(八),齐鲁书社2009年版。
李贤中:《从"志""功"关系看儒、墨两家的理想与实践》,《职大学报》2010年9月第3期。
李贤中:《墨学与现代伦理思想之比较》,《职大学报》2011年第6期。
李贤中:《墨家的天人关系》,《哲学与文化》(月刊)2012年第4期。
李贤中:《以古鉴今——论墨学的现代转化》,《职大学报》2016年第6期;《墨子研究论丛》(十二),齐鲁书社2017年版。
李贤中:《〈战国纵横家书〉之苏秦与墨家说服性推理方法之比较》,《职大学报》2019年第3期。
李学勤:《长台关竹简中的〈墨子〉佚篇》,《简帛佚籍与学术史》,江西教育出版社2001年版。
李永铭:《墨子的环境观》,《职大学报》2004年第1期。
李永铭:《墨子环境思想的现代意义》,《墨学与现代社会》,大象出版社2005年版。
李渔叔:《从理则学看"墨经"》,《理则汇刊》1964年第8期。
李泽厚:《墨子论稿》,《学习与思考》1984年第5期。
李哲夫等:《墨子的"尚贤"观及其影响》,《学术研究》1982年第1期。
李哲贤:《论墨家名学之本质及其反思》,《职大学报》2011年第6期。
连艺博:《墨子兼爱本义析》,《职大学报》2018年第5期。
刘成群:《清华简与墨学管窥》,《清华大学学报》(哲学社会科学版)2017年第3期。
刘刚:《对等互报:墨子兼爱伦理的价值准则与现代意义》,《职大学报》2012年4月第2期。
刘刚:《墨家兼爱原则与韦伯"邻人共同体"》,《职大学报》2009年第3期。
刘焕云:《全球化时代墨子思想与中华民族之和谐发展》,《职大学报》2011年第5期。
刘节:《墨子的"兼爱"和实利思想》,《学术研究》1963年第1期。
刘清平:《墨子"正义"理念的现代意义》,《江苏行政学院学报》2016年第1期。
刘书刚:《墨家"用夏政"说辨析》,《安阳师范学院学报》2019年第1期。
刘蔚华:《后期墨家的朴素辩证法思想》,《东岳论丛》1980年第4期。
刘蔚华:《墨子是河南鲁山人——兼论东鲁与西鲁的关系》,《中州学刊》1982年第4期。
卢枫:《墨子"非命"论新议》,《孔子研究》1986年第4期。

罗检秋:《近代墨学与西学》,《中州学刊》1991年第3期。

骆风和:《墨家"杀盗非杀人"的命题是否偷换了概念》,《光明日报》1964年1月24日;《中国逻辑思想论文选》(1949—1979),生活·读书·新知三联书店1981年版。

马腾:《墨家"兼爱"思想的法权利观阐释》,《中山大学学报》(社会科学版)2001年第2期。

马腾:《论清华简〈治邦之道〉与墨家思想》,《厦门大学学报》(哲学社会科学版)2019年第5期。

马兴煜:《墨翟的非命思想与宗教迷信的矛盾》,《学术论坛》1981年第6期。

马越:《节用与非乐:〈墨子〉平均主义思想研究》,《职大学报》2019年第6期。

梅荣照:《"墨经"中关于"端"的概念》,《哲学研究》1984年第9期。

蒙培元:《墨、荀心性论的性质及其比较》,《中国哲学史研究》1989年第2期。

孟祥才:《墨子思想与中国传统政治文化》,《山东大学学报》(哲学社会科学版)1995年第2期。

莫绍揆:《〈墨子·小取〉篇的逻辑体系》,《数理逻辑初步》,上海人民出版社1977年版;《中国逻辑思想论文选》(1949—1979),生活·读书·新知三联书店1981年版。

牟钟鉴:《试论后期墨家的逻辑学》,《东岳论丛》1980年第3期。

倪正茂:《墨家法哲学对儒家法哲学的抗争》,《社会科学》1997年第1期。

聂长建:《论墨子经济思想的现代性质》,《墨学与现代社会》,大象出版社2005年版。

庞朴:《"墨经"的辩证思想》,《山东大学学报》(历史版)1963年第3期。

彭邦本:《儒墨举贤禅让观平议——读〈郭店楚墓竹简〉》,《四川大学学报》(哲学社会科学版)2000年第5期。

齐瑞端:《墨子思想与现代经营管理》,《职大学报》2006年第1期。

齐瑞端:《弘扬墨子精神——促进现代营销持续发展》(上),《职大学报》2014年第6期。

齐瑞端:《弘扬墨子精神——促进现代营销持续发展》(下),《职大学报》2017年第3期。

钱宝琮:《"墨经"力学今释》,《科学史集刊》1965年第8期。

钱临照:《论"墨经"中关于形学、力学和光学的知识》,《科学通报》1951年第2卷第

8 期。

钱爽:《〈墨子〉"天—君—民"互系性通约论应用》,《职大学报》2006 年第 6 期。

秦彦士:《略论〈墨经〉与中国自然科学》,《墨子研究论丛》(三),山东大学出版社 1995 年版。

秦彦士:《"别墨"新论——兼评墨家的政治观》,《墨子研究论丛》(四),齐鲁书社 1998 年版。

秦彦士:《墨家节用思想源流及其现代启示》,《墨子研究论丛》(十一),齐鲁书社 2016 年版。

邱建硕:《从墨子"三表法"看〈墨辩〉逻辑》,《职大学报》2008 年第 1 期。

邱建硕:《从"侔"式推论考察墨辩逻辑的有效性意义》,《哲学与文化》2010 年第 8 期。

邱建硕:《墨家思想中的"权"》,《职大学报》2012 年第 2 期。

屈志清:《论"墨经"中的逻辑问题》,《中国哲学史研究》1982 年第 1 期。

任继愈:《墨学研究大有可为》,《墨子研究论丛》(四),齐鲁书社 1998 年版。

邵显侠:《论墨家的非攻论与兼爱说——一种全球伦理的视角》,《伦理学研究》2015 年第 1 期。

邵彦平:《墨子"节葬"观的现代思考》,《墨子研究论丛》(十),齐鲁书社 2013 年版。

沈有鼎:《"墨经"中有关原始诡辩学的一个材料》,《社会科学战线》1984 年第 2 期。

沈有鼎:《〈墨经〉关于"辩"的思想》,《中国逻辑思想论文选》(1949—1979),生活·读书·新知三联书店 1981 年版。

史墨卿:《墨子的十大发明与发现》,《职大学报》2005 年第 3 期;《墨子研究论丛》(七),北京图书馆出版社 2006 年版。

史墨卿:《墨子和平济世之精神》,《墨子研究论丛》(六),北京图书馆出版社 2004 年版。

史墨卿:《儒墨教育原则论》,《墨子研究论丛》(四),齐鲁书社 1998 年版。

孙金森:《从墨辩逻辑的特点看它的历史命运》,《贵州社会科学》1988 年第 10 期。

孙君恒:《墨子的经济伦理》,《墨子研究论丛》(五),齐鲁书社 2001 年版。

孙君恒:《墨学精神与当代社会的契合》,《墨学与现代社会》,大象出版社 2005 年版。

孙君恒:《当代经济伦理学的墨子根源》,《职大学报》2007 年第 3 期。

孙雅芬:《墨子、韩非思想之比较》,《社会科学家》2009 年第 1 期。

孙以楷、夏当英:《墨子务实观析议》,《墨子研究论丛》(四),齐鲁书社 1998 年版。

孙长祥:《〈墨子〉非攻思想的理论基础》,《墨子研究论丛》(六),北京图书馆出版社 2004 年版。

孙长祥:《当前墨学议题研究的反思》,《职大学报》2011 年第 5 期。

孙长祥:《墨家思想研究的反思》,《职大学报》2015 年第 5 期。

孙长祥:《墨学与墨辩理念意涵的再分辨——从道技观点的反思》,《墨子研究论丛》(十二),齐鲁书社 2017 年版。

孙长祥:《墨家的实践认识论问题——墨学与墨辩的再反思》,《职大学报》2019 年第 3 期。

孙中原:《墨家杀盗非杀人的命题不是诡辩》,《光明日报》1963 年 11 月 1 日;《中国逻辑思想论文选》,人民出版社 1981 年版。

孙中原:《墨家的一种反驳方式——止》,《光明日报》1964 年 2 月 21 日;《中国逻辑思想论文选》,人民出版社 1981 年版。

孙中原:《略论〈墨经〉中关于同和异的辩证思维》,《社会科学》1981 年第 4 期。

孙中原:《论墨家逻辑范畴的演进》,《求是学刊》1983 年第 3 期。

孙中原:《墨家逻辑中的归纳问题》,《哲学研究》1983 年第 8 期。

孙中原:《〈墨经〉论时间的模态》,《逻辑与语言学习》1985 年第 6 期。

孙中原:《略论墨子学派的归纳逻辑思想》,载北京市逻辑学会编:《归纳逻辑》,中国人民大学出版社 1986 年版。

孙中原:《墨子的逻辑思想》,《中国大百科全书》(哲学卷),中国大百科全书出版社 1987 年版。

孙中原:《后期墨家的逻辑思想》,《中国大百科全书》(哲学卷),中国大百科全书出版社 1987 年版。

孙中原:《墨翟的谈辩方法》,载杨沛荪主编:《中国逻辑思想史教程》,甘肃人民出版社 1988 年版。

孙中原:《先秦逻辑思想的奠基——墨子的逻辑思想》,载李匡武主编:《中国逻辑史》(先秦卷),甘肃人民出版社 1989 年版。

孙中原:《墨经的逻辑成就》,《中国人民大学学报》1990 年第 3 期。

孙中原:《论四百年来的墨学研究》,《墨子研究论丛》(二),山东大学出版社 1993 年版。

孙中原:《胡适与墨家逻辑》,《自然辩证法研究》1998 年增刊。

孙中原:《论墨家逻辑》,《哲学研究》1998 年增刊。

孙中原:《论墨经的辩证思维方式及其应用》,《辩证逻辑研究》,云南大学出版社 1998 年版。

孙中原:《墨家论思维形式及其规律》,《中国国学杂志》1998 年第 26 期。

孙中原:《墨经哲学:传统文化的优秀典型》,《中国人民大学学报》1999 年第 3 期。

孙中原:《百家争鸣的一种有效工具——论墨家的矛盾律和归谬类比》,《中国文化研究》1999 年夏之卷。

孙中原:《论墨家的人文与科学精神》,《哲学杂志》1999 年第 28 期。

孙中原:《墨家逻辑是求是工具》,《自然辩证法研究》2000 年增刊。

孙中原:《墨家逻辑研究的回顾和展望》,《武汉科技大学学报》(社会科学版)2000 年第 6 期;《墨子研究论丛》(五),齐鲁书社 2001 年版。

孙中原:《荀墨逻辑比较》,《纪念孔子诞辰 2550 周年国际学术讨论会论文集》,国际文化出版公司 2000 年版。

孙中原:《墨家逻辑的新生——论沈有鼎墨经逻辑研究的成就、方法和意义》,《摹物求比——沈有鼎及其治学之路》,社会科学文献出版社 2000 年版。

孙中原:《墨家逻辑的产生和作用》,载北京市逻辑学会:《逻辑素质创新》,海洋出版社 2001 年版。

孙中原:《墨家和荀子逻辑比较研究》,《广西师院学报》2001 年第 2 期。

孙中原:《墨家逻辑的性质》,《中国人民大学学报》2001 年第 2 期。

孙中原:《沈有鼎的墨家逻辑研究》,《哲学研究》2001 年第 3 期。

孙中原:《〈墨经〉的本体论诠释哲学》,《南通师范学院学报》2001 年第 4 期。

孙中原:《墨家逻辑的现代研究》,《中国文化研究》2001 年秋之卷。

孙中原:《墨荀逻辑的同异与教训》,《哲学与文化》(月刊)2001 年第 10 期。

孙中原:《〈墨经〉哲学的价值》,《中州学刊》2002 年第 1 期。

孙中原:《墨家逻辑产生与作用机理探析》,《信阳师范学院学报》2002 年第 1 期。

孙中原:《弘扬〈墨经〉的科学精神》,《职大学报》2002 年第 3 期。

孙中原:《〈墨经〉的逻辑与认知范畴钩玄》,《船山学刊》2002 年第 4 期。

孙中原:《物知言行:〈墨经〉的本体论诠释哲学》,《本体诠释学》(第 2 辑),北京大学出版社 2002 年版。

孙中原:《〈墨经〉的逻辑与认知范畴》,《中山大学学报》(社会科学版)2003 年第 43 卷增刊。

孙中原:《论〈墨经〉哲学在21世纪的积极价值》,《21世纪中国哲学走向》(第12届国际中国哲学大会论文集之一),商务印书馆2003年版。

孙中原:《述评——沈有鼎〈墨经的逻辑学〉》,《哲学与文化》(月刊)2003年第30卷第12期,《中国逻辑》专号主题论述。

孙中原:《〈墨经〉科学精神的现代价值》,《墨子研究论丛》(七),北京图书馆出版社2006年版。

孙中原:《墨学现代化、新墨学和元墨学》,《哲学研究》2006年第1期。

孙中原:《论墨学的人文内涵》,《职大学报》2008年第1期。

孙中原:《劳动者的圣人——墨子》,《职大学报》2009年第1期。

孙中原:《论墨学精华》,《职大学报》2010年第1期。

孙中原:《古今转型、中西合璧——墨学研究的持续发展和比较研究》,《职大学报》2011年第4期。

孙中原:《〈墨子〉构成和研究方法》,《职大学报》2014年第3期。

孙中原:《墨学研究与科学方法论》,《墨子研究论丛》(十一),齐鲁书社2016年版。

孙中原:《创转创发和转型——墨学研究的理想期待》,《墨子研究论丛》(十二),齐鲁书社2017年版。

孙中原:《儒与墨,一个常新的话题》,《光明日报》2019年10月12日。

孙卓彩:《墨学的文化特色和当代文化价值》,《理论学刊》2006年第6期。

谭风雷:《对墨子"天志"思想的剖析》,《世界宗教研究》1983年第4期。

谭家健:《墨家语录研究》,《墨子研究论丛》(四),齐鲁书社1998年版。

汤一介:《对墨子哲学思想的一点看法》,《文汇报》(上海)1962年7月31日。

田宝祥:《从"十论"到"墨辩"——先秦墨学的思想转向及其学术史意义》,《中国哲学史》2019年第1期。

田立刚:《墨辩思维形式学说的发展》,《南开学报》(哲社版)1985年第4期。

童书业:《墨子思想研究》,《历史论丛》(第1期),齐鲁书社1980年版。

王冬珍:《墨子"兼爱"说新探》,《教学与研究》1979年第1期。

王冬珍:《墨子思想渊源与时代背景》,《国文学报》1979年第8期。

王寒生:《墨子的宗教思想》,《中国哲学史论集》1958年第1期。

王继学:《民国新儒家的墨学观》,《大连理工大学学报》(社会科学版)2015年第2期。

王兴国:《墨学研究之回顾、反省与再诂》,《华东师范大学学报》(哲学社会科学版) 2008 年第 2 期。

王与田:《从〈周易〉逻辑到墨辩逻辑——应重视〈周易〉在逻辑史和中国古代逻辑源流中的地位》,《摹物求比——沈有鼎及其治学之路》,社会科学文献出版社 2000 年版。

王讃源:《贵义、兼爱与企业最高目标》,《墨子研究论丛》(三),山东大学出版社 1995 年版。

王讃源:《兼爱经济学》,《墨子研究论丛》(四),齐鲁书社 1998 年版。

王讃源:《墨子思想与现代市场经济》,《墨子研究论丛》(五),齐鲁书社 2001 年版。

王讃源:《兼爱促进人类和平共荣》,《墨子研究论丛》(六),北京图书馆出版社 2004 年版。

王讃源:《墨经与现代货币理论》,《墨学与现代社会》,大象出版社 2005 年版。

王讃源:《墨子的认知心态》,《职大学报》2005 年第 1 期;《墨子研究论丛》(七),北京图书馆出版社 2006 年版。

王讃源:《再论墨学的兼爱思想》,《职大学报》2007 年第 1 期。

王讃源:《墨子思想是到和谐社会之路》,《墨子研究论丛》(八),齐鲁书社 2009 年版。

魏义霞:《殊途而同归:墨子与韩非子哲学的比较研究》,《齐鲁学刊》1997 年第 3 期。

温公颐:《墨辩逻辑的概念论》,《温公颐文集》,山西高校联合出版社 1996 年版。

温公颐:《墨辩逻辑的判断论》,《温公颐文集》,山西高校联合出版社 1996 年版。

温公颐:《墨辩逻辑总纲》,《温公颐文集》,山西高校联合出版社 1996 年版。

温公颐:《墨子的逻辑思想》,《温公颐文集》,山西高校联合出版社 1996 年版。

温永强:《浅谈墨子节用消费观与奢侈消费问题》,《墨学与现代社会》,大象出版社 2005 年版。

吴进安:《墨子政治哲学的政道与治术》,《哲学与文化》(月刊)1999 年第 11 期。

吴进安:《墨子尚贤思想与管理哲学研究》,《墨子研究论丛》(六),北京图书馆出版社 2004 年版。

吴进安:《墨子"法"观念与当代群体伦理关系之探讨》,《职大学报》2007 年第 3 期。

吴进安:《儒墨相非问题析论》,《职大学报》2011 年第 6 期。

吴进安:《墨子社会正义观探析》,《职大学报》2017 年第 6 期。

吴劲雄:《郭店简〈语丛四〉"窃钩诛,窃邦侯"与〈墨子〉之渊源关系》,《湖南大学学报》(社会科学版)2013年第5期。

吴默闻:《墨子对礼乐传统的反思——兼论儒墨对礼乐态度的异同》,《辽宁师范大学学报》(社会科学版)2012年第6期。

吴晓欣:《墨家的"节葬"与"明鬼"矛盾吗?——论王充对墨家的批评》,《职大学报》2016年第3期。

吴怡:《墨子的天志思想》,《现代政治》1959年第5卷第3期。

吴怡:《墨子的兼爱思想》,《宪政论坛》1959年第5卷第9期。

吴志雄:《中国传统文化对逻辑的兼容与拒斥》,《哲学研究》1998年增刊。

萧宏恩:《墨子的"兼爱"于当代医护伦理中的实践》,《墨学与现代社会》,大象出版社2005年版。

萧宏恩:《墨学对当代医学的价值》,《职大学报》2011年第5期。

萧宏恩:《墨家生死观于当今医疗场域生死关之反思》,《职大学报》2017年第3期。

萧宏恩:《墨学在当代医学》,《职大学报》2019年第6期。

熊贤品:《清华简〈系年〉与墨子行年问题试论》,《管子学刊》2015年第1期。

徐克明:《"墨经"中的元素和原子概念》,《物理通报》1960年第6期。

徐克明:《墨家物理学成就述评》,《物理》1976年第5卷第14期。

薛保纶:《墨子"三表法"的立法精神》,《墨子研究论丛》(三),山东大学出版社1995年版。

薛伯成:《郭店楚简〈唐虞之道〉与墨家思想》,《吉林师范大学学报》(人文社会科学版)2006年第2期。

薛伯成:《鲁迅的墨学观》,《社会科学战线》2009年第8期。

薛伯成:《关于"儒墨互补"问题研究的几点认识》,《墨子研究论丛》(十),齐鲁书社2013年版。

薛伯成:《墨家经济伦理思想及其当代启示》,《墨子研究论丛》(十一),齐鲁书社2016年版。

颜炳罡:《对立、互补、创新——从儒墨学术差异看墨学在中国文化重建中的独特作用》,《墨子研究论丛》(三),山东大学出版社1995年版。

颜炳罡:《正义何以保证?——从孔子、墨子、孟子、荀子谈起》,《孔子研究》2011年第1期。

颜道岸:《谈墨子在科学上的杰出贡献》,《墨子研究论丛》,山东大学出版社1991年版。

颜道岸:《再论墨家学派在科学上的贡献》,《墨子研究论丛》(二),山东大学出版社1993年版。

杨凤麟:《简述墨翟二元论的哲学思想》,《辽宁大学学报》(哲学社会科学版)1982年第6期。

杨鹤皋:《墨子法律思想述评》,《法学》1984年第11期。

杨建兵:《比较视阈中的墨家德性伦理思想与亚里士多德德性伦理学》,《深圳大学学报》(人文社会科学版)2013年第6期。

杨建兵:《先秦墨家眼中的人性图景》,《中州学刊》2014年第5期。

杨宽:《后期墨家的世界观及其与名家的争论》,《文史》1962年第1辑。

杨灵芝:《墨家的"法"思想及其意义》,《职大学报》2015年第5期。

杨沛荪:《墨家论辩——读墨札记》,《中山大学学报》(社会科学版)1962年第1期;《中国逻辑思想论文选》(1949—1979),生活·读书·新知三联书店1981年版。

杨沛荪:《墨家论证学说述略——读墨札记之二》,《中山大学学报》(社会科学版)1963年第3期;《中国逻辑思想论文选》(1949—1979),生活·读书·新知三联书店1981年版。

杨沛荪:《墨家思维形式学说概要——读墨札记之三》,《中山大学学报》(社会科学版)1964年第1期;《中国逻辑思想论文选》(1949—1979),生活·读书·新知三联书店1981年版。

杨武金、贺海峰:《墨家"三物逻辑"及其在〈伤寒论〉中的应用》,《职大学报》2010年第1期。

杨武金、刘婷婷:《墨家兼爱思想及其可行性的逻辑分析》,《墨子研究论丛》(十),齐鲁书社2013年版;《哲学家2012》,人民出版社2013年版;《职大学报》2012年第5期。

杨武金、张万强:《墨家辩学中的"真"观念辨析》,《中州学刊》2015年第6期。

杨武金、尹嘉:《墨家逻辑与批判性思维》,《山西科技报》2022年1月20日。

杨武金:《沈有鼎与墨家逻辑》,《自然辩证法研究》(增刊)1998年。

杨武金:《墨家哲学与当代哲学》,《墨子研究论丛》(四),齐鲁书社1998年版。

杨武金:《论用现代逻辑研究墨家逻辑》,载中国逻辑学会:《逻辑研究论文集》,西南师范大学出版社2001年版。

杨武金:《论〈墨经〉逻辑的历史意义和现代价值》,《哲学动态》2001年增刊。

杨武金:《论百年来墨家逻辑研究的方法》,《墨子研究论丛》(五),齐鲁书社 2001 年版。

杨武金:《从现代逻辑的语言层次观看〈墨经〉逻辑》,《广西师院学报》2002 年第 2 期。

杨武金:《论〈墨经〉逻辑的比较研究法》,《墨子研究论丛》(六),北京图书馆出版社 2004 年版。

杨武金:《论墨家的对象逻辑和元逻辑》,《哲学家 2006》,人民出版社 2006 年版。

杨武金:《论从三个层次研究墨家逻辑》,《安徽大学学报》(哲学社会科学版) 2006 年第 4 期;《墨子研究论丛》(七),北京图书馆出版社 2006 年版。

杨武金:《论梁启超、胡适、沈有鼎对墨家逻辑的开拓性研究》,《贵州师范大学学报》(社会科学版) 2006 年第 1 期。

杨武金:《论墨家逻辑及其合法性问题》,《哲学动态》2006 年增刊。

杨武金:《论墨经逻辑的文字学研究》,《职大学报》2007 年第 3 期。

杨武金:《再论墨家逻辑的合法性问题》,《职大学报》2008 年第 1 期。

杨武金:《论墨子兼爱思想的逻辑维度》,《职大学报》2008 年第 3 期。

杨武金:《从士林哲学观点看墨家兼爱理想》,《墨学与和谐世界》,河南人民出版社 2009 年版。

杨武金:《墨经中的逻辑和辩证法》,《职大学报》2009 年第 3 期。

杨武金:《墨家认识论的特色》,《职大学报》2010 年第 3 期。

杨武金:《虞愚墨辩研究中对因明和逻辑的应用》,《毕节学院学报》(综合版) 2010 年第 3 期。

杨武金:《中西逻辑比较》,《哲学与文化》(月刊) 2010 年第 37 卷第 8 期。

杨武金:《从现代逻辑观点看墨家逻辑中的有效推理》,《职大学报》2011 年第 1 期。

杨武金:《摩顶放踵著墨学——追忆王讚源先生的事迹和思想》,《职大学报》2011 年第 4 期。

杨武金:《从现代逻辑观点看墨家对逻辑的用与论》,《中州学刊》2011 年第 6 期。

杨武金:《从沈有鼎的研究看因明、墨辩和逻辑的差异》,《职大学报》2012 年第 6 期。

杨武金:《逻辑:墨学的"批判武器"》,《中国社会科学报》2012 年 11 月 12 日版。

杨武金:《墨学在当今社会建设中的重要作用》,《职大学报》2013 年第 3 期;《哲学家 2013》,人民出版社 2014 年版。

杨武金:《无尽的思念——怀念墨学家王讚源先生》,《职大学报》2013 年第 4 期。

杨武金:《墨家辩学对老子思想的继承与超越》,《商丘师范学院学报》2013 年第 5 期。

杨武金:《墨家逻辑的科学地位和当代价值》,《武汉大学学报》(人文科学版)2013 年第 5 期。

杨武金:《从墨家节用思想看科学发展观的内在要求和实现途径》,《职大学报》2013 年第 5 期。

杨武金:《"节用":墨学的宝贵财富》,《中国社会科学报》2013 年 9 月 9 日哲学版。

杨武金:《墨学研究的国际化与现代化》,《职大学报》2014 年第 3 期;《哲学家 2014》,人民出版社 2015 年版。

杨武金:《墨经逻辑:文本整理与研究》,《职大学报》2014 年第 6 期。

杨武金:《作辩经以立名本——墨家辩学与逻辑学》,载杨国荣主编:《思想与文化》(第十七辑),华东师范大学出版社 2015 年版。

杨武金:《墨家的政治哲学》,《职大学报》2015 年第 2 期;《墨学——中国与世界》(第一辑),华东师范大学出版社 2018 年版。

杨武金:《墨家逻辑产生的历史文化背景》,《职大学报》2015 年第 5 期。

杨武金:《墨学视野下的当今人类生存与发展之道》,《墨子研究论丛》(十一),齐鲁书社 2016 年版。

杨武金:《从墨子非命观点看命运与人力作用》,《孔学堂》2016 年第 3 期。

杨武金:《成中英关于墨家逻辑及中国古代逻辑思想的研究》,《职大学报》2016 年第 3 期。

杨武金:《拒斥与接纳:墨家论悖及其解决方案》,《职大学报》2016 年第 6 期;《墨子研究论丛》(十二),齐鲁书社 2017 年版。

杨武金:《墨子的科学思想及其当代价值》,《职大学报》2017 年第 3 期。

杨武金:《墨子兼爱思想的本质、理由和实现》,《职大学报》2017 年第 6 期。

杨武金:《墨学之荣与衰》,《职大学报》2018 年第 3 期。

杨武金:《墨子节用思想及其当代价值》,《职大学报》2018 年第 6 期。

杨武金:《比较与诠释视野下的墨家逻辑思想探视》,《中国人民大学学报》2018 年第 6 期。

杨武金:《从墨家观点看中国古代辩者悖论的实质》,《孔学堂》2019 年第 3 期。

杨武金:《墨家的尚贤论及其实施办法》,《职大学报》2019 年第 3 期。

杨武金:《从博弈论的观点看墨家兼爱非攻思想及其当代价值》,《职大学报》2019 年第 6 期。

杨武金:《墨经的誖思想及其论证方法和原则》,《职大学报》2020 年第 3 期。

杨武金:《墨家逻辑与科学思维》,《河南社会科学》2020 年第 11 期。

杨向奎:《墨子的思想与墨者集团》,《文史哲》1958 年第 3 期。

杨向奎:《"墨经"中的时、空理论及其在自然科学方面的贡献》,《社会科学战线》1978 年第 4 期。

杨向奎:《再论〈墨经〉与中国自然科学》,《墨子研究论丛》(三),山东大学出版社 1995 年版。

杨向奎:《〈墨经〉的杰出贡献》,《墨子研究论丛》(四),齐鲁书社 1998 年版。

杨兴顺:《墨家的认识论》,《哲学译丛》1957 年第 2 期。

杨泽波:《天志明鬼的形上意义——从天志明鬼看道德学说中形上保证的重要作用》,《哲学研究》2005 年第 12 期。

于惠棠:《墨家"杀盗非杀人"是命题是诡辩》,《光明日报》1964 年 1 月。

俞瑾:《〈墨经〉中的"侔"式推论》,《教学与进修》1984 年第 4 期。

俞瑾:《〈墨经〉疑义新解》,《南京师大学报》(社会科学版)1989 年第 3 期。

俞瑾:《〈墨经〉"论证"研究之我见》,《江海学刊》1990 年第 3 期。

俞瑾:《〈墨经〉关于"辞"的论述与形式逻辑的判断理论》,《江苏教育学院学报》1991 年第 4 期。

张斌峰、张晓芒:《新墨学如何可能?》,《哲学动态》1997 年第 12 期。

张斌峰:《墨家价值观的多维透视》,《墨学与现代社会》,大象出版社 2005 年版。

张岱年:《论墨子的救世精神与"辇物论言"之学》,《文史哲》1991 年第 5 期。

张岱年:《墨子兼爱的实践意蕴》,《墨子研究论丛》(二),山东大学出版社 1993 年版。

张家龙:《论墨经中"侔式"推理的有效式》,《哲学研究》1998 年增刊。

张尚德:《墨子哲学的中心——爱》,《墨子研究论丛》(三),山东大学出版社 1995 年版。

张盛彬:《论因明、"墨辩"和西方逻辑学说推理之贯通》,《中国社会科学》1983 年第 1 期。

张万强:《文化自信视阈下的墨学当代价值刍议》,《职大学报》2018 年第 6 期。

张晓光:《墨家的法律思想》,《墨学与现代社会》,大象出版社 2005 年版。

张知寒:《墨子里籍新探》,《山东社会科学》1988 年第 6 期。

张知寒：《孔墨异同略论》，《山东社会科学》1990年第2期。

张忠义：《关于沈有鼎先生对〈墨经〉中命题变项与逻辑规律研究的述评》，《摹物求比——沈有鼎及其治学之路》，社会科学文献出版社2000年版。

张忠义：《浅谈〈墨经〉中的逻辑模式》，《墨子研究论丛》（七），北京图书馆出版社2006年版。

赵保佑：《墨家思想及其现代意义刍议》，《墨学与现代社会》，大象出版社2005年版。

赵保佑：《"兼爱"：构建和谐社会的道德基础》，《职大学报》2006年第1期。

赵保佑、袁永飞：《墨子的节用思想与现代适度消费观简论》，《职大学报》2012年第2期。

赵吉惠：《论墨学的现代价值》，《墨子研究论丛》（三），山东大学出版社1995年版。

赵纪彬：《墨子对孔门逻辑思想的批判继承与发展》（上、下），《文史哲》1961年第1、2期。

赵纪彬：《从孔子的"仁"到墨子的"兼"》，《孔子研究》1986年第4期。

赵继伦：《墨经是中国古典的非形式逻辑》，《天津师范大学学报》（社会科学版）1989年第6期。

赵威：《试析墨家"天志"正义观的超验性》，《哲学研究》2017年第1期。

郑威：《墨子游楚鲁阳年代考——兼谈出土材料所见楚国县大夫与封君之称谓》，《江汉考古》2012年第3期。

郑炜明：《上博简〈讼成〉（原题〈容成氏〉）篇与先秦墨家的谈辩和说书》，《北方论丛》2018年第4期。

钟友联：《论墨家的辩学》，《哲学评论》1973年第3期。

钟肇鹏：《谈谈"非攻"》，《文史哲》1957年第8期。

钟肇鹏：《墨子兼爱阐释》，《东岳论丛》2006年第1期。

周秉高、杨武金：《墨学的当代价值》，《光明日报》2011年9月5日。

周才珠、胡太华：《论"和平崛起"的墨学渊源》，《墨学与现代社会》，大象出版社2005年版。

周光庆：《胡适〈墨子·小取〉诠释方法新探》，《兰州学刊》2015年第6期。

周瀚光：《从几个数学概念看"墨经"的辩证思想》，《学术月刊》1982年第10期。

周全德、齐建英：《刍论墨家伦理思想的现代价值》，《墨学与现代社会》，大象出版社2005年版。

周山:《〈小取〉推理论》,《上海社会科学院学术季刊》1986 年第 1 期。

周衍勋:《试论〈墨经〉中的光学成就》,《陕西师大学报》(自然科学版)1975 年第 2 期。

周云之:《〈墨辩〉中关于"名"(概念)的逻辑思想》,《江汉论坛》1979 年第 4 期;《中国逻辑思想论文选》(1949—1979),生活·读书·新知三联书店 1981 年版。

周云之:《论先秦墨家对古代归纳方法(逻辑)作出的贡献》,《社会科学》1989 年第 3 期。

周云之:《略论后期墨家对惠施、公孙龙名辩思想的批判和继承》,《南开学报》1983 年第 5 期。

周云之:《墨家关于"辩"的理论》,《天津师院学报》1980 年第 4 期。

周云之:《墨子是中国古代逻辑的重要开拓者和启蒙家》,《墨子研究论丛》(七),北京图书馆出版社 2006 年版。

朱传棨:《墨子思想与当代中国社会经济政治发展论要》,《墨子研究论丛》(三),山东大学出版社 1995 年版。

朱传棨:《墨家哲学基本特征与当代哲学发展》,《墨子研究论丛》(四),齐鲁书社 1998 年版。

朱传棨:《论墨家学说兴起、"中绝"、复起的内在原因及其研究》,《墨子研究论丛》(五),齐鲁书社 2001 年版。

朱传棨:《论墨家进步的社会政治观及其哲学基础》,《墨学与现代社会》,大象出版社 2005 年版。

朱传棨:《墨子科技思想的特征及其意义》,《墨子研究论丛》(七),北京图书馆出版社 2006 年版。

朱传棨:《简论墨学对中华文明建设的现代意义》,《职大学报》2011 年第 5 期。

朱传棨:《墨家学说的当代性刍议》,《墨子研究论丛》(十),齐鲁书社 2013 年版。

朱传棨:《论任继愈与墨学复兴及其研究》,《职大学报》2015 年第 2 期。

朱志凯:《"墨经"中逻辑学的特征》,《哲学研究》1984 年第 7 期。

朱志凯:《〈墨经〉作者辨析》,《学术月刊》(上海)1984 年第 9 期。

〔德〕拉尔夫·莫里兹:《早期墨家在中国哲学思想形成中的地位》,钟宇人、李秋零译,《中国人民大学学报》1989 年第 3 期。

〔德〕斯蒂芬·杨:《墨子与理性选择理论》,杨恒达译,《墨学:中国与世界》(第一辑),华东师范大学出版社 2018 年版。

〔韩〕金东洙:《墨家的兼爱与共生哲学》,《墨学与现代社会》,大象出版社 2005 年版。

〔韩〕李云九:《墨家的技术特点和科学意识》,《墨子研究论丛》(三),山东大学出版社 1995 年版。

〔韩〕朴文铉:《墨家的科学思想》,《墨子研究论丛》(四),齐鲁书社 1998 年版。

〔韩〕朴文铉:《墨家和丁若镛的科学技术思想》,《墨子研究论丛》(七),北京图书馆出版社 2006 年版。

〔韩〕朴文铉:《墨学与朴殷植的社会思想》,《职大学报》2018 年第 6 期。

〔韩〕尹武学:《墨家之和平逻辑》,《职大学报》2005 年第 1 期。

〔美〕李绍崑:《墨学的现代化与世界化》,《墨子研究论丛》(五),齐鲁书社 2001 年版。

〔美〕李绍崑:《墨子的生命观》,《学术月刊》1994 年第 1 期。

〔日〕冈本光生:《上博楚简〈为吏之道〉与〈墨子·公孟〉所见两段对话》,《墨子研究论丛》(八),齐鲁书社 2009 年版。

〔日〕冈本光生:《作为经济思想的墨子尚贤论》,《职大学报》2015 年第 2 期。

〔日〕谷中信一:《墨家思想的普遍性和特殊性》,《墨子研究论丛》(五),齐鲁书社 2001 年版。

〔日〕谷中信一:《谈墨家的人性论》,《职大学报》2007 年第 1 期。

Chad Hansen, "Chinese Language, Chinese Philosophy, and 'Truth'", *The Journal of Asian Studies*, Vol. 44, No. 3, 1985.

Chris Fraser, "Truth in Mohist Dialectic", *Journal of Chinese Philosophy*, Vol. 39, No. 3, 2012.

Chris Fraser, "Notes to Mohist Cannons", *Stanford Encyclopedia of Philosophy*. http://plato.stanford.edu/entries/mohist-canon/notes.html.

Dan Robins, "The Later Mohists and Logic", *History and Philosophy of Logic*, 2010.

Fenrong Liu and Wujin Yang, "A Brief History of Chinese Logic", *Journal of Indian Council of Philosophical Research*, Vol. xxvii, No. 1, January-March 2010.

Thierry Lucas, "Later Mohist Logic, Lei, Classes, and Sorts", *Journal of Chinese Philosophy*, Vol. 32, Issue 3, September 2005.

Wujin Yang, "Valid Reasoning in Ancient China from the Perspective of Modern Logic", *Studies in Logic*, Vol. 4, No. 3, September 2011.

Wujin Yang, "The Real Intention of Mohist Universal Love and Its Important Role to Resolve Today's Social Issues", Garry Lee(ed.), 2014 4th *International Conference on Applied Social Science*, Information Engineering Research Institute, 2014.

Yiu-Ming Fung, "Introduction: Language and Logic in Later Moism", *Journal of Chinese Philosophy*, September, 2012.

图书在版编目（CIP）数据

墨家学派研究/杨武金著. —北京：商务印书馆，2022
（中国学术流派研究丛书）
ISBN 978-7-100-21133-8

Ⅰ.①墨… Ⅱ.①杨… Ⅲ.①墨家—研究 Ⅳ.① B224.5

中国版本图书馆 CIP 数据核字（2022）第 076372 号

本书由南京大学中央基本科研业务费、
南京大学人文基金资助出版

权利保留，侵权必究。

中国学术流派研究丛书
墨家学派研究
杨武金 著

商 务 印 书 馆 出 版
（北京王府井大街36号 邮政编码100710）
商 务 印 书 馆 发 行
南京新洲印刷有限公司印刷
ISBN 978-7-100-21133-8

| 2022年11月第1版 | 开本 700×1000 1/16 |
| 2022年11月第1次印刷 | 印张 20½ |

定价：99.00元